高职产教融合路径研究

郭奇 ◎ 著

吉林出版集团股份有限公司
全国百佳图书出版单位

图书在版编目（CIP）数据

高职产教融合路径研究/郭奇著.-- 长春:吉林
出版集团股份有限公司,2024.12.--ISBN 978-7-5731-
5673-0

Ⅰ . G718.5

中国国家版本馆CIP数据核字第2024TR6882号

高职产教融合路径研究

GAOZHI CHANJIAORONGHE LUJING YANJIU

著　者　郭　奇

出 版 人　郭　婷

责任编辑　蔡宏浩

开　本　787 mm×1092 mm　1/16

印　张　15.5

字　数　361 千字

版　次　2024 年 12 月第 1 版

印　次　2024 年 12 月第 1 次印刷

出　版　吉林出版集团股份有限公司

发　行　吉林音像出版社有限责任公司

（吉林省长春市南关区福祉大路 5788 号）

电　话　0431-81629667

印　刷：北京四海锦诚印刷技术有限公司

ISBN 978-7-5731-5673-0　定　价　78.00 元

现印装质量问题，影响阅读，请与出版社联系调换。

内容简介

　　本著作全面阐述了新时代产教融合的背景、内涵和特点，介绍了工作室、特色专业学院、产业学院等具有新时期特色的高等职业教育产教融合校企合作办学模式，重点论述了现代产业学院的治理体系、师资队伍建设、校企文化融合、人才培养模式改革等内容，多个维度多角度精彩呈现了高职院校的产教融合建设历程、方法、路径和建设成效。全书分析产教融合对高职教学管理模式的影响，兼具理论研究与实践创新应用，对高职教学改革、高职教学人才培养与高职教学管理人员具有学习与参考价值。

前　言

我国经济和产业的转型升级迫切需要通过职业教育来提高人才质量，而要培养高素质劳动者、实现从人口大国向人力资源强国转变，进行职业教育和提升培训质量势在必行。产教融合的质量提升是职业教育发展的基本保证，是推进人力资源供给侧改革，促进教育链、人才链、产业链与创新链有机衔接，全面提升职业教育质量的基本立足点和出发点。职业教育产教融合质量评价体系的构建是提高职业教育办学水平，促使技能型人才供给侧和产业需求侧在结构、数量和质量等方面相适应的必然选择，是大力发展现代职业教育，主动适应经济新常态、服务"中国制造2025""一带一路"等国家战略的重要路径。

从概念上说，教育质量标准是一定时期内为实现教育质量目标而制定的教育质量规范。据此，职业教育产教融合质量评价体系是特定时期内按照特定的模块和内容组合而成的质量评价标准及其运行系统的统称，是产教融合实现质量目标、体现发展水平和进行质量保障的重要参考依据，同时也是职业教育质量保障体系的核心组成部分。目前，我国职业教育产教融合的评价机制研究尚不充分，考核结果的有效性不够明确。

我国的高等职业教育规模占高等教育的一半以上，因此发展应用技术类型职业高校，培养更高层次的职业人才至关重要。本书通过高职院校产教融合的方式对现代高职教学管理提供理论与实践依据。高职院校产教融合最根本的目的是通过高职教育形式的创新，对教学资源进行整合，进而提高高职院校教学质量，以提升高职学生的实践能力，促使其能够更好地走向今后的技能岗位，以满足社会的需求。与此同时，产教融合对企业也是极为有利的，不仅能够加快企业革新技术的速度，还

能够在一定程度 上提升其生产效率，进而促进企业不断向前发展。产教融合是实现和谐发展的有效途径，尤其是对高职院校而言，产教融合极好地体现了其经济价值、教育价值和社会价值的有机统一。

在产教融合视域下，论述高职教学管理是现代社会发展的科学性体现，本书将产教融合与高职教学管理进行一体化研究，是为了使职业院校、行业企业共同合作进行技能人才培养，共同进行技术研发，共同肩负起社会责任，使职业院校、行业企业成为利益共同体和发展共同体。

时代在进步，科技在发展，高职教学管理也必须与时俱进、不断改革。本书对世界发达国家的产教融合模式进行了详细阐述，并进行中外对比，借鉴发达国家职业教育取得的成功经验，再根据国外产教融合的教育模式进行本土化建设，以提升我国高职教学管理的水平。深化产教融合、加强校企合作可以使高职院校和行业、企业更加深入地认识产教融合，并科学有效地对其进行运用，以实现高职院校、企业、社会的共同发展、共同进步。

高职院校和行业、企业更加深入地认识产教融合，并科学有效地对其进行运用，以实现高职院校、企业、社会的共同发展、共同进步。笔者根据自身多年的实践研究经验，结合相关专家学者的观点，在本书理论与实践部分中提出了许多客观及建设性的意见，以期能对相关学科的研究者及从业人员具有学习和参考的实用价值。

本书的撰写耗费了很多的时间和精力，笔者感谢撰写本书这些时日以来大家的帮助和支持。在撰写本书的过程中，笔者参考了一些专家、学者的研究成果和著作，在此表示衷心的谢意。由于时间仓促，水平有限，不足和缺陷之处在所难免，恳切希望广大读者、专家批评指正。

此专著系娄底职业技术学院资助科研项目的研究成果。

目 录

第一章 何为产教融合

第一节 产教融合的定义及本质

一、产教融合的定义

产教融合是我国职业教育在办学过程中顺应社会发展需求而提出的一种人才培养模式。产教融合中的"产"和"教"可以理解为动词，分别代表生产和教育，意为将生产活动和教育活动融为一体；同时，"产"和"教"也可以理解为名词，分别代表产业和教育，意为将社会产业和教育事业有机结合，即产业界和教育界的融合。从字面上来看，"产"不单指企业，还指带动社会经济提升的、相对独立的相关单位从事的生产活动；"教"不单指学校，还指教育相关部门以及各级各类学校的教育教学属性，在这里主要指职业教育所从事以培养人才为目的的所有活动；"产教"不仅包括企业与学校教育的结合，还涵盖生产过程与教学活动的融合；"融合"指原本不同的事物相互重组并成一种不同于旧事物属性的新事物。

所谓产教融合，从职业教育角度出发，是将学校教育与企业生产有机联系起来，校企双方通过合作，实现共同育人、共享资源、共同发展，理论教学与生产实践交替进行，学校企业一体化的办学模式。学校不再是实施教育的单一场所，企业也因此成为人才培养的主体之一。这样一种校企协同育人、学做融合的办学模式既是职业教育发展的内在要求，又是行业企业发展的客观需要。

产教融合的提出打破了企业与学校的隔阂，培养人才不再是企业的一种负担，而是一种责任。不同于校企合作的责权分配制度，在产教融合当中，双方以人才培养为目标共同从事所有的教育教学活动。产教融合的职责是教育要与地方产业协同发展；企业与学校整合双方资源为培养人才所用；双方达到深层次的紧密合作。作为职业教育办学的重要形式，各有关部门与职业院校在探索校企合作深化产教融合的实践道路上进行了许多有益尝试，如教育部办公厅主持开展现代学徒制的试点、人力资源和社会保障部联合财政部开展新型学徒制试点、由政校行企等主体组织创办的各类职教集团实施集团化办学以及校企合作共同创建各色各样的"订单班"等，始终围绕校企合作这一主线，寻求理论教学和生产实践的有机融合。也正是这种工学结合、理实一体的教学模式保证了职业教育人才培养的规格与质量，并推动了职业教育不断向内涵式发展转变。

目前，国内认为产教融合就是校企合作。从中国知网的检索结果看，2020 年之前的关于产教融合（产教结合）的研究多数把产教结合和校企合作作为可替换的近义概念。

"产教融合"有宏观和微观两层意义：第一层是宏观层面的产业与教育的互动融合；第二层是微观层面的生产活动与教育教学活动的对接融合。

国家文件中对产教融合的解释比较强调（第一层）宏观层面的教育发展与产业升级之间的衔接。例如，《国务院关于加快发展现代职业教育的决定》对"产教融合"的要求为："同步规划职业教育与经济社会发展，协调推进人力资源开发与技术进步，推动教育教学改革与产业转型升级衔接配套。"

宏观层面的产教融合被认为是产业系统与职业教育系统紧密融合的一种人才培养模式。笼统来讲，产教融合是产业系统与教育系统相互融合而形成的有机整体；具体来讲，产教融合是教育部门（主要是院校）与产业部门（行业、企业）在社会范围内，充分依托各自的优势资源和优势，以互信和合约为基础，以服务经济转型和满足需求为出发点，以协同育人为核心，以合作共赢为动力，以校企合作为主线，以项目合作、技术转移以及共同开发为载体，以文化共融为支撑的产业、教育内部及之间各要素的优化组合和高度融合，各参与主体相互配合的一种经济教育活动方式。相比于微观层面的产教融合，宏观层面的产教融合认知水平提升了一个新的高度，产业系统除了涵盖企业外，还包括行业部门及其一切生产活动，教育系统则包括学校、教育部门、协会、科技部门与科研学术机构等。

微观层面的产教融合是育人过程中生产与教学的融合。微观层面的产教融合包括两个方面：一是教育教学过程与生产工作过程的融合，是育人方式上的融合；二是教育教学内容与生产技术技能的融合，是育人内容上的融合，是一种从微观层面上的企业生产活动与学校教学活动相对接融合的人才培养模式。

此外，国家文件中也侧重于从宏观层面对产教融合做出解析。《中共中央关于全面深化改革若干重大问题的决定》中首次提及"产教融合"替代了之前"产教结合"的提法，产教融合在不同文件中被赋予了新的内涵。比如，于 2015 年 7 月印发的《教育部关于深化职业教育教学改革全面提高人才培养质量的若干意见》（教职成〔2015〕6 号）文件将产教融合理解为理念、机制、途径，提出产教融合的目的是提高教育质量和办学活力，要求在职业教育教学工作的各个层面贯彻产教融合理念。《现代职业教育体系建设规划 2014——2020 年)》（教发〔2014〕6 号）将产教融合解释为"专业设置与产业需求、课程内容与职业标准、教学过程与生产过程对接，实现职业教育与技术进步和生产方式变革以及社会公共服务相适应，促进经济提质增效升级"。可见，国家文件对产教融合的定义反映了产业升级转型和职业教育内涵式发展进程中"产业"与"教育"水乳相融、互为因果的逻辑必然。

产教融合从宏观到微观主要包括三个层面：

一是产业与教育的融合，产业为高等职业教育提供物质支撑，高等职业教育为产业发展提供智力支持，实现了产业要素与教育要素的协同配合。

二是企业与学校的融合，校企合作是产教融合的落脚点，企业与学校之间资源互通，优势互补，利益共享。

三是生产与教学的融合，企业的生产实践与学校的课堂教学相融合，实现了教学内容与岗位能力对接，生产过程与教学过程对接。

三个层面，层层深入，环环相融。综合来看，坚持产教融合与校企合作是深化高等职业教育体制机制改革的重要举措，是高等职业教育发展的必由之路。产教融合是教师队伍建设的重要载体，也是现代高等职业教育改革的制度创新，它实现了产业链和教育链的有机融合，产业与教育依托相互的资源和优势，以服务社会经济发展为宗旨，以校企合作为载体，协同发展，协作育人。

产教融合是由职业教育的自身特点及技能型人才培养的需求决定的，产教融合根据职业教育与产业企业合作从微观到宏观的发展进程以及不同形式的融合模式可以进行纵向分层。

产教融合的纵向分层是从微观到宏观层面上的分层。我国政府关于职业教育产教融合的探索始终都在进行，工学结合、校企合作、产教融合三个概念之间存在纵向深入的关系。工学结合的表现形式是半工半读或工读交替，即课堂教学与生产实践的结合以及理论知识与岗位能力的结合。课堂的理论教学内容能第一时间和企业的生产实践相结合，反过来，生产实践对课堂理论知识进行检验和验证；校企合作是工学结合的上位概念，也即产教融合的中观层次概念，它是人才培养的具体操作和实践模式层面的概念，是产教融合的落脚点；产教融合是校企合作的上位概念，是国家职业教育体系和国家产业体系在宏观上的合作，是教育与产业深度合作的产物。

产教融合要形成职业教育与产业一体化的发展格局，做到职业教育是融合到产业之中的职业教育，产业是紧密依靠职业教育发展的产业，教育为产业提供优秀技能人才和智力支持，产业反哺职业教育，为职业教育提供财力支持。产教融合是国家大系统结构优化的要求，即国家公司论，国家和公司在结构上具有相似性，国家的政府部门类似企业的行政部门、国家的产业类似企业的业务部门、国家的教育培训部门类似企业的人力资源部门。企业的人力资源部门存在的目的就是为企业的业务部门提供人才和培养人才，使企业从整体上效率最高。国家亦然，其教育部门和产业行业的融合也是自然的、理所应当的；这种融合可以使国家系统中人力资源效率最大化，是国家结构优化的必然。

二、产教融合的本质

产教融合本质上是一种跨界融合，高校和企业将各自的一部分资源拿出来进行合作共用，以达到资源互补、发展共赢的目的。一般而言，高校想借助企业的资源，在人才培养（对学生）、科学研究（对教师）和服务社会（对学校）等方面快速提升，从而提高人才培养质量和就业质量、提升师资队伍教学能力和科研能力、提高服务经济社会的能力。

产教融合的根本是实现共赢，真正的校企融合一定是基于共赢。能否帮助企业发展和为企业带来价值，是高校进行校企融合能否成功的关键所在。深度融合是会发生"化学反应"的。校企首先是进行资源细分；其次是资源重组（你中有我、我中有你、不分彼此）；最后是融合创新。这就要求高校和企业在顶层设计上进行合作。

产教融合并不是单指校企合作、产学合作。产教融合强调的是产业与教育两个"界"的对接融合，是两类具有高度互补性的资源集成整合而成的利益发展共同体，与传统意义上的校企合作、产学合作相比更加注重一体化。其标准在于学科专业建设是否代表着产业最新的技术水平，培养模式是否能够培养适应产业发展需要的人才，办学体制与学校管理是否有利于上述目标的实现。而校企合作则是学校单方为实现人才培养目标寻求企业联合办学的一种途径，双方缺少对人才培养的共同认识，缺少合作基点的校企合作是单向的松散组合关系，会导致合作层面较浅、合作范围有限等问题。产教融合传递"协同育人"这一新的发展理念和导向，同时也是产业转型升级与培养经济发展新动能的时代要求，行业企业在人才培养中不应停留在配合和支持的从属地位，而应处于主体地位，与学校共同肩负培养高素质技能型人才的重要责任，与学校共筑经济社会更好发展的统一愿景。

新时代背景下产教融合的本质意义是推动职业教育改革全面创新、全面深化。产教融合已经成为职业教育改革发展的重大方略之一，职业教育改革从本质上回答了在新时代背景下如何贯彻教育方针的问题，也是职业教育内涵式发展的初心，只有遵循初心，才能科学地、系统地解决职业教育在改革中所遇到的问题。因此，职业教育必须坚持深化产教融合，推动职业教育与区域经济同步协调发展，瞄准社会经济的发展方向，从而确定学校的发展战略。

通过深化产教融合改革，明确产教融合本质，可以充分调动企业参与人才培养的积极性。通过方案的制定、专业建设等，不断吸引优势企业与职业院校共建、共享实验实训基地，开展实验培训；吸引企业、行业等社会力量参与办学，把握经济社会需求，构建"产、学、研"三位一体的产教融合教学技术平台，强化和参与社会服务，提升企业、行业在职业院校的参与度，最终解决在办学过程中理论脱离实际、科技与人才脱离的问题。

产教融合要求产业发展与职业教育专业内涵建设深度融合《国家中长期教育改革和发展规划纲要（2010—2020年）》明确提出："政府切实履行发展职业教育的职责，把教育纳入经济社会发展和产业发展规划，促使职业教育规模、专业设置与经济社会发展需求相适应。"要求职业院校办学以市场经济为主导，专业设置与区域经济和产业发展对接，这是职业院校服务于地方经济发展的本质属性，这样人才培养效率和就业率才能提高。经济转型和产业结构的调整催生了产业的发展和变革，产业转型发展要求专业设置与产业发展相适应。要深化产教融合，改变职业院校专业设置的滞后性，实现专业结构与区域产业结构的动态融合。一方面，要充分了解经济发展和产业转型升级的总体布局，科学估计区域经济发展和产业升级的基本趋势，准确合理地规划专业设置；另一方面，产业有升级换代，也必然有淘汰退出，这是一个动态更新的过程，因此职业院校的专业建设要随其动态调整，不断强化专业建设与产业行业的联系，通过专业群的动态调整和专业结构优化，进一步提高专业建设的水平和质量，增强职业教育的社会吸引力和核心竞争力。

产业资源与职业教育资源的深度融合以及企业资源与职业院校的资源整合可实现双方优势资源重新规整，统筹师资、实训基地等资源分配和使用，形成人才链、教育链和创新链的有效衔接。加快产业资源与职业教育资源的融合，共建学校和企业一体化联盟的教学集团，推动学校和企业之间的合作与共享，需要设备资源、师资资源、技术资源共享，为学生提供实习平台，促进职业院校和企业之间优势互补。从师资资源角度分析，教师不仅可以在课堂上扮演理论教学者，还能够在企业实践教学中扮演技术教学的角色。这就要求教师水平必须随之提高，并且教学内容必须联系实际，使校企之间的交流有助于提高教师的教学水平和教学质量。

校企之间人才交流与合作有助于全面提高师资力量。从技术服务角度而言，企业一方面可以通过学校的技术优势进行技术创新，提高经营效率和生产效率，推动科研向企业生产转化；另一方面，学校可以通过企业的技术研究，借助技术成果与研究项目，让学生了解目前行业与专业领域的技术动态，为以后职业发展打下基础。

从设备角度而言，产教融合本质当中的物质资源主要包括学校教学场地、实验实训基地、教学设施等，以及企业的生产场地、生产设备、培训基地和培训设施等。学校的物资资源对接企业的生产需求，共建共管共享科研基地、实验实训中心、学生创新基地、员工培训、技术技能鉴定等，节约投资，相得益彰。产教融合本质上对于学生、学校、产业和社会来说是一个多方共赢的机制，尤其是对于学生来说，既能够提升专业能力又能够为以后立足社会提供保障。传统的职业院校虽然给学生提供了实习的条件和场所，但是各种条件的限制导致实习缺乏针对性和激励性。产教融合中有大量的实习、实践机会，而且这种实践是经过专门设计的，具有针对性，传统的职业院校学生实践的一个很大弊端就是缺乏针对性，其所学与所用之间无法实现无缝对接，而产教融合能够弥补传统实践存在的缺点。产教融合的学生实践就是让学生把课堂所学到的知识应用到实践之中，这就需要课程设计上存在一定的对应性。

产教融合本质上会涉及每一门课程，从专业培养目标入手，学校与企业在充分合作的基础上共同制定培养目标以及课程标准。产教融合本质上所涉及的骨干课程均应是理论与实践高度结合，这就可以让学生带着问题学知识，并且在实践中解决问题，形成一个遇到问题、解决问题的良性循环。通过产教融合培养出来的学生在动手能力和解决问题的能力方面具有更强的优势，他们可以更加灵活地对问题进行分析并且选择合理的方式进行解决。这种人才培养模式的改变能够帮助学生树立正确的世界观、价值观、人生观，有助于培养更多能够为建设社会主义服务的优秀人才。不仅如此，产教融合还会激发出学生创造、创新的愿望和热情，激励他们在实践中不断探索、不断创新，而培养这种创新意识、创新能力、创新人才正是我们职业教育的办学方向。

产教融合的本质决定了不应仅仅让企业参与其中，有条件的学校也可以自己创办企业，以学生为主体进行发展；学生在整个过程中可以取得一定的报酬，这客观上不仅为学生工读结合、勤工俭学创造了条件，还能够解决贫困学生的学费和生活费问题，为精准扶贫提供支持和保障。产教融合的本质能够在更大层面上为助推地方经济发展提供专门的服务，因为我国的职业院校多为地方性的，其最主要的作用就是服务地方经济发展。

我国当前的职业教育是以就业为导向的教育，在社会主义市场经济制度之下主要以培养技能型人才为主要目标，技能型人才的特点非常明显，培养的是生产、建设、管理和服务第一线需要的高技能人才。这类人才具有鲜明的职业性、技能性、实用性等岗位特点，简单地说就是工作在第一线，懂技术、会操作、能管理的技术员。产教融合的培养思路也正是在上述背景之下产生的。

产教融合的重要参与对象是企业，在融合的过程中要格外注重对企业需求的满足。

只有充分调动了企业的积极性和资源，才能实现产教融合效果的最大化。据调研显示，当前进行产教融合的企业多数为生产制造型企业，这对学校提出了新的要求，学校也应针对企业所需的产品与技术进行开发，以实现学校培养人才、研发产品和技术服务的三大功能。要使企业需求与学校教学无缝衔接，与技术发展方向相符，就必须依靠和吸收企业技术骨干、学者专家参与培养目标的研讨、教学计划的制订。

产教融合的发展实际上经历了一段时间的摸索，学校和企业在探索中寻求最佳的解决途径。在产教融合中，学校和企业始终坚持"双赢"原则，实施责任共担，这就形成了一种具有约束力的制度保证。一些比较主流的做法就是引入社会上管理和技术较为先进的企业进行产品生产，在生产过程中引入教学内容，让教师学到技术，让学生加入生产，让生产产生效益，使学校和企业共同发展，共生共荣。我们应该深化产教融合发展的内涵认知，实行"产教融合、校企一体"的办学模式，该模式是当前职业学校开辟的一条新的发展之路，但这只是刚刚起步，而且由于各个学校的实际情况不同，各专业的特点不同，因此具体做法也不尽相同。但我们只要坚定思想，坚持探索，认真把握好市场信息，依靠科技进步深化产教融合，产教融合就一定能走上健康发展的道路。产教融合的基础是"产"，即必须以真实的产品生产为前提，只有在这样的基础和氛围中进行专业实践教学，才能让学生学到真本领，教师教出真水平。这样的"产"不能是单纯的工厂生产，必须与教学紧密结合，其目的是为了"教"，在产教融合比较成熟的情况下，再逐步向"产、学、研"发展。只要学校真正形成了"产、学、研"的能力，职业学校适应了市场的需要，形成发展能力就落到了实处，做强做优也就有了基础。产教融合的本质思路逐渐清晰，实现路径就愈加明了，前景也就更加美好。

高职院校走产教融合道路的本质是高等教育转型发展的必然，产教融合是经济转型对人才转型的要求，深化产教融合是解决企业人才需求与高校人才供给脱节问题的有效途径。产教融合不能简化为全真实训、顶岗实习，产教融合强调的是学习与工作、学做人与学做事、专业能力与通用能力的融合统一。而传统意义上的全真实训只是作为一种辅助教学工具出现，虽有利于学生熟练掌握技能，但是无法让学生体会到真实工作环境的复杂性和进入工作岗位后得到用人单位的认可与肯定，会使学生的职业生涯发展受限。顶岗实习虽能让学生接触基层工作实际，但却是让学生以廉价的劳动力从事着重复性的简单工作，缺少专业技术人员的指导，学生难以实现职业技能与素养的提升。

产教融合是以真实的生产或服务效果为依据，企业和学校共同成为育人的主体。一方面，学校推行基于企业真实环境的人才培养模式，将行业动态、企业文化融入学校专业课程教学之中，改变传统重理论轻操作、重知识轻能力的思维模式影响，使人才培养更具有市场性和前瞻性。另一方面，企业也要注重自身社会责任发展，虽然企业以营利为根本目的，但其财富来源于社会，企业应将现有的生产科研设施转变为人才培养的重要途径，吸收优秀人才成为企业的骨干力量，实现企业营利的功利性与学校育人的公益性相结合。产教融合的实质是产教协同育人，以社会需求为导向，用最先进的产业技术水平培育适应新时代经济社会发展需要的人才，让学生在真实的工作实践中实现个体学习和工作、知识与技能的融合统一，也能有效解决人才教育供给与产业需求匹配性不强的结构性矛盾。

产教融合不能等同于单体互动、双向合作，产教融合强调的是多元主体下利益相关者的协同融合，有别于传统意义上学校与企业之间的单体互动、双向合作，是企业、教育、政府、行业协会"四位一体"的协同创新。长期以来，不同主体限于各自工作的目标和职责，更易形成利益壁垒而难以形成协同育人的合力。实施产教融合就是通过科学有效的运行机制实现各主体联动协同发展，只有实现角色定位的转变才能发挥好各自职能。政府的角色定位应从产教融合的"主导者"逐步向"引导者"和"推动者"转变，从实施产教融合的"运动员"向"裁判员"转变，政府依法为主体互惠共赢机制提供制度支持，建立评价机制和激发各方的积极性，通过舆论宣传营造产教融合的良好环境。企业和教育作为产教融合的主体，应在人才培养、科技创新等方面深度融合，实现产业发展方向与教育专业建设的协调发展。行业协会作为产教融合供需双方信息沟通的重要平台，不仅需要开展诸如人才需求预测、校企合作对接、教育教学指导、职业技能鉴定等服务，还承担着制订行业标准、推动行业技术开发、促进行业有序稳定发展的责任。只有明确产教融合实施各方的权责边界，构建协同融合发展的格局，开展多类型、深层次、高效能的稳固合作，才能促进人才培养质量的提高和行业企业的健康发展。

第二节 产教融合的发展与实施

一、产教融合的发展

自改革开放以来，我国职业教育有了长足发展，在国家对职业教育产教融合、校企合作的大力倡导下，大部分职业院校的实训条件有了很大改善。从纵向看，当前我国的职业教育与产业企业的相互结合与融通已经处在宏观层面——产教融合级别，追求的是职业教育和企业一体化发展、互利共赢、携手并进的全面合作目标；从横向分类看，我国产教融合采取的具体模式是国家引导、职业院校自主选择，博采众家之长，各种产教融合模式在我国职业院校中都有体现。

从 20 世纪 80 年代以来，教育政策研究逐渐成为国内学者研究的一个新领域。与此同时，职业教育在国家政策的出台与指引下得到了快速平稳的发展。通过对相关研究文献和政策文件的梳理，可以将我国产教融合的政策演变大致划分为三个阶段：2007 年以前是萌芽阶段；2007—2014 年是缓慢发展阶段；2014 年至今是快速发展阶段。

2013 年 11 月，我国在政策文件中首次提及"产教融合"，《中共中央关于全面深化改革若干重大问题的决定》指出，要"加快现代职业教育体系建设，深化产教融合、校企合作，培养高素质劳动者和技能型人才"。至此，我国在宏观政策上确立了"产教融合"的职业教育发展方针，推动产教融合进入了新的发展阶段。职业教育政策中以产教融合政策为主题的研究始于 21 世纪，这与后期国家开始高度重视职业教育发展以及相继出台的各项政策密不可分。2014 年以前，我国研究者通常用"产教结合"来表达这一概念，甚至在"产教融合"这一词出现之后的很长一段时间里，我国学者仍将产教融合与产教结合作为相同的概念进行研究。自 2014 年起，国家对产教融合给予了前所未有的重视，产教融合进入快速发展阶段。2014 年 5 月，《国务院关于加快发展现代职业教育的决定》指出，现代职业教育要遵循"产教融合、特色办学"基本原则，"研究制定促进校企合作办学有关法规和激励政策，深化产教融合"；2017 年 12 月，《国务院办公厅关于深化产教融合的若干意见》提出："深化产教融合，促进教育链、人才链与产业链、创新链有机衔接，是当前推进人力资源供给侧结构性改革的迫切要求，对新形势下全面提高教育质量、扩大就业创业、推进经济转型升级、培育经济发展新动能具有重要意义。"2019 年 2 月，国务院发布的《国家职业教育改革实施方案》再次明确提出"促进产教融合校企'双元'育人"的职业教育发展方针。

总体来看，产教融合与产教结合具有很大的相似性，其区别主要体现在"结合"与"融合"两个词汇的区别。相比较来说，"结合"一词在对象上更偏向单纯的"产""教"两者间的互动，在过程上更偏向"产""教"两者的独立性，在结果上更偏向"产""教"两者的结合体；而 . "融合"一词的表述更为具体明确，在对象上除"产""教"两者之外，还需要考虑政府、资源等系统的融合，在过程上既强调保持"产"与"教"两者的独立性，又强调两者的融合共生、彼此依存，在结果上更侧重于通过两者的共生达到大于个体简单结合的整体效应和辐射效应。

为解决当前产教融合中企业积极性不高的问题，国家政策对产教融合的总体要求、建设目标等提出了方向性建议，并通过奖励、补助、表彰、减免税等措施充分调动企业发挥产教融合的主体地位，实现人才"供给—需求"单向链条转向"供给——需求——供给"闭环反馈。

产教融合是在特定的经济社会发展时期对教育与产业企业关系的阐述，产教融合的提出不但是对已有认知的升华，而且更是在新的历史条件下对产教关系内涵的新认知。产教融合是从整个经济社会的发展需求出发，全方位追求产业与教育的融合，通过协同育人解决职业教育人才供给与产业需求结构性矛盾，实现教育链与产业链、人才链与创新链的对接。认识是行动的先导和动力，改变传统认知发展对于深化产教融合发展具有重要意义。

近年来，深化产教融合作为促进人才培养供给侧和产业需求侧结构全方位融合的一项重要举措，越来越受到国家相关部门和地方性职业院校的重视，已相继出台了多项政策为落实产教融合提供法制保障。而政策的执产教融合视域下高职教学管理理论与实践研究行作为政策过程的关键环节，可以确保政策目标的实现和检验政策成效。研究产教融合政策的执行，检验政策落实成效，直接实际具体地解决现实政策存在的问题，为地方区域性其他职业教育政策的制订与执行提供理论支撑和参考依据，有助于完善职业教育发展的理论体系，拓宽职业教育政策学的研究视野，加深职业教育政策学的研究深度，促进职业教育健康可持续发展。政府出台的各项政策有利于提高产教融合执行力度与效度，创新职业院校人才培养模式，提高学校的办学水平、学生的就业竞争力和职业院校人才培养质量，满足学生全面发展的需求和使其达到企业用人条件，为地方职业教育更好切中企业发展脉搏提供重要实践意义，为深化职业教育改革、统筹协调多方主体作用、共同推进培养大批高素质创新技术技能型人才提供有力的支撑。

二、产教融合的实施

产教融合坚持"双赢"原则，实施责任共担，根据现有条件和管理状况，比较有可能性的办法如下：引入社会上管理和技术较为先进的企业，利用该校的设备，进行产品生产，在生产过程中引入教学内容，校企共同制订产教融合的实施性教学生产计划，使校企双赢。

具体实施办法是以学校现有的专业实习工厂和主要机加工设备为载体，吸引企业加盟，学校出厂房、出设备；企业带工人、带产品，双方结合，进行产品生产、人才培养。在生产中结合教学需要，让教师和学生参与生产，在生产中学习技术，最终实现产教融合的目的。企业安排生产工人、技术人员、管理人员作为兼职教学人员，根据产教融合教学计划，在生产中进行教学工作。学校安排有关教师跟班参加生产兼指导、辅导学生学习生产技术。在校企合作前，双方可进行考察选择。学校可考察企业的产品生产、法人代表（或出资人情况）、注册资金、设备情况、管理情况等；同时，学校应向企业提供必需的资料和考察情况。

（一）产教融合实施过程中的难点

在实施产教融合的过程中有以下难点：第一，企业的生产与学生实训之间存在矛盾；第二，学生的人数与设备数量之间存在矛盾。妥善解决好这两个矛盾是保证企业加工好产品、学生训练时间充足的关键。产教融合实施过程中会遇到的问题还表现在以下几个方面。

1. 学校（或教育）和企业（或生产）真正融合的格局尚未确立

良好的产教融合依赖国家教育方针政策、高校人才培养方案、地方经济产业制度等，任何一方热情缺失，产教都不可能真正融合。当下大部分产教融合仅仅是校企合作的扩大化，还未能上升到企业和学校的融合、生产和教育的融合层面。在学校和企业间缺乏起全局统筹、总体规划和组织协调作用的机构，缺乏政策引导和鼓励措施，企业和学校融合的积极性和参与度未能提高。学校与企业、教育与生产、教学评价与职业标准等各要素尚未真正融合。

2. 校企协同育人的培养模式尚未形成

目前，我国产品质量风险等使企业不敢融合；学校教师或学生参与研发、设计的产品的知识产权归属容易引起法律纠纷和利用纷争，导致企业不愿融合；企业在专业建设、学科建设、人才培养方案制定等方面缺少话语权，企业给出的建设意见难以在高校教学中实现等问题导致企业无法有效地跟高校融合。企业未能成为产教融合的重要主体，协同育人的培养模式尚未形成。

3. 支撑产教融合的管理制度尚未形成

"产"与"教"的融合打破了传统的教学模式：从物理场地上看，学生不仅在校园上课，还会到企业参加实践锻炼、技能提升，学习地点由单一的校园拓展为"校园＋企业"，教学场地突破了原有的边界；从学习内容上看，学生要学习的不仅是理论知识，还包括实际产品的研发、设计、生产和管理等；从人际关系上看，学生不仅要处理传统意义上的校园人际关系，还要学会处理与企业师傅、企业管理者之间的人际关系；从经费管理上看，产教融合使学校的办学经费与企业的运维资金产生部分融合。这些超越和突破给学校和企业均带来了新的管理问题，因此急需一种新的管理制度来有效管理产教融合下的学生、学校和企业。

4. 产教融合的评价体系尚未形成

在产教融合背景下，企业拿出资源、腾出空间、安排人力对高校学生进行培养，企业贡献不再是仅靠利润来体现，其中有一部分已经转移到人才培养上，学校和企业不再彼此独立，无论是对学校还是企业，评价维度、参考指标都应该发生变化，传统的评价体系不再适用。产教融合是一种新的人才培养模式，需要新的评价体系。产教融合层次低、关系松散，企业几乎不能在融合过程中获得人力资本效益和经济利益，这些问题导致企业不想融合；与此同时，企业难以承受学生生产实践时的安全风险。深化产教融合关键是"真融"与"真合"，产教融合是生产和教育的融合，是两种不同工作的融合。产教融合要求产业界和教育界融合，是两个不同行业领域的合作。这种跨界融合往往需要政府职能部门的政策引导和财政支持，需要企业与学校主动融合。

（二）产教融合实施过程中难点的解决办法

政府部门要制定政策措施，促进产教融合格局形成。高等学校要积极拓展思路，主动推进产教融合。各类企业要立足经济效益，兼顾社会责任，积极参与产教融合的关键还是要"解放思想"，要不断深化人才培养模式改革、课程改革，要创新课程体系，要在实践中不断完善育人体系。

在政策和制度方面上，产教融合实施要加强顶层设计保障，使企业参与产教融合有章可循。首先，政府应明确立法，着力解决职业教育产教融合制度构架短板问题，促进相关主体的主动参与和深度参与，彻底扭转产教融合过程中职业院校积极主动、企业被动躲闪的不利局面。其次，政府应设立职业教育产教融合国家基金，用于支持产教融合等技能人才培养，基金一半来自政府公益拨款，另一半通过立法要求各企业以税收的形式上缴一定数量的技能人才培养经费。基金主要用于对积极参与产教融合活动的职业院校进行奖励，对支持产教融合的企业进行基金拨款补助。再次，对积极参与产教融合的企业进行政策倾斜，实行税收减免、土地使用费用优惠等。最后，对参与产教融合的企业设立准入制度，对其生产规模、经营情况、技术水平、人员配比、培训设施等进行综合评估，达到要求后才允许其参与职业教育产教融合活动，享受职业教育国家基金补助及政策优惠；同时，这一制度要有退出机制，定期对企业参与产教融合活动的效果进行评估，严令评估不合格的企业限期整改或直接退出，以此调动企业参与产教融合的积极性。

学校需要转换思路，创新产教融合的模式。在这里首先我们要提到一个概念，即在本书中会说到的"双师型"教师。目前，对于什么是"双师型"教师还没有达成共识。关于"双师型"教师的各种说法层出不穷，如"双证书说""双职称说""叠加说""双素质说""双能力说"。"双证书说"认为具有教师系列职称的同时获得行业技术、技能等级证书，也就是具有教师资格证和职业技能证的教师就是"双师型"教师。"双职称说"认为"双师型"教师即教师在获得教师系列职称外，还有技术专业系列职称。这两种观点都从形式上指出了何谓"双师型"教师。但是"双师"并不等于"双证"，"双师型"教师也不是教师和工程师（技师）的简单叠加。"双素质（能力）说"则指出，"双师型"教师需具备两方面的素质和能力：一是具有较高的文化和专业理论水平，有较强的教学、教研能力和素质；二是具有熟练的专业实践技能和实践教学能力，能指导学生进行实践操作。此观点打破了单纯从证书和职称角度对"双师型"教师的机械界定，体现了"双师"能力与素质的整体特性和整体效用，是对"双师型"教师内涵的强调；其缺点是没有提出可操作性的量化考核标准。"叠加说"（双师＝双证＋双能）指出："双证"是"双师型"教师的形式或外延，而"双能"是"双师型"教师的内容或内涵，两者相辅相成，缺一不可。这种说法从某种程度上弥补了前面几种观点的缺点，但却仅仅是形式和内涵的简单叠加。总结以上几种观点，"双师型"教师应包含两层含义：双师素质和双师结构。从双师素质来讲，"双师型"教师是"以教育与行业素质为基本内涵，以教师职称与行业技术职称为外在特征，集教师素质、行业素质于一身的具有较高的文化和专业理论水平、熟练的专业实践技能及实践教学能力的高素质的教育工作者"。本书其他章节还会提到"双师型"教师，因此这里对于"双师型"教师的定义就不再详细介绍了。

创新"双师型"师资培养机制可以为产教融合提供师资保证面对"双师型"教师入口不畅的问题，要打破传统的人才引进机制，不但要提供优厚的待遇吸引企业优秀技能人才到职业院校工作，而且要进行事业单位编制改革，促进人才流动。在我国，以产教融合培养"双师型"职教师资已经具备了一定的理论基础、现实基础、政策基础和关联基础，这四大基础也为构建产教融合培养"双师型"职教师资的机制提供了理论支撑、政策依据和工作基础。实现"双师型"师资队伍建设，提高教师的实践能力，必须以"教育与生产劳动相结合"为理论指导，采取校企合作培训的模式。在职教师在学校教学就相当于"教"的内容，而进企业参加实践应当是"劳"的内容。在"教劳结合"思想的指导下，教师必须在工作之余经常到企业参加实践学习，此举既有利于教师学习企业生产过程中所采用的新知识、新工艺、新技能和新方法，及时了解工艺流程与生产组织管理的变化趋势以及行业的发展动向，又能使他们熟悉一线工作岗位的从业标准、操作规范，以及生产管理制度等详细内容。然后教师可以将在企业所学、所得再应用到教学实践中去，从而提升教学质量，培养企业所需要的技能性人才。这种模式必须以合作的形式来实现，即真正贯彻产教融合指导思想。

职业院校也要重视教师下企业实践学习的要求，按时派遣教师进行实践，对教师到企业实践的形式也要进行创新，随时进行派遣，使其参与企业的设计研发等科研公关工作，尽快提升教师的工程实践能力，为产教融合提供师资保证。在学生时代的中学阶段，应该普及中学阶段职业生涯教育，改善产教融合的培养效果。我国应该在中学阶段开设职业生涯规划课程，让学生对职业教育有一个客观公正的认识，及早对自己未来的就业方向有所认识。

建立公正、严格的第三方评价机构，保证产教融合的实施效果。我国亟需对职业资格证书考试制度进行改革，不能单纯地以职业资格证书来认定人才，应该引入行业协会作为第三方评价机构，加强第三方评价机构的效力，促进行业的健康发展。

近几年，我国也有关于产教融合各方面具体的实施方案。经国务院同意，国家发展改革委、教育部等6部门印发《国家产教融合建设试点实施方案》。该文件指出，深化产教融合，促进教育链、人才链与产业链、创新链有机衔接，是推动教育优先发展、人才引领发展、产业创新发展、经济高质量发展相互贯通、相互协同、相互促进的战略性举措。开展国家产教融合建设试点，要坚持以习近平新时代中国特色社会主义思想为指导，全面贯彻党的十九大和十九届二中、三中全会精神，深入贯彻全国教育大会精神，坚持新发展理念，坚持发展是第一要务、人才是第一资源、创新是第一动力，把深化产教融合改革作为推进人力人才资源供给侧结构性改革的战略性任务，以制度创新为目标、平台建设为抓手，推动建立城市为节点、行业为支点、企业为重点的改革推进机制，促进教育和产业体系人才、智力、技术、资本、管理等资源要素集聚融合、优势互补，打造支撑高质量发展的新引擎。

该文明确指出国家产教融合建设试点坚持统筹部署、协调推进，优化布局、区域协作，问题导向、改革先行，有序推进、力求实效，通过5年左右的努力，试点布局50个左右产教融合型城市，在试点城市及其所在省域内打造一批区域特色鲜明的产教融合型行业，在全国建设培育1万家以上的产教融合型企业，建立产教融合型企业制度和组合式激励政策体系。要充分发挥城市承载、行业聚合、企业主体的作用，重点在完善发展规划和资源布局、推进人才培养改革、降低制度性交易成本、创新重大平台载体建设、探索发展体制机制创新等方面先行先试。有条件的地方要以新发展理念规划建设产教融合园区，健全以企业为重要主导、高校为重要支撑、产业关键核心技术攻关为中心任务的高等教育产教融合创新机制。

第三节 产教融合的路径与策略

一、产教融合的路径

（一）产教融合模块化课程路径

产教融合路径实施可以通过举例来说明，我们以模拟加工数控编程教学为例。将数控专业主干课程的学习划分为四个模块，分四个阶段实施。第一个模块是数控机床基本结构、工作原理；第二个模块是数控编程，学习编程的基本方法，并通过专用模拟软件验证程序合理性；第三个模块是模拟加工，通过在教学型数控机床上的训练，掌握数控机床的操作方法；第四个模块是顶岗实习，学生在独立加工产品之前，先在师傅的指导下进行生产，然后逐步过渡到独立操作。每个阶段的学习完成之后都有严格的考核，合格者才能进入下一阶段的学习，要确保每个人、每个环节都必须过关。

设立好产教融合科学合理的课程体系后，我们还应该加强学生规范意识、质量意识的培养，职业学校学生的整体素质不尽如人意，尤其表现在行为习惯上。为此，一方面要加强思想教育，从学生入学开始就强化常规行为习惯的培养；另一方面，要制定严格的实习规范及奖惩考核细则，将学生的行为规范要求同成绩学分考核结合起来。通过典型的事例来教育学生树立质量意识。比如，一位学生在加工零件后，没有按照只能测量一次尺寸的规定，仅多测量了一次就导致了产品报废，损失达5000多元。同时，要求企业加强员工管理，为学生树立榜样，接受教育。比如，可以引用曾有一位工人因进车间时含着一支烟就被罚了200元的例子，让在场的学生受到教育。

（二）产教融合人才培养路径

产教融合人才培养路径选择上应以"专业与产业对接、学校与企业对接、课程内容与职业标准对接、教学过程与生产过程对接"为目标。马庆发认为高职院校产教融合对人才培养模式的关注点应注重"职业导向"进而趋向"需求导向"，他提出我国现行的产教融合人才培养模式大多沿袭校企合作人才培养模式。徐国庆注重高职院校课程的设置，他强调课程设置应从人才培养的职业性出发，实践是焦点，注重产教融合。周劲松等认为产教融合的关键点在于产品与教育对接、制造与教学对接。罗汝珍则认为高职院校的产教融合路线具有多重复合型功能，兼具市场需求与主体需求导向、多方参与管理及产业化等特征。张建峰则从具体教学环节分析产教融合，认为应通过调动企业积极性，使其主动参与实践教学环节，依托专业开办产业等。

产教融合在人才培养路径选择中更加注重主体间互动的程度和深度，侧重点在过程。产教融合更加深层次地体现出人才培养与社会需求的紧密性。"融合"更加符合时代发展的趋势，反映出主体间更加亲密的关系，有合二为一的感觉。在合作的过程中，产教不再是配合的关系，而是共同承担育人义务的"家庭"关系。从广度、深度、力度方面分析，产教融合触及的层次更"广"，校企双方合作的程度更"深"，产教融合落到实处的强度更"有力"。

（三）产教融合制度合理化路径

公平的技能使用制度是职业教育产教融合不可或缺的制度，没有良好的技能使用环境与保障技能人才发展的制度，高技能形成模式就不可能实现。

1. 建立工资协商制度

工资协商制度不仅可以为雇主提供雇佣保护，还能为学徒和技能工人提供就业保护。就企业的雇佣保护来说，工资协商制度意味着同行业之间某种水平的技能工人的工资相差无几，使企业不能通过高工资挖走其他企业辛苦培养起来的技能人才。工资协商制度还规定，学徒必须为企业服务到一定的年限，并且经过技能资格认证后方可离开，提前离开便得不到技能资格证书，自身在就业市场中就处于不利地位。这不仅保障了企业投资培训的成本收益，还保障了技能形成的质量。从技能人才的就业保障来说，工资协商制度保障了技能人才的工资待遇，使其处于一种公平的劳动力市场竞争中，能够有较好的就业前景。因此，国家应建立和广泛发展工资协商制度。

2. 建立技能人才成长制度

在职前培养阶段，技能人才的成长需要普职融通制度。普职融通制度就是普通教育与职业教育融合的贯通教育制度。联合国教育、科学及文化组织的《国际教育标准分类法（2011）》将教育分成了9个等级、2种类型，其中0～5级为普通教育和职业教育，6～8级为学术教育和专业教育，各级各类教育之间以课程为基础并且互通。我国可以借鉴联合国教育、科学及文化组织对教育的分类，制定以课程为基础的普职融通的教育制度，保障职业教育的学生和普通教育的学生能够依据自身兴趣和条件在两者之间自由转换，自由发展，同时使职业教育不再是"断头教育"，保障学生的发展权益。

3. 技能人才的职称晋升制度

技能人才的职称晋升制度是产教融合实施的有效路径。尽管近几年高技能人才的工资有所提高，但技术工人的整体发展环境、工资待遇、社会地位等仍然不乐观。提高职业教育的吸引力、保障职业教育产教融合的长久发展，需要制定技能人才的职称晋升制度，实现技能人才的职称晋升与其他类型人才的职称晋升基本对等。例如，技能人才的最高职称的社会地位、工资、待遇、福利与教授、工程师、研究员等职称的社会地位、工资、待遇、福利等基本对等。

4.建立和完善社会合作制度

社会合作制度是技能形成模式的基本制度之一，在我国，政府、企业、工会、行业协会四者的力量并不均衡，建议培养和发展多元的社会合作力量，形成多元协商的社会合作制度。在多元协商的社会合作制度中，政府、企业、工会和行业协会形成一个"三棱椎体"，四者是"三棱椎体"的四个顶点。只有四者责任共担、协同合作才能形成一个稳定的"三棱锥"，其中，行业协会、企业、工会作用发挥的大小决定着协同合作关系的"三棱锥"底盘的大小，而政府的立法、决策及生产制度等决定着"三棱锥"的高度及发展方向。要维持"三棱锥"的稳定、和谐，四者缺一不可。

谈到产教融合路径中的合理化制度，就必须要了解如何促进职业教育产教融合基本制度间的匹配，制度匹配意味着制度变迁最终必须实现制度结构的整体变迁。如果只对个别具体制度进行改革，而不对其关联的其他制度安排和相应的制度环境进行改革，新制度将因缺乏相应的互补性制度的配套改革而处于失衡状态。在我国，不仅要改变和完善技能供应体系、增加技能投资，还要改革技能资格认证制度、技能使用制度、社会合作制度，使职业教育产教融合的基本制度构成能够相互协调、相互匹配、同步发展。由于我国多年来的职业教育改革没有意识到匹配制度的建设和改革问题，诸多改革成效不显著。因此，国家应在建立职业教育产教融合基本制度的过程中充分重视并提高基本制度之间的匹配性与协调性，尤其应重视技能资格认证制度、技能使用制度的改革，实现职业教育产教融合制度的整体发展与完善。

（四）产教融合多元化路径

除以上介绍的路径外，要实现产教融合的路径还有很多，我们称之为产教融合多元化路径。实施产教融合多元化的路径，推进多元化合作、深化产教融合发展是地方职业高校提升集聚效应的必然选择，是促进地方高职院校提升就业率，保障社会人才需求，提升高职院校自身教学水平，扩宽产教融合路径强有力的保障。

当前，我国地方高职院校服务地方社会经济发展的能力还存在一定不足，需要以推进多元合作、深化产教融合发展为原则，积极主动与国内外名校、科研院所、行业企业展开合作，实现资源共享，快速提升办学水平。高职院校应走推进多元合作、深化产教融合发展的创新之路，以供地方应用型高校转型发展参考借鉴。推进多元合作、深化产教融合发展的实践探索，积极与"名校大所"合作，提升多元合作、深化产教融合发展战略高度。

具体路径一是设立"卓越工程师教育培养计划"试点专业，通过实施校企"五个共同"合作模式培养学生，即校企共同制定培养目标、共同建设课程体系、共同实施培养过程、共同组建双师队伍、共同评价培养质量。路径二是与政府、行业企业共建共管二级学院理事会。产教融合路径三是抽调精干人员成立知识产业园，协同政府推进公共培训平台、科技创新平台和技术服务平台等三大平台建设，以取得良好的经济和社会效益，促进学校服务经济转型升级，提升办学水平。制定年度工作指标，完善多元合作、深化产教融合发展战略指标，创新产教融合的多元化路径。

通过以上路径能够实现产教融合完美统一，通过标度设定与绩效考核能够全面调动二级办学主体多元合作和产教融合的积极性，切实提升高职院校应用型人才培养的实力和水平，达到教学管理与教育实践的统一。多元化路径具体应从以下几种机制建立入手。

1. 建立权责清晰良性长效的产教融合运行机制

产教融合作为推动职业教育发展的内在需要，在国家或地方相应政策的号召与鼓励以及政府、企业、学校与社会的合力促进之下，职业院校人才培养无论在数量还是在质量上都有所突破，并一定程度上推动了职业教育体系的构建。但纵观目前产教融合各参与主体合作深度，许多合作依然仅仅停留在表面上的浅层次融合，部门参与主体，尤其是企业参与职业教育的积极性不高、信息沟通不畅，彼此合作处于相对独立状态。以上问题是目前我国产教融合政策有效执行的主要障碍。阻碍产教融合政策执行的因素是多方面的，但我国目前尚未建立完善的良性长效的产教融合运行机制是重要原因。运行机制的缺乏导致各执行主体在执行产教融合政策的动态过程中出现资源要素得不到合理配置、分工权责不明晰以及彼此联系松散等现实问题，最终导致管理效能发挥低下，整体上影响了产教融合政策的执行效果。因此，加强产教融合运行机制的研究对于提高职业教育的办学效益与促进我国完善的现代职业教育体系构建具有重要的意义。

在产教融合运行机制的构建过程中，具体可以从营造具有法律效力的制度保障环境入手。要实现产教融合人才培养目标，离不开产教融合政策强有力的支撑，良好的制度环境是产教融合赖以生存与发展的前提与基础，只有建立具有法律效力的政策制度体系，营造良好的产教融合制度保障环境，才能使产教融合各项工作的开展有法可依，进一步激励学校与企业双方积极主动寻求合作。

2. 加强产教融合政策制度保障机制

尽管国家层面已颁布了引领产教融合发展的相关制度，但不同地区在经济发展水平、产业发展特色的差异性决定了地方政府在职业教育与经济社会的发展过程中必须发挥引导作用，规划产教融合的发展趋势，统筹产教融合发展的具体目标任务。为此，地方政府要依据并遵守《中华人民共和国职业教育法》《中华人民共和国劳动法》与《中华人民共和国就业促进法》的基本原则，立足于地方发展的实际，为企业和学校开展产教融合出台纲领性规划政策文件，同时根据国家政策中的重要任务与突破性创新领域，从经济、政策、行政等多个角度，为企业和学校等执行主体创新性出台相应具备具体操作性的配套措施或条例并加以落实。地方政府在法律上要明确行业企业举办或参与职业教育的责任、义务和政策保障，依法落实企业重要主体地位，为依法开展产教融合提供法制保障。此外，职业院校与企业也要加强政策研究，校企双方通过利用制定政策的自主权，根据合作意愿和合作项目的需要，围绕协同育人的人才培养目标，创新深化产教融合的具体举措，制定包括章程、协议、规定、实施办法等在内的具有约束效力的规范成员行为的规范性文件，提高对政策执行的规范性。

3. 加强产教融合经费保障机制

《建设产教融合型企业实施办法（试行）》（发改社会〔2019〕590 号）提出给予"金融＋财政＋土地＋信用"的组合式激励方式，并按规定落实相关税收政策等鼓励性政策，激发企业投资兴办职业教育的积极性。《国务院办公厅关于深化产教融合的若干意见》（国发〔2017〕95 号）提出要完善政策支持体系，加强财税用地和金融支持政策协同，各级财政、税务部门要把深化产教融合作为落实结构性减税政策，推进降成本、补短板的重要举措，为产教融合政策的有效执行提供财政经费保障，进一步激发社会各方面投入职业教育的热情。根据地区发展实际，改革职业教育财政经费拨款的方式，实施职业教育财政投入的绩效评估、监督、问责和公告制度。对于积极参与产教融合的企业实施财政结构性税收优惠政策，鼓励金融机构为合作企业提供信贷业务。只有有效经费保障配套措施成功落实，才能实现校企双方互动、互信与互赢的合作结果，也才能真正实现各参与者对职业教育办学的慈善目的。

二、产教融合策略

2014 年，《国务院关于加快发展现代职业教育的决定》发布，全面加快了现代职业教育的发展。该文件明确表示，加快现代职业教育体系建设，逐渐深化校企合作、产教融合，有助于培育数以亿计的高素质人才和技术技能人才。该文件的颁布表明国家大力支持产教融合的发展，在制定和实施产教融合的促进政策方面，国家做出了一定的努力。虽然现有的法律、法规和政策已经在一些方面显示了国家支持产教融合的态度，但是地方政府暂未公布相关优惠政策、执行文件和法律法规，也未发布相关税收、资本等方面的支持，因此我国的产教融合还具有一定的自发性和民间性。

保障产教融合实施可以从以下几个方面的策略入手：

第一，企业、高校、行业协会代表的非高等职业学校参与校企合作、产教融合的责任和义务不是很明显，参与产教融合的企业、高校、行业协会各自的权利缺乏必要的监管和法律和法规的约束，多方的利益未得到充分保护。所以，应该调动这些主体的积极性，保证高职学校积极参与到产教融合的过程中。

第二，政府可以颁布奖惩机制，不设定具体标准，目的是对产教融合进行监督检查，进一步合理地设计各种各样的奖励和惩罚措施。由政府出面建立荣誉奖项，当地实施校企合作效果较好的高校、企业、研究机构、社区、个人、行业组织可以获得一定的赞誉和资金奖励。这些有关产教融合的策略一旦实施并且广泛适用，不但会使职业学院的学生受益颇丰，而且学校自身以及企业都将受益匪浅。

第三，有关学生权益方面的策略。对到企业实习的学生给予相关的报酬、补贴，以及在实习过程中遇到人身伤害如何处理，都应设有明确的规定。这样可以确保调动学生们的积极性，最终收到的效果也会更明显。

第四，政府自发建立独立的部门用于支持产教融合方面。产教融合法规的制定可以明确参与主体的法律责任和权利。目前，中国制定并出台了若干有关产教融合方面的政策，这些政策的健全、完善都有助于促进学校与企业间的融合，对产教融合起到了关键性的作用。在高校与企业开展产教融合的过程中，大部分的合作和方案不能单单依靠口头协议，需要建立正式的合同协议。此类协议同样具有法律效力，出现问题后，可以做到有法可循，依法执行。

有关产教融合组织保障层面上的策略，产教融合能否持续、深入开展，促进政府、高校、行业间良好沟通，构建专门的产教融合协调机构是核心。政府需要建立一个长效的组织保障体系，以对产教融合的各利益主体进行审批、监督。由于目前我国政府还没有建立专门的协调机构来负责高校产教融合方面的设计、审批、考核、监督、评价，因此项目本身缺乏内在动力，企业主管单位、行业部门、财政部门、劳动部门等部门也因利益分配的问题得不到大力的支持，没有组织的协调作用，难以形成长效的组织保护机制。为了加强彼此间的协调，保障产教融合组织运行的有效性，应建立从中央到地方各级政府部门间、高校与企业行业间的多层次协调机构，明确赋予产教融合协调机构的职责和权限，加大产教融合的组织保障能力。

在产教融合评价体系层面，产教融合和学校教学工作相同，若要保持持续健康发展，必须构建科学合理的评价体系。应用型本科高校需要在政府的指引下，与企业、高校、行业机构共同建立360度评估系统，按照合作的效果来找出差距，总结教训，进而制定更合理的合作方案。政府、高校、社会以及合作中的各大主体应严格地对合作效果进行考察和评价。产教融合的内涵和外延要求培养人才的产教融合的水平与管理水平。同时，要考虑企业产生的利益、企业合作产生的成本、专业技术人员的培养数量等。只有借助有效的、可操作性的评价体系，才能检验产教融合的有效性以及正确性。产教融合评价体系不仅能直接体现企业所培养的实践型人力资源能否达到企业的人才定位，还能体现能否帮助企业获得最大的利益以及能否为区域经济发展发挥最大的作用。

产教融合评价体系应建立高校产教融合专家评估机构，其职责是在产教融合的项目中，关注各主体之间的进展和评估，对其谨慎调查，谨防合作各方进行欺诈和欺骗。另外，可以建立高校产教融合的协商和仲裁制度，其任务是结合系统和管理手段，帮助解决高校与企业在合作中存在的矛盾，增加合作的稳固性，促进产教融合合作各方积极完善产教融合评价体系，鼓励生产，逐步开发以市场为导向的研发活动。项目验收、科技奖励、职称评审结果的检验应注意创新、创意和技术水平，注重成果的适用性和社会主义市场经济产业化发展前景。产教融合法规的制定是助推国家、地方颁布产教融合政策的有力途径，企业、高校之间能否保持深度合作依赖于一国法规的要求。产教融合法规可以使产教融合的政策更加具体、明确、可行，可以使产教融合中所需的人力、资金、设施及运行得到根本的保障。政府高度重视，产教融合法规积极支持，学校在教学、科研、管理和社会服务方面开展校企合作，学生、老师、学校、政府等主体分别通过各自的方式、方法支持和参与校企合作，从而形成良好的校企合作、产教融合的社会氛围，这样的产教融合策略才算是有效的、联系实际的优秀策略。

除此之外，我们还可以实行培养模式改革措施来提升产教融合策略，具体产教融合策略有"引企入教""引企入研""引企入践""引企入评"。"引企入教"即吸纳优秀企业参与高校人才培养过程，推进面向企业的教育教学供给侧改革。支持并吸引企业深度参与高校教育教学改革，广泛参与学生课程设置、教材开发和实习实训等环节；鼓励引进行业人才，开设研究生课程，将行业标准和技能带入课堂，丰富课堂内容，实现课堂内外的真正结合；聘请校外专家为兼职教授，定期开设专业讲座，通过"大师面对面"和学术沙龙等形式为学生提供与业内高端人才近距离交流学习的机会。

"引企入研"即积极引导和支持企业参与协同科技创新，加快基础研究成果向产业技术转化。根据2018年夏季学期北京交通大学土木建筑工程学院毕业生论文选题来源数据统计，9.3%的硕士论文和26%的博士论文来源于企事业单位委托的课题项目，所占比例居各类选题来源第二位。学生论文选题来源在很大程度上反映出行业发展趋势是高校科研支撑的重要力量。高校应转变办学理念，真正做到开放培养人才，以适应我国经济结构优化和产业结构升级带来的人才需求变化，积极寻求校外科研资源，通过校企合作搭建合作平台，实现资源共享。"引企入研"产教融合策略一方面有利于在研究生教育经费方面获得国家和企业的支持，另一方面有利于促进研究课题与产业发展亟需解决的问题实现有机结合。此外，"引企入研"有利于促进科研成果向生产力转化，从而刺激经济，实现产教融合的深度发展。

"引企入践"即组织学生参与企业的生产，将实习实训环节与行业生产相结合。实践是检验真理的唯一标准，学校人才培养是直接面向社会的，只有真正让学生深入生产一线，才能促使其学以致用。"引企入践"是适应学生培养方案的必然要求，有利于实现资源统筹、协同育人。通过产、学、研、用的人才培养模式，联合培养基地构筑产教融合的框架体系，真正实现学有所用、学有所验、学有所成。

"引企入评"即将学生就业情况与人才培养质量评价挂钩，以服务产业需求为目标调整人才培养模式。产教融合理念最核心的部分是人才培养的供给侧需要满足产业需求侧，即人才的培养需要以产业行业为导向，根据国家需求和社会发展调整招生方向和培养特色。"引企入评"的培养方式要求建立畅通的校企沟通机制，及时准确地了解行业需求，通过开展企业定制班、骨干培训班等培养企业所需人才；建立有效的合作机制，通过定期回访等形式了解用人单位对毕业生的满意度；充分发挥教师教学指导作用，在学生毕业等环节增加校外导师的衡量指标，将行业标准融入培养过程中，从而真正实现产教深度融合。

产教融合作为推动职业教育改革，促进职业院校人才培养供给与产业发展对人才需求之间的供需平衡以实现人口红利向人才红利转变的重要途径，必须要加强对其的执行力度。因此，基于不同执行主体的职责，要构建完整明确的产教融合执行制度体系，以提高政策执行的制度性与规范性。

（一）构建完善动态的产教融合执行的统筹规划制度

明确合理的产教融合统筹规划制度的制定有利于缓解合作上的矛盾冲突，维护参与组织的稳定性，促进产教融合各参与要素的合理分配及其机制的正常运转。产教融合鲜明的社会环境依赖性要求为产教融合政策的有效执行构建完善的动态性产教融合统筹规划制度体系。国家作为产教融合机制构建的主导者与引领者，要统筹职业教育与经济社会的协调发展，协调职业教育部门与其他相关部门的关系，紧跟时代发展的步伐，根据社会发展的变革，就产教融合的财政保障、师资建设、评估监督、引导扶持、法律责任等多方面，不断建立并完善相关规章制度，规划我国产教融合的系统制度框架。为此，在构建的过程中，务必要提升法律条文的明确性及可操作性，进一步规范和明确产教融合的基本制度体系，确立产教融合参与主体的资格、条件、权责义务及退出机制等具体问题规定。随着经济社会的转型及产业结构的不断优化升级，在政策的制定过程中，要坚持动态性原则，立足产教融合观，进一步扩大参与主体及其资格范围。同时，为了保证执行的规范性，要在法律中明确违法的责任后果与责任承担方式，提高法律的效力。

（二）建立以市场化思维为导向的人才培养制度体系

新时代国家以及地方相关产教融合政策的颁发都表明高校已经成为深化产教融合改革的主阵地，且政策变动的重点从更多强调职业院校内部要进行改革转变为强调以就业为导向进行校企结合的人才培养方式的改革。因此，作为实施产教融合主阵地的高职院校，在执行产教融合政策的过程中，要遵循以市场化为导向的原则，根据市场经济的动态发展，基于职业教育需求高弹性的特征以及开放的劳动力就业制度，采取主动开拓与适应市场的态度，建立以市场化思维为导向的人才培养制度体系。产业转型升级的加快以及技术更新换代引发了劳动者就业结构的改变，提高了劳动者的职业流动率。因此，高职院校要适应区域产业经济高速发展，并在其中求得生存和发展，关键是要找准产业优化升级和人才培养之间的结合点，要通过"专业"这个中心枢纽直接为产业转型升级服务，要围绕区域产业结构和社会职业结构的变化来合理设置、调整专业，为此要根据人才规格需求变化以及针对企业岗位群结构而不是以单个职业为基础来确定专业设置和培养目标。

在开展课程专业学习方面，要与合作企业深入合作，签订横向项目技术服务协议，把企业产品引入课堂教学，让学生以真实产品为载体，掌握工作岗位的实战技能。同时，允许学生同时学习多个专业，根据学生发展需求，开发设立多种模块课程，允许并鼓励学生跨专业选择课程，使学生在校期间掌握多方面职业技能。在人才培养模式上，本着"全面合作、优势互补、平等协商、资源共享、共同发展"的原则，遵循"产教融合、校企合作、工学交替、知行合一"的跨界特征，探索创新以现代学徒制、订单式培养、工学交替与技能精英等为主的人才培养模式，并发挥学生的主观能动性，引导学生建立校企合作学生联盟，积极鼓励学生参与企业实践，允许学生以企业的工作经历置换课程学分，鼓励学生以职前教育主体的身份在实践过程中寻求符合自身的对接岗位。

此外，劳动力人才市场的人才需求信息变幻莫测，在执行产教融合政策的过程中，在充分了解劳动力市场对人才需求信息的基础上，职业院校要与企业或人才市场之间形成紧密有机的联系，职业院校与企业或人才市场应定期就人力资源的供需情况进行对接与沟通，进行职业、工作与任务的分析，对人才需求进行深入了解。为此，要充分利用人才市场提供的资源，根据劳动力市场反馈的人才需求信息，建立校园动态性的人才供求信息网络，让学生及时有效把握劳动力人才市场就业环境状况。

第四节 产教融合的实践模式与探索

一、产教融合的实践模式

教育部高等教育司和中国高教学会产学研合作教育分会联合主编的《高等职业教育产学研结合操作指南》对我国现行的人才培养模式进行了总结。国内现行的人才培养模式大概有 12 种，目前，我国高等职业教育产教融合模式较为经典的分类共有 9 种。其中，以"订单式""2+1"和"学工交替"3 种人才培养模式最为常见，由于具体模式之间没有形成严格的体系，9 种人才培养模式还存在相互重叠的部分。

走产教融合的道路，要注重实践教育，只有学校和企业共同培养，才能彻底改革传统院校办学的缺点，才能契合实际地为社会经济发展培养相匹配的人才。在课程设置中，应以"夹心课程"为主，即"学习—实习—学习"的课程设置。为更好地落实实践课程的教学效果，福特斯建议实操课程尽可能在企业进行，确保学生感同身受。

近年来，在党和国家的高度重视下，职业教育体制机制不断创新，职业教育校企合作呈现出令人欣喜的变化和发展。但整体来说，我国校企合作的水平还远不能满足经济社会转型、产业结构升级与调整对职业教育的要求。进一步推进校企合作深入发展，需要立足全局，加强顶层设计，以体制机制创新为突破口，引领校企合作走向深入。

"产学研"是目前有助于高职院校实现产教融合、校企合作育人的一种较为理想的模式，这种模式在高职院校中的应用较为广泛。其目标是将学生培养成实践操作能力强、具有较高职业素质能力和核心竞争力的人才。学校和企业共同商定人才培养方案，以企业需求来确定教学目标。此种培养模式能够结合学校与企业双方的资源，优势互补地为学生提供教学场地与教学资源，使企业能够参与整个培养环节。

"产学研"要求高职院校在专业设置、课程安排、教学内容等环节都要符合企业的需求。也就是说，在这种模式下培养的人才是企业所需要的，不存在企业和人才供需不对接的情况。这种模式要求企业为学生提供实际场地，模拟工作环境，从而使学生的课堂理论知识与实践技能有机结合，提高理论知识转化为实际生产力的水平。

"订单式"人才培养模式是校企积极合作，共同研究并制定人才培养方案的模式。在这种模式下，学生和企业签订用人合同，在技术、师资、实践产地等方面进行合作，校企双方共同招生并对其进行培养，最终毕业生能够直接到该企业就业。这种人才培养模式建立在学校和企业相互信任的基础上，校企双方的合作具有自愿性，只要企业愿意与学校合作育人，那么这种模式就能够促进学校对人才培养的积极性。

"订单式"培养模式能够和用人单位，也就是企业的需求对接，以企业需求为培养导向，从而提高高职院校毕业生的就业率，此种模式得到了社会和学校的广泛认可。但目前在我国高职院校用"订单式"培养人才的过程中，校企双方的地位很不平衡，学校对企业的了解也不够深入，因此还需要我们加强该方向的建设，优化产教融合实践成果。

"工学交替"人才培养模式的基本特征如下。学生到学校后，第一学期首先在企业进行实践学习，企业负责对学生传授基本的专业思想以及对学生进行入学教育，并让学生轮岗实践，在不同的技术岗位实践学习。第二、四、五学期，学生在学校接受老师所传授的课堂理论知识。在第三学期学生又到企业进行全顶岗的实践学习。等到第六学期，学生能够独立上岗后，学校和企业要求学生在此学期上岗进行毕业实践并完成毕业设计。

"工学交替"这种模式不但能够让企业参与学校人才培养的整个过程，包括培养方案、教学计划、实践环节、考核标准等，而且在这种模式培养下的学生具有双重身份，即"员工"和"学生"，可将课堂知识与企业要求的实践技能更好地衔接起来。

在"2+1"人才培养模式下，第一阶段，学生在学校学习两年的理论知识，培养自身的综合职业素质，学校以课堂的形式传授学生专业知识；第二阶段，学生在学习完专业理论知识后，去企业实习一年，在相应的岗位进行培训，将所学的理论知识进行实践，一年以后，学校对学生的学习情况进行考核和毕业评定，并对其进行就业指导。学生在企业的实习属于"顶岗实习"，学生不是在学校的实训基地实习，而是到企业，跟企业的员工没有区别，学生和其他员工一样，也要遵守企业的规章制度和工作要求，有自己的工作细则。在企业实习的一年里，学生能够不断练习在学校所学的专业知识，以实践验证真理。这种培养模式能够让学生毕业后迅速满足企业的需求，减少毕业生的实际工作能力与岗位要求不对接的问题。"2+1"培养模式能够将学生在学校学到的专业知识与实践相结合，提高学生对职业技能的掌握能力，这种能力不仅包括学生的理论知识的熟练度、综合职业技能，还包括对问题的处理能力以及将知识转化为生产力的能力。这种培养模式与传统的教科书培养模式不同，它培养的是学生知行合一的能力，通过在企业的实训，学生能够快速掌握企业的工作要求，从而提高培养质量与就业率。

通过产教融合实践尝试，收获是多方面的。例如，教学效应得到有效显现，在产教融合的实施过程中，学生的专业技能得到了充分的训练。产教融合可以使学生很快适应企业的要求，迅速成长为企业的技术骨干；使教师水平得到有效提升，因为产教融合的实施过程为教师提供了实践的平台。一批具有真才实干的专业教师队伍可逐步成长起来，这为学校将来的可持续发展奠定了坚实的人才基础，可成为学校的一笔巨大财富。

在产教融合的实践过程中，校企文化得到了有效融合。企业管理制度逐步迁移到实训基地的管理过程中来，推进了企业文化与校园文化的有机结合。接受企业文化熏陶，推进企业文化与校园文化的融合，是实现学生与企业员工无缝对接的重要保证。在产教融合实践过程中，我们可以定期邀请企业管理人员到学校宣讲企业精神、企业文化，创造学生与企业直接对话的机会，引导学生自觉培养企业需要的职业道德素质和团队协作精神。

二、产教融合的探索

产教融合的根本目的是人才培养。生产是基础，但必须服务于教学，这是处理产教融合过程中各种问题的基本原则。产教融合的实施不能外包给校外，导致专用于产品生产，不管"教"，成为变相的校办厂；也不能由校内人承包，更不能完全以学校名义来组织。因此，还是要在"融合"上深入研究，探索机制。企业追求经济效应，学校追求成才效应，两者"融合"的完善程度决定了产教融合的总体水平。

在产教融合探索方面可以从国外借鉴，学习发达国家的产教融合体系，再结合我国的实际国情，创建符合社会主义特色的产教融合之路。例如，德国政府自1950年以来，相继颁布了《企业基本法》《高等学校总纲法》《劳动促进法》《青年劳动保护法》等10余项法律和法规，规定了产教融合中高校和企业各方的责任和义务。我国政府也可以借鉴德国的立法，加快建设，早日实现产教融合。比如，制定有关鼓励行业、企业参与产教融合实践型人力资源培养和促进产教融合研究方面的法律和法规，利用法规法律来进一步限定政府、企业和行业在产教融合中培养实践型人力资源的权利与义务，特别是对参与产教融合的行业、企业，对其参与培养实践型人力资源的性质和地位做出具体规定，为其提供政策和法规的保障。目前，我国的不同地区、不同层次的产教融合在不断进行尝试和实践，这些实践将为建立标准化的产教融合提供宝贵的经验，为我国产教融合的探索向前迈进奠定坚实的基础。

产教融合的探索还可以从推进多元合作、深化产教融合创新发展的角度入手。首先要改变合作方式，形成校企合作模式。该模式不是单一的学校与企业合作，而是地方应用型院校协同国内外重点院校与企业一起全面开展合作，并在各个方面实现转变：一是改变仅仅以完成项目为重心的短期校企合作方式，建立以长期战略合作为依托的全面合作关系；二是改变单向为企业提供科技成果或转化成果的状态，建立起根据双方需求的、双向互动的合作关系，不断创新合作内容，并将学生培养纳入其中；三是改变以单一专业与企业合作为主的形式，建立起多专业与企业合作的形式，以适合中小企业的特点。

学校应积极创造条件，争取政府及有关部门出台加强和推进校企合作的政策和措施，如财政补贴、税收优惠、学生工伤保险等，支持校企合作培养工程人才。同时，应进一步探索完善校企合作工作机制，建立合作的组织协调和服务机制，不断研究解决合作中出现的新情况、新问题，推动校企合作不断深入开展。

产教融合探索的方向可以从建立独具特色的"产学研合"作模式入手。独立特殊的校企合作模式可以使企业迅速壮大，企业资源合理应用，高职学校学生资源合理分配，由于经济转型、产业升级、产品换代速度加快，企业科技创新能力也得到显著提高。学校教师通过这一合作平台，能够拓展服务渠道，创新服务方式，推动重大项目合作攻关，在服务地方过程中形成自己的品牌和优势。该合作模式可以在城市建设的试点地区全面推开，提升高职学院教师的科研水平，加深产教融合实践中的社会影响力，使产教融合探索既务实又高效。

资源作为深化产教融合不可或缺的重要保障，是促进职业教育可持续健康发展的重要物质基础。纵观目前职业教育产教融合校企合作"学校热，企业冷"的整体实践状况，很大原因在于尚未实现校企双方资源的融通，资源的单方向倾斜难以实现双方互利共赢的理想。因此，要实现校企双方互利共赢和高质量的人才培养目标，校企双方必须加强资源建设，促进职业教育校企合作从外延式向内涵式过渡发展。

基于当前研究现状和职业教育发展实际要求，加强各参与主体产教融合资源建设，积极进行产教融合实践探索，亟需做好以下几方面的工作。

（一）加强政策执行主体队伍建设

产教融合政策执行取得的效果与政策执行主体队伍素质存在密切的因果关系，优化产教融合政策效度，提高人才培养质量，实现跨越式发展，必须要加强执行队伍的建设。企业作为培育教师不可或缺的参与主体，其生产环境为职业院校教师师资的培养提供了直接真实的工作环境，是科学研究的问题源头。因此，职业院校要积极与企业定期开展沟通交流。

一方面，职业院校要创新学校内部师资培训的制度，建立专任教师定期下企业的制度，积极鼓励教师主动经常性走进企业，学习了解企业的经营文化理念和运行管理方式。同时，按照"共同发展、互惠互利、资源共享、优势互补"的发展理念，根据学校与企业双方对产教融合需求的共同契合点和建设目标，立足于对区域服务的前提，在专业发展的需求以及双方资源互补的基础上，共同建立研究机构或工作室模式，鼓励教师参与企业的技术攻关与革新、研究成果的对接与推广、项目引进等。研究机构与工作室的共建有利于提高教师的社会服务能力，从而推动长效的校企合作机制的形成。

另一方面，可以由企业内部操作经验丰富的高技术技能型人才对职业院校的教师进行培训，帮助教师充分了解行业发展的动态，研究学习新生产技术和企业最新的研究成果，有利于教师突破传统教学内容束缚，把所学的技术手艺以及研究成果引入实际的课堂教学，促进教师专业职业化的发展。

（二）强化与地方产业发展相适应的专业建设

高等职业教育服务产业发展的本质功能要求必须强化与地方产业发展相适应的专业建设，专业是职业教育和社会经济的接口，是保证人才培养与经济发展相协调的首要环节。要培养学生综合素质和职业技能，使学生具备较强的适应产业发展和岗位迁移的基本能力，职业院校专业建设无疑至关重要，且已经成为学校内涵建设的核心内容。为此，职业院校必须立足产业发展，在适应市场与遵循专业发展规律相结合的原则下，加强院校的专业建设。

首先，健全完善学科专业调整机制。其次，在提升院校专业内涵水平的过程中，基于专业的特点，优化和遴选适应职业岗位技能要求的教学内容，构建符合地方产业发展的职业院校专业建设规划，包括规划满足行业与岗位技术要求的特色专业、教学改革试点专业、精品专业、关键产业急需的专业，以及开拓与发展反映新技术、新工艺、新产业，与新增长点相适应的新专业等，加快建设机器人、大数据、人工智能等一批新型工科专业。最后，改革现有专业群的衔接关系，即各专业在人才培养上的衔接关系，建立中职一专科高职一应用本科衔接互通的标准框架体系及专业课程教学标准。围绕区域产业发展，强化专业建设，推动科学专业与产业需求精准对接，有助于产教融合政策的有效执行，促进现代职业教育的改革与发展。

（三）建立科学合理的评价机制

任何一项工作的最终开展成效离不开评价的参与，建立科学合理的产教融合评价机制，通过全面监督科学评价产教融合各职能部门工作开展情况与质量，有利于形成激励作用，保证产教融合的健康良性可持续发展。为此，构建科学合理的评价机制可以从以下几方面着手：成立专门的评价组织部门；制定全面的考核评价内容；建立量化考核的评价方式。

第二章 高职院校"产教融合与校企合作"模式研究

第一节 "产教融合与校企合作"的机制建设

通过近十几年的努力，国家顶层设计与地方实践探索得到了有机统一，形成了重点领域和关键环节的协同创新网络。全国职业教育改革试点项目不断推进，普遍建立了政府统筹协调制度，初步建立了行业指导制度，积极推进了校企合作制度发展，不断完善衔接沟通的职业教育体系，有序丰富了集团化、园区化办学制度，逐步完善区域合作制度，基本建立了督导评估制度，强化改善了投入保障制度，有效健全了教师管理制度，大胆改革招生考试制度等。但是，近十几年高职院校，在体制、机制的改革和创新方面，仍没有较大改变，主要表现在：职业教育管理体制发展不顺，职业教育办学体制改革受制于现有政策障碍难以突破；职业教育治理体系不完善及治理能力不强，口头和文件重视但行动和措施乏力，表层建设进展大但深层改革突破小，统筹难度大，未能形成合力；职业教育领域积极主动但其他部门参与积极性不高，缺乏经费支持和关键政策支撑；等等。职业教育的体制、机制改革还处于深水区。

以下主要从职业院校层面的体制、机制建设进行探讨和分析。

一、"产教融合与校企合作"的基本要素

（一）利益相关者理论

1963 年，斯坦福大学研究所最早明确地提出了利益相关者的定义："利益相关者是这样一个团体，如果没有他们的支持，企业就不可能生存。"尽管这一义比较宽泛和狭义，但它使人们开始认识到，企业追求的不再仅仅是股东的利益，还追求企业目标的实现或受企业目标实现影响的群体的利益。1984 年，弗里曼在《战略管理：利益相关者管理的分析方法》中提出了利益相关者管理理论，认为在经营管理活动中管理者有必要综合平衡各个利益相关者的利益诉求，利益相关者只有在预知获得激励和补偿的状态下才会有无尽的动力和活力，这一理念为实现校企深度融合提供了理论基础。

1998 年，联合国教科文组织在巴黎召开的世界高等教育会议上指出，要适应高等教

育变革和解决高等教育发展所面临的问题，不仅需要各国政府和高等院校的积极参与，还需要所有相关人士的积极参与。高等院校被要求与社会、政府、企业界、学生等建立广泛的合作伙伴关系。需要注意的是，这种合作是建立在合作伙伴之间共同的利益基础之上的。

利益相关者理论认为，一个组织获得长期生存和繁荣的最好途径是：考虑到其所有重要的利益相关者并满足他们的合理需求。同样，良好的利益机制是推进校企合作深度发展的动力和维系校企合作良性运转的纽带。作为一个典型的利益相关者组织，高职院校在开展校企合作的过程中，不能仅仅关注学校自身的发展和高技能人才的培养，还要关注学校自身发展与其他利益主体和谐共存的问题，关注在与其他利益相关者合作过程中如何趋利避害。

（二）高职教育校企合作利益相关者分析

利益相关者就是任何可以影响组织目标的实现或受该目标影响的群体或个人。米切尔认为，一个组织的利益相关者必须具备三个属性：合法性，即相关利益被法律和道德认可；影响力，即具有影响组织的地位、能力和手段；紧迫性，即其主张或要求可立即引起组织决策者的关注。利用利益相关者理论分析高职教育校企合作，并不是在"以营利为目的"的"企业"的意义上使用利益相关者理论，而是将其作为一个非营利性组织来理解。

美国的罗索夫斯基根据利益相关者对大学的重要性程度，将大学的利益相关者划分为四个层次：第一层次是最重要的利益相关者，包括教师、行政主管和学生；第二层次是重要的利益相关者，包括董事、校友和捐赠者；第三层次是"部分拥有者"的利益相关者，包括政府、银行家、学校规章制度的调节者和许多学术活动的评审委员会委员，即他们只在特定条件下才成为大学的利益相关者；第四层次则是次要层次的利益相关者，包括市民、社区、媒体，他们是大学的利益相关者中最边缘的一部分。罗索夫斯基关于大学的利益相关者的划分和界定因具有广泛代表性，而被众多学者认可。

根据罗索夫斯基关于大学的利益相关者的分析理论，我国学者贺修炎认为，高职院校和企业分属两个不同的利益相关者组织，高职院校的利益相关者包括政府、教师、管理人员、学生、家长、校友、媒体、社会公众、中介等，企业的利益相关者包括股东、管理人员、员工、顾客、分销商、供应商、贷款人、政府、行业协会等。当高职院校与企业有校企合作项目时，校方相关领导、指导教师、实习学生等以及企业相关的领导、指导师傅则构成内部利益相关者，而其他的则成为外部利益相关者。

查建中认为，现代职业教育的实质就是"面向职场需求"的专业教育，需满足三个关键利益相关者的需求，即学生求职和职业生涯发展的需求、产业对专业人才的需求、国家对社会和经济发展的人力资源建设需求。这三个需求都不约而同地指向了职场的需求。学生和家长、学校和教师、产业和政府是专业教育的关键利益相关者。

（三）产教融合与校企一体化的要素分析

高职院校独有的特性，决定了高职院校发展必须引入"产教融合与校企一体化"的理念。根据利益相关者理论，我们重新梳理了政府机构、产业（行业、企业）、高等院校、科研机构、市场之间的多方关系，形成了"共同愿景、共构组织、共同建设、共同管理、共享成果、共担风险"的相关利益者，架构了"合作办学、合作育人、合作就业、合作研发、合作发展"五位一体的政、产、学、研、市一体化办学模式。政、产、学、研、市五个核心要素只有这样紧密合作打造共同体，才会有生命力，才能满足和适应区域社会、经济、行业、企业的需要，获得可持续发展。

1. 产教融合与校企一体化核心要素

作为产教融合与校企一体化的核心要素，"政产学研市"分别代表着政府机构、产业（行业、企业）、高等院校、科研机构和市场五个主体。这五个主体的系统创新合作，代表着技术创新上、中、下游及创新环境与最终用户的对接与耦合过程，代表着从市场出发再回到市场的闭路循环。

"政"指政府机构。政府机构在地方职业教育中具有主导作用，如办学方向主导、政策主导、项目主导、资金主导等。政府机构主要是宏观引导，制定相关政策措施，引导各方资源、各方利益合理构架，实行市场化运作，使创新成果快速转化应用，实现经济价值。

"产"指行业、企业。行业、企业主要体现在全面参与学校教育过程中的指导性，主要是指参与高等院校制定人才培养方案和规范标准等，发挥行业、企业在校企合作中的牵线搭桥作用，推荐行业龙头企业与学校合作，提供行业最新资讯和合作项目等，指导校企合作。同时，企业也可以充分利用自身优势结合科研机构和高校的研究成果进行企业创新和产品创新，寻找适合于企业发展的道路。

"学"指高等院校。高等院校不仅聚集着大量高级专业人才，而且作为社会人才的培养基地，在知识含量、技术提升、观念更新、信息传播等方面都具有独特的优势。学校主体必须体现育人服务和社会服务的主体性，即学校发挥自身优势，提供场地、设备和师资，吸引行业、企业参与校企合作，促进合作教育健康发展，培养高技能应用型人才。

"研"指科研机构。科研机构集聚众多优质创新要素，在技术研发与转移、产业再造和制度创新等方面都发挥着重要作用。科研机构以其研究方向的专业性、研究技术的先进性及专业人才的集聚性等特点，借助社会、政府、企业所建立的平台与提供的资源，推动企业以及行业的整体发展。科研机构的建设为五位一体的实施提供了保障。

"市"指市场，泛指社会需要，是"政产学研市"五个核心要素合作的统一，是五位一体合作的最终目的，也是创新的出发点和落脚点，是服务的起点和终端。当然，"政产学研市"五位一体也是市场的常见形态。市场在通过自身机制的调节提高用户在社会中的工作效率和生活质量的同时，也承担着评价与检验产教融合与校企一体化人才培养质量的职能。

2. 产教融合与校企一体化要素相互关系

"政产学研市"联动合作办学模式的特点是在推进校企合作中坚持政府引导、行业、企业指导、院校主体、科研保障、市场运用，从而形成和谐的"生态圈"。五个主体相互支持、相互渗透、优势互补，通过利益互赢、责任共担、契约化管理等方式，构建"政产学研市"一体化联动机制，确保形成一体化的"教育服务利益联合体"。同时，加速区域产业结构转型升级，促进社会创新和区域经济发展。这种教育服务利益联合体的"政产学研市"合作模式，克服了以往校企合作的表面化，在合作理念和运行方面找到共赢的结合点，真正体现了各个主体共同参与的人才培养的体制机制，有效提高了高职院校的人才培养质量。同时，"政产学研市"协同创新是一个复杂的社会协作过程，各主体要素之间存在着不同的互动关系。

3. "政产学研市教育服务联合体"——基于浙江工贸职业技术学院的实践

浙江工贸职业技术学院是地处温州的省属高职院校。学院始终认为，高职院校的内涵式发展必须与地方经济紧密联系，只有主动将发展的触角植入政府的战略规划之中，学校才能找到新的契机，从而有新的作为。浙江工贸职业技术学院积极构建与各级人民政府和职能部门的关系，为学院发展赢得政府在政策、项目和资金上的支持。浙江工贸职业技术学院积极与行业、企业合作，并作为主要发起人发起温州网络经济促进会、温州市供应链协会，并与温州眼镜商会合作建立温州市眼镜行业技术创新服务中心，与温州市鞋革协会合作建立中国鞋都技术中心，与温州印刷协会合作建立温州印刷研究中心，与温州市金融机具协会合作建立金融机具技术中心等；经国家批准成立中国（温州）广告园区，经浙江省委宣传部批准成立浙江创意园，与温州市科技局联合成立温州知识产权服务园，与浙江九龙、瑞立集团、奥康集团、用友集团等近200家企业建立了紧密合作关系。学院积极进行科研中心（院、所）和文化研究机构建设，与中科院姚建铨院士团队共建温州激光联合研究院，与陕西科技大学合办浙江温州轻工研究院，与浙江大学、中国电信温州分公司合办温州电子信息研究院，与市政府、中国风险投资研究院合办温州风险投资研究院，与中科院固体物理研究所等合作建设现代制造与先进材料研究中心，与华中科技大学合作建设数控技术中心等共24个科研机构。学院通过构建"政产学研市"五方联动办学模式，密切关注市场、行业、企业的变化和需求，以提高人才培养质量为目标，发挥自身主体作用，通过多年的探索和实践，逐步打造富有特色的教育服务利益联合体，有效促进了"政产学研市"深度融合。

浙江工贸职业技术学院基于"链系统"所建立的"政产学研市教育服务联合体"，要求学校既要掌握教育规律，同时也要把握市场规律、社会发展规律，根据教育规律、市场规律、社会发展规律办好职业教育。概括起来就是，在利益多赢、责任共担的前提下，建立"政产学研市"一体化自我持续发展机制，既要处理好公益性与市场性、服务性与效益性的关系，也要处理好合作性与竞争性的关系。"政产学研市教育服务联合体"的本质内涵为校企一体办学、学产一体教学、学做一体学习，突出对学生职业核心能力、岗位迁移能力和可持续发展能力的培养，推行毕业证、职业资格证、顶岗实习证并举，形成校企合作协同育人的"三三制"模式。

浙江工贸职业技术学院电子商务专业在这个方面进行了有益的探索。通过合理的教学编排，各班级学生轮流参与网站运营，并实现岗位轮换，实现教学、实践两不误，学生在温州名购网得到了实实在在的锻炼，专业技能和运营水平普遍高出同类院校一大截，多次在全国比赛中获奖，先后涌现出多名创业之星，该专业的学生也成为各电商企业抢手的"香饽饽"。该专业与本地传统制造企业对接，提供电子商务技术支持和人才培训，实施企业帮扶和项目运作，为企业转型提供了便利。截至目前，已服务企业几十家，师生团队帮扶企业以及承接企业外包电子商务项目6个；先后举办中国（温州）电子商务高峰论坛3次，举行各类电子商务培训班20余次，总计培训人员1万余人；为奥康、红蜻蜓、绿森数码等本土企业输出了上百名高技能人才。该专业充分发挥自身资源优势，建成了温州市电子商务技术支撑与人才培养公共服务平台。

二、"产教融合与校企合作"的构建路径

贺星岳、邱开金在《高职院校一体化教育流程的研究与实践》中指出，校企一体化流程可从"三力""五共""四化""四度"的路径进行分析。从现代职业教育体系发展，以及产教融合与校企一体化的核心要素分析来看，产教融合与校企一体化的路径可以在此基础上进行修正。一体化的内聚力可以吸纳政府引导力、市场吸引力从而由"三力"变成"五力"；一体化的目标可以将专业设置与产业需求对接、课程内容与职业标准对接、教学过程与生产过程对接、毕业证书与职业资格证书对接、职业教育与终身学习对接等；在一体化目标之后增加一体化平台构建，平台必须具备协同育人功能、协同创新功能、

创业教育功能、产业调研功能和成果转化功能；一体化课程与教学在原有课程范式项目化、课程组织多样化、课程实践生产化、课程成果产品化的基础上增加课程改革同步化；一体化评价在学生满意度、企业满意度、学校满意度、社会满意度基础上增加政府满意度；在一体化评价后增加一体化保障机制，主要为动力机制、组织机制、制度驱动机制、运行机制、利益分享机制等五个机制，从而形成产教融合与校企一体化路径的"六五法"。当然，从这个"六五法"的路径中不难看出，产教融合与校企一体化的主要特性仍然是教育性，在此基础上，再从政、产、学、研、市五个要素的利益契约合作关系中，体现出相互包容、优势互补、利益互惠的特点。

（一）一体化内聚力形成

产教融合与校企一体化的内聚力共有"五力"，包括企业教育力、学校服务力、学生发展力、政府引导力、市场吸引力，这是实现产教融合的前提条件。

1. 企业教育力

产教融合与校企一体化，必须考虑合作企业的教育力。既要考虑企业生产规模、生产效益，又要考察合作企业所具备的承担学生培养、学生生产实训中的技术技能指导的实力。

2. 学校服务力

学校自身也要根据师资、专业结构、学科技术和技能优势、科研能力等衡量与企业合作中能给予企业的服务力。

3. 学生发展力

最重要的也是最根本的是要考虑学生的发展力，学生的专业性和专业能力培养是校企一体化发展的出发点和目的。

4. 政府引导力

政府对于学校、企业的引导力也是必需的，良好的政策、项目、资金支持，会营造优质的产教融合环境。

5. 市场吸引力

市场吸引力则为产教融合与校企一体化提供了要素资源重新配置的空间。

（二）一体化目标要求

产教深度融合的基本内涵是产教一体、校企互动。产教融合与校企一体化的基本目标是实现"五个对接"。

1. 专业设置与产业需求对接

健全专业随产业发展动态调整的机制，优化专业设置，重点提升区域产业发展急需的技术技能人才培养能力。

2. 课程内容与职业标准对接

建立产业技术进步驱动课程改革机制，推动教学内容改革，按照科技发展水平和职业资格标准设计课程结构和内容。

3. 教学过程与生产过程对接

建立技术技能人才培养体系，打破传统学科体系的束缚，按照生产工作逻辑重新编排、设计课程序列，同步深化文化、技术和技能的学习与训练。

4. 毕业证书与职业资格证书对接

完善职业资格证书与毕业证书的"双证融通"制度，将职业资格标准和行业技术规范纳入课程体系，使职业院校合格毕业生在获得毕业证书的同时取得相应的职业资格证书。

5. 职业教育与终身学习对接

增强职业教育体系的开放性和多样性，使劳动者能够在职业发展的不同阶段通过多次选择、多种方式灵活接受职业教育和培训，满足劳动者为职业发展而学习的多样化需求。

（三）一体化平台构建

产教融合与校企一体化必须把握"服务"与"培养"之间的平衡，因此在构建一体化平台的时候必须强调协同育人、协同创新、创业教育、产业调研以及成果转化等核心功能。

1. 协同育人

产教融合与校企一体化的主要目的和中心任务应聚焦于培养人才，因此，育人是产教融合与校企一体化的核心。产教融合与校企一体化是一种开放跨界的教育运行体系，其独特性体现在院校、政府、行业、企业、科研机构等不同领域的联动上。通过多方协同联动，以"政产学研市"立体协同推进为实施手段，变革高职院校人才培养模式，强调职业素养，把人才培养置于多方参与的开放系统中，贯穿于教学、生产实践、创新研发和应用服务的全过程，以适应经济发展方式转变对人才培养的新要求，实现高职教育的教育自觉。

2. 协同创新

2012 年 7 月，胡锦涛同志在全国科技创新大会上强调指出：要着力提高科研院所和高校服务经济社会发展的能力，要着力推动创新体系协调发展；要支持和鼓励探索多种形式的协同创新模式。产教融合与校企一体化就是一种新型协同创新模式，这种模式强调的是不同层面的各要素群体之间相互合作并创新。这种协同创新模式主要是通过对各参与主体资源的优化配置，实现整个体系创新的高效性；通过各参与主体彼此间的实时交流，从而更容易获得人才、资金、技术、信息等资源；通过各参与主体在共享平台上相互学习交叉知识、共同享用研发成果，进而提高各参与主体的技能和核心创新力；通过信息的双向传递，促进各参与主体间长久的交流互动和密切合作，从而推动整个体系持续创新。

3. 创业教育

产教融合与校企一体化平台本质上就是一个创业创新的有效载体。鼓励并引导学生、教师参与创业创新实践，并将创业与专业、科技、区域产业及政府导向相结合，提升师生的创业知识和经验、创业意识、创业能力、科技知识和创新能力。通过这个载体，形成完整的创业实践教育体系。当然，学院也要与当地政府、行业协会、企业、新闻媒体及时沟通，整合各种社会资源为创业教育服务，推动大学生创新创业的社会环境建设。

4. 产业调研

产教融合与校企一体化平台整合了大量的企业和相关行业，利用"政产学研市"的联动机制，可以深入了解整个行业和主要企业发展的现状、问题及发展趋势，从而为政府、行业、企业提供咨询建议，为高校提供人力需求报告，为科研机构提供产业需求的一手资料。

5. 成果转化

长期以来，"政产学研市"合作组织形式级别较低、合作机制不完善，成果转化率低等问题突出，校企之间无法真正实现协调发展。其主要原因在于成果转化、技术转移需在特定组织制度环境下，通过一定的方式或通道，使得技术知识或技术成果在不同利益主体之间传递，如果只有企业和大学两个"轮子"，是无法有效"驱动"区域创新经济发展的，因此，必须依靠"政产学研市"的一体化提供技术转移、成果转化的"土壤"。

（四）一体化课程与教学

合作目标确定以及平台建成后，如何按照产业发展水平和职业资格标准设计课程结构和内容，需要通过用人单位直接参与课程设计、评价，同时，引进国际先进课程，使职业教育紧跟科技发展和市场变化。

1.课程范式项目化

课程范式项目化，强调实践课程要将专业性融入相关的专业生产项目之中，以专业生产过程的关键知识、核心能力安排实践课程。

2.课程组织多样化

课程组织多样化，是指实践教学并不排斥传统的课堂教学、模拟性的实训教学等，倡导课程组织的灵活性、多样性。

3.课程实践生产化

课程实践生产化，强调专业的实践课程要突出专业生产的知识特性和技术特性，尤其在真实的生产过程和生产环境中培养学生的专业技术及应用能力。

4.课程成果产品化

课程成果产品化，是校企一体化实践教学绩效评价的特殊要求。因职业院校学生的学习是经历了真实岗位体验的学习，实践性产品的质量将是评价学生学习态度和知识应用及迁移能力的重要指标评价参照体。

5.课程改革同步化

课程改革同步化，就是如何根据产业技术的变化驱动课程改革，让职业院校按照"真实环境、真学、真做、掌握真本领"的要求开展教学活动，使职业院校按照企业真实的技术和装备水平设计理论、技术和实训课程，推动教学内容改革，促使职业院校依据生产服务的真实业务流程设计教学空间和课程模块，推动教学流程改革，使职业院校通过真实案例、真实项目激发学生的学习兴趣、探究兴趣和职业兴趣，推动教学改革。

（五）一体化质量评价

产教融合与校企一体化的质量评价指标主要依据学习主体、合作主体间的"满意"程度进行。这种一体化质量评价主体建议从学生满意度、企业满意度、学校满意度、社会满意度、政府满意度五个维度进行。学生满意度是最核心的标准。高职院校同样肩负着公益服务的社会职能，校企一体化的效应不仅作用于相关联合体之间，也会不可避免地产生社会辐射及先导作用，放大高职院校社会公益服务功能，让更多的行业、企业同享高职院校的优质资源，这也是社会满意度的意义所指。政府作为提供教育服务公共产品的主要力量、主办方和投资者，其满意度也可以作为评价产教融合与校企一体化的办学方向与成效的指标。

产教融合与校企一体化质量评价实施还可以分为职业院校和生产企业的内部评价，

行业组织第三方质量评价两个层面进行。产教深度融合与校企一体化质量内部评价重点考察产教深度融合的组织与领导、职责履行、人才培养方案、基地建设、毕业生社会声誉、教学成果转化等。生产企业产教深度融合质量内部评价主要考察技术培训、订单完成、新产品开发、新技术引进等。行业组织第三方质量评价重点对产教融合是否符合产业、行业发展等进行检查和评价，并及时反馈和修正。同时，通过制定具体标准，开展产教深度融合督导检查，合理设计各种奖惩措施，来调动产教融合各方的积极性。

（六）一体化保障机制

保证产教融合与校企一体化目标的实现，保证产教融合与校企一体化的自我运行与调节，需要一系列的机制作为保障。法律作为一种强制性的社会规范，对产教深度融合具有直接的促进和保护作用，对其环境条件（经济、政治、科技、思想文化等）也有直接的调整作用，但是我国现行法律规定中至今没有一部关于校企合作的专门法律。《国家中长期教育改革和发展规划纲要（2010—2020年）》首次明确提出"制定促进校企合作办学法规，推进校企合作制度化"。我国应及早制定《校企合作教育法》，从法律层面明确和规范政府、行业、学校、企业在校企合作中的责、权、利关系。在法律缺失的背景下，政、产、学、研、市五大主体可以从动力机制、组织机制、政策驱动机制、运行机制、利益共享机制等方面保障产教融合与校企一体化的有序运行，推动产教融合与校企一体化向更深层次和更高水平迈进。

1. 动力机制

产教融合与校企一体化产生的动力机制是指合作主体多方要素之间相互作用、相互联系、相互制约的形式和作用方式。合作动力的产生主要受利益驱动、优势互补、政策推进和发展需求等因素综合作用，激励院校、行业、企业、科研机构在政府的影响下和市场的需求下产生合作意愿，提高合作兴趣，巩固合作发展的有关政策、制度和运作方式。萨卡齐巴拉等认为，进行合作创新的主要动因有三点：一是合作创新能够节省知识转移或技术交换的成本；二是当前的高新技术创新常常依赖于多个科学技术领域的合作才能完成，然而很少有某一创新主体具有足够广泛的知识；三是参与合作的各主体之间核心能力的广度和多样性有限，因此在各主体核心能力基础上可以合作产生新的核心能力。

由于产教融合与校企一体化的各类主体分属于不同系统的子系统，因此会受到多方面因素的影响和作用。企业参与产教融合与校企一体化最直接的原因是市场需求的驱动。通过信息反馈或市场预测发现某产品有明显的或潜在的需求，进入该产品市场会增强企业竞争力，而当企业不能独立完成该产品的研发时，该市场需求就会成为企业寻求合作的巨大驱动力量。高等院校是人才和科技成果的摇篮。随着企业对高端技术技能型人才的需求不断增长，而单独依靠企业自身又不能培养出合格人才，企业就会对产教融合表现出浓厚的兴趣。不仅如此，当社会对科学技术社会功能认识不断深化，企业对技术功利性的追求也就随之产生，从而激起人们试图开发利用这种实用价值或效用的强烈愿望，并且不断地寻求潜在的市场机会。这一需求一旦得到确认，且企业的自身能力又难以完成科技成果的转化目标，便会产生合作愿望。当然，企业自身人才需求的水平、科技意识和技术条件，以及对间接利益最大化的追求也影响着企业参与产教融合与校企一体化的意愿。科研机构参与产教融合与校企一体化的动力，除了想获得经济利益以外，还想实现其研究开发活动的社会价值，提高自己的学术水平和社会地位，并使自己的研究活动在一定的社会经济条件下进入良性循环。行业协会参与产教融合与校企一体化的动力主要是推动本行业良性发展。为社会最大限度地提供人才公共产品的服务是政府和院校职能所在。

2. 组织机制

明确的组织机制是产教融合与校企一体化的基础，是其形成自我约束、自我规范的内部管理体制和监督制约机制的保障。政府应设立校企合作的组织管理协调机构，加强对产教融合与校企一体化工作的领导，把产教融合与校企一体化工作作为一项重要内容纳入各级领导任期目标责任制的考核，加强对产教融合与校企一体化工作的指导、协调、服务和监督，保障产教融合与校企一体化工作顺利开展。高职院校也应成立产教融合与校企一体化组织管理机构，建立健全校企合作规划、合作治理、合作培养机制，使人才培养融入企业生产服务流程和价值创造过程。高职院校和合作企业要不断完善知识共享、课程更新、订单培养、顶岗实习、生产实训、交流任职、员工培训、协同创新、绩效评价等制度。推动学校把实训实习基地建在企业，企业把人才培养和培训基地建在学校。探索引校进厂、引厂进校、前店后校等产教融合与校企一体化的多种合作形式。高职院校在校级层面指导和管理各专业与企业的合作，统一协调解决合作过程中遇到的问题。推动行业、企业和社区参与职业院校管理。职业院校要建立健全理事会（董事会）的社会联系和合作机制，完善理事会（董事会）结构，规范决策程序。各个主体都必须有代表参加，其中50%以上的成员要来自行业、企业、社区、学生及学生家长。设立专业指导委员会，50%以上的成员要来自用人单位，负责协调和指导产教融合与校企一体化的开展，解决合作发展中的重大问题；设立教学工作委员会，负责校企共建专业、课程、师资、实训基地；设立订单与就业委员会，负责订单培养计划的签订、毕业生就业推荐、选聘与服务工作；设立社会服务委员会，负责技术研发与服务、企业员工培训工作。完善体现职业教育特色的职业院校章程和制度，明确理事会（董事会）、校长（院长）、专业指导委员会和教职工代表大会的职权，提高职业院校管理能力。制订符合职业教育特点的校长（院长）任职资格标准，积极推进校长聘任制改革和公开选拔试点，鼓励企业家、创业家担任校长（院长），培养和造就一批职业教育家。

3. 政策驱动机制

政策驱动机制主要是指各级政府主管部门制定出台的相关政策措施。政策体系的建立是产教融合与校企一体化良性发展的前提，也是其赖以生存和发展的基础。目前我国产教融合与校企一体化体制存在着很多不利因素，企业参与校企合作的积极性不高、动力不足。要改变校企一体化进程中学校"一边热"的不利局面，政府应不断建立并完善政策驱动机制，制定出台产业政策、税收政策、金融政策、就业政策、激励政策等相关政策。通过政策的制定，理顺政府与校企一体化进程中其他各主体之间的关系，构建具有前瞻性、战略性及科学性的政策体系，使我国的产教融合与校企一体化尽快步入科学化的发展轨道。例如，在技术积累创新方面，政府可制定多方参与的支持政策，推动政府、学校、行业、企业的联动，建立重点产业技术积累创新联合体，促进技术技能的积累和创新。在关系国家竞争力的重要产业部门，规划建立一批促进企业和职业院校紧密合作的技术技能积累创新平台，促进新技术、新材料、新工艺、新装备的应用，加快先进技术转化和产业转型升级步伐。推动企业将职业院校纳入技术创新体系，强化协同创新，促进劳动者素质与技术创新、技术引进、技术改造同步提高，实现新技术产业化与新技术应用人才储备同步。推动职业院校和职业教育集团通过多层次人才培养体系和技术推广体系，主动参与企业技术创新，积极推动技术成果扩散，为科技型微小企业创业提供人才和科技服务。

4. 运行机制

运行机制是保证"政产学研市"一体化正常运行的制度保障，主要包括协议机制、沟通与反馈机制、行业定期指导机制、监管机制、风险管理机制等内部长效运行体系。协议机制主要指在尊重市场在资源配置中的决定性作用的前提下，"政产学研"中所有与院校合作的单位必须签订合作办学协议，明确院校、行业、企业、科研机构、政府四方的责、权、利，规范合作办学行为。沟通与反馈机制主要指定期召开主体成员全体会议、"政产学研"工作会议、校企合作工作会议、实训课程开发会议、师生会议等，撰写工作通讯、工作简报并总结工作经验，确保合作过程中的"校中厂""厂中校""生产性实训项目""双师工作站""校企合作管理信息平台"等正常运行。行业定期指导机制主要指邀请行业协会专家定期对行业、企业的发展做面对面的指导交流，提供整个行业发展的最新信息以及相关企业的优秀经验，同时对相关项目的开展提供咨询服务。

监管机制是指及时跟踪项目的执行和落实情况，应对处理"校中厂"和"厂中校"运行资金投入、"双师工作站"人员工作岗位安排、课程教学效果等重大问题，执行奖罚措施，促进校企合作的利益共享。校企双方定期对运行情况进行检查，促进项目任务高质量地完成。风险管理机制重点针对实习学生的人身安全风险，"校中厂"和"厂中校"运行的市场风险，企业因派遣指导教师带来的生产损失风险，因学生技术不熟练损坏设备或影响生产等风险，建立工伤保险制度和物耗能耗补贴制度，确保"校中厂"和"厂中校"安全运转。

5. 利益共享机制

从微观层面看，在产教深度融合过程中，学生既是求学者，又是生产性实训的主体、工人、推销员、营销师、经理；教师既是骨干教师、课程建设负责人、专业建设带头人，又是工程师、技术研发骨干、车间主任、项目经理、企业领导；学校领导既是学校管理者，又是企业顾问、董事会成员；学校既是独立的教学单位，又是教育集团一分子。

企业生产车间是学校项目教学的教室；企业工作任务（生产、科研、培训、鉴定和社会服务）是学校项目教学的内容；企业生产设备设施是学校项目教学的实训设备；学生生产的企业产品是学校项目教学的作业。企业和院校用科研支撑教学，在育人的同时创造财富。职业院校教师和学生拥有的知识产权、技术开发、产品设计等成果，可依法依规在企业作价入股。

政府、相关行业协会是产教融合与校企一体化的引导者、组织者、服务者、氛围营造者、政策提供者、资金支持者，也是产教融合与校企一体化的受益者。政府、行业协会通过产教融合与校企一体化深度了解产业发展的现状、存在的问题，同时得到高校、企业给予政府、行业协会的关于产业发展的建议、对策，并获得区域经济发展需要的人才。当然，政府、行业协会也可通过购买服务的方式共享高校及企业的高端知识要素、人力要素、技术创新要素等，与高校、企业进行合作，获得政府、行业协会所需要的专项成果。

三、"产教融合与校企合作"的模式形态

产教融合与校企一体化是一种主体多元化、价值诉求多向、关系交错复杂的合作形态，合作形式多样且机制灵活，不同历史阶段、不同地区、不同院校都在努力探索适合自身的产教合作模式。从国际的情况来看，美国通过国家科学基金会（NSF）的规划与资助，在大学内建立"工业——大学合作研究中心（IUCRC）""工程研究中心（ERC）"和"科学和技术中心（STC）"，依托著名大学创建高科技园区并设立创新中心，如硅谷科技园、北卡三角科技园等。法国建设"研究与创新网络（PRIT）"和"成果转化服务中心"，推动"产学研"横向科技合作，促进企业技术创新。德国建立"创新网络计划"和"主

题研发计划",通过公共研究机构促进技术转移。从国内的情况来看,以政府为主体的产教融合模式主要包括:联合开展科技攻关、合作创办高新技术企业和科技园区、共同建立研发平台、联合培养创新人才、校企合作、构建产业技术创新战略联盟等。这种"政产学研"合作模式是瞄准现实的需求,以资本为纽带,以项目合作的形式实现利益共享、风险共担。以学校为主体的产教融合模式主要包括:浙江工贸学院的"学园城一体化"模式;湖南大众传媒职业技术学院"前台后院"模式;山东蓝翔高级技工学校把"工厂"生产经营过程搬进学校;校企合作的"宝安"模式,"把学校搬到企业,把课堂设在车间""建设企业校区,打造没有围墙的校园";湖南交通职业技术学院的"系企一体",建设专业产学合作培育人才的模式等。当然,随着市场环境的变化、相关主体意识观念的更新、资源整合力度的加强以及政策推进的深度,产教融合与校企一体化的模式形态也发生了变化。总体来讲主要包括以下几种模式形态。

(一)"学园城一体化"模式

"学园城一体化"是现代社会形态的重要特征之一。浙江工贸职业技术学院作为温州全市唯一一所总部在市中心的高校,积极整合城市资源,构建了"学园城一体化"特色发展模式。即依托学校、园区、城市融合发展,把握教育、市场和社会发展规律,建设创业型高校,为社会经济转型升级提供动力和支持。为了在城市建设中充分发挥高校智力溢出效应和产业带动转型效应,2009年以来,学院先后建成浙江创意园、温州市知识产权服务园、省级国际服务外包示范园"三大园区",并坚持三大园区可持续发展,不断夯实区域产业平台。学院与温州日报报业集团共建的浙江创意园,入驻企业30余家,2012年园区总产值9000万元,并连续两年保持20%以上的增长速度。2013年8月,全市唯一一处省级特色工业设计示范基地在创意园落成。建立全市首家3D打印服务中心,结合学院材料工程系院士工作站平台,致力于构建区域3D打印产业链。温州市知识产权服务园是全市创建国家知识产权示范城市重点项目,15家企业入驻,提供版权、专利、商标"一站式"服务。2012年,专利转让许可500多项,交易金额达2亿多元;商标转让许可1200多项,交易金额7000多万元。2013年9月,在服务园的基础上,与上海大学合作建立温州知识产权学院,是全国第一个高职院校层面的知识产权学院,为温州培养知识产权保护应用型人才。省级国际服务外包示范园主要涉及软件外包服务和网络建设等业务领域,也是全市汽摩配出口、鞋类出口检测技术服务平台。示范园被省商务厅授予省级国际服务外包人才培养基地,经国家商务部核定2012年培养服务外包人才规模位居全省第一。以该示范园为平台,通过集人才培养与社会服务于一体的创新创业工作室模式推进教育实体化。如,以致远工作室为基础成立师生创业公司,整合计算机应用技术、动漫技术与软件技术专业优势，为电信、移动公司等客户开发手机软件，为电子商务企业提供平台开发、信息处理、数据托管和软件设计与运营等服务，营业额上涨80%。

该学院走内涵特色发展之路，致力于培养应用型人才，建设创业型高校。通过多年实践，按"三维"架构搭建"学园城一体化"协同创新模式。立足于育人维度，通过全日制教育（全日制在校生超万人）和社会成人教育培训（年培训1至2万人），培养具有社会责任感、创新创业素质的应用型人才，为温州经济转型发展提供人才支持。着眼于服务维度，发挥高校主体优势，以学院投资或控股的院办产业和24个科研机构（其中10个市级及以上）作为创新主力，形成科技中介服务体系，整合社会各界资源投资建设三大园区。如，成立区域文化研究中心致力于研究温商、永嘉耕读、刘基文化等特色区域文化，尤其是从文化底蕴传承与弘扬角度开展温商现象及温商发展方向研究，以及针对增强温商竞争力、吸引温商回归开展应用性对策研究，服务地方经济社会发展。

该学院"三大园区"是教育创新实践有效载体，目前已经发挥园区化人才培养、园区化创业平台、园区化创新驱动社会服务等核心功能。该学院53年的变革与发展，是国有企业改制解困，由原来"传统制造业＋出租"形态转型升级为"高教＋科技＋创意"现代服务业形态的现实探索。

（二）大学科技园区模式

我国的大学科技园起步于20世纪80年代，《国家大学科技园"十五"发展规划纲要》对大学科技园做出了以下定义：大学科技园是以研究型大学或大学群为依托，利用大学的智力、技术、实验设备、文化氛围等综合优势，通过包括风险投资在内的多元化投资渠道，在政府的政策引导和支持下，在大学附近区域建立的从事技术创新和企业孵化活动的高科技园。

大学科技园是"政产学研"合作的平台，在大学科技园的管理体制和运行机制的作用下，"政产学研"各方在园内实现协同创新。为了促进"产学研"各方在大学科技园中更好地合作，政府通过出台针对大学科技园的宏观指导政策和财税政策，扶持大学科技园的发展；依托大学为了促进大学同科技园的合作，通过制定灵活的聘任、考评制度，鼓励大学师生入园工作。在政府和依托大学的政策、制度支持下，大学科技园通过制度创新，建立园区的管理体制和合作机制，为园内各方合作提供方便有效的制度保障。

在大学科技园的制度支撑下，"政产学研"各方采取多种模式进行合作，实现资源互补，促进技术创新。政府借助自己的信息资源优势，降低各方合作中的信息不对称，进而减少创新成本；依托大学和科研机构凭借自己拥有的大量高科技人才进行知识创新，并通过与企业合作完成知识溢出，为企业提供创新的智力资源，并在合作中提升自身的创新能力；企业通过同依托大学和科研机构的技术购买或技术转化，提升自己的创新能力，并借助自身的市场经验和资金优势，将依托大学和科研机构输出的创新资源进行产业化和市场化转化，最终实现技术创新。由此可以看出，在大学科技园中的协同创新过程中，政府和依托大学是制度创新的主体，依托大学和科研机构是知识创新的主体，企业是技术创新的主体。

在以高职院校为主建设的大学科技园中，江苏省的大学科技园成效最为明显。

2009 年 3 月，位于常州科教城内的 5 所高职院校（常州信息职业技术学院、常州纺织服装职业技术学院、常州工程职业技术学院、常州轻工职业技术学院、常州机电职业技术学院），被整体纳入国家级大学科技园的发展规划，成为江苏乃至全国高职院校中具有鲜明"常州特色"的国家大学科技园。2012 年，江苏省科技厅、教育厅联合批准南京工业职业技术学院、南京市白下区人民政府和深圳金蝶集团共同筹建南京工业职业技术学院大学科技园，即"南工院——金蝶大学科技园"，这是江苏省第一家获准筹建并且以一所高职院校名称冠名的省级大学科技园。高职院校科技园的建设，实际上仍是以创新为核心，构建了学校智力资源优势与政府、行业、企业资源优势相结合的一个平台，为高职院校创新创业型人才培养、科技成果转化和服务地方经济创造更好的资源环境优势，更进一步表明高职院校科技创新的地位和作用已经得到地方政府的认可和支持。

（三）职业教育集团化模式

所谓职业教育集团化就是将经济学领域中的"集团化"经营模式引入到职业教育领域中，是在市场经济推动下，在职业教育领域进行的符合职业教育办学规律的体制创新。其内涵是以职业教育为核心，在采取创建、联合、兼并、合资等方式的基础上联合其他职业教育主体，由职业教育院校、行业、企业管理部门、中介机构、用人单位等共同组建职业教育集团。其目的在于联合企业、依托行业，在有关中介机构的指导下，强化职业院校与企业、其他职业院校之间的联系，有效地整合教育资源和经济资源，从而实现资源共享。我国职业教育集团化办学已经有 20 多年的历史，2009 年 2 月，教育部出台《关于加快推进职业教育集团化办学的若干意见》后，职业教育集团化得到了长足发展，表现出了强劲的发展势头。到目前为止，已经有 30 余个省市参与到职业教育集团化办学之中，并初具规模。

职业教育集团化发展对有效调整职业教育办学结构，进一步丰富、整合职教资源，减少重复建设，不断提高人才培养水平，使职业教育更好地服务地方经济，对实现职业教育规模化、市场化、集约化具有重要作用。在职业教育集团内部，招生即招工，招工即招生，进入职业院校岗前培训，或半工半读修满学分后颁发毕业证书。职业院校的学历生也可转入"双制班"，根据企业订单要求，灵活安排学习、实习、实践和生产内容，在做中学，在学中做，学生一毕业就可以在职业教育集团内部就业。

然而，在职业教育集团化发展过程中也存在着实际办学效果欠佳，各成员单位参与集团化办学的积极性不高，职业教育集团的各成员单位即利益相关者的诉求难以得到满足，部分地区职业教育集团成为政府和学校的政绩工程等现象。因此要通过政府引导、明确集团定位、健全机制、打造品牌等措施提升职业教育集团化办学水平，达到资源整合与共享的目的。

（四）"校中厂"和"厂中校"模式

"校中厂"就是学校将企业的生产设备、技术人员等资源引入学校，与学校设备、资源进行整合，按照企业要求组织生产和科研，按照学校要求开展教学，是一种集教学、生产、科研于一体的校内合作办学模式。"校中厂"主要是由学校主导的，这种学校主导型的"校中厂"办学模式，是由于高职院校的生产性实训基地能够产生最终产品，并可以通过商品化带来一定的经济效益，所以很多基地其本质即为校办企业。校办企业既承担着创收任务和市场风险，又承担着一定的教学实习任务和培养责任，集教学、科研、生产、培训多种功能于一体。对于人才培养来说，基地成为社会经营性企业的缩影，让学生能够依托于自己的专业，通过参与生产经营，实现向职业人的转化。该模式强调人才培养的系统性、人才培养路径和高职教育规律，具有较浓厚的学习氛围，师生关系更加融洽，有利于学生的全面发展和可持续发展。但是该模式创设的人才培养环境比较单纯，对人才培养的成本问题考虑得不多，学生更多地按照学校设计的企业岗位角色参与学习，缺乏真实的企业社会环境和内部管理制度，学生岗位适应能力提升较慢。该模式中企业位于学校的管理之下，企业的经营营利性质与学校的公共服务性质往往容易发生冲突，或者由于企业存在经营问题而导致学校管理出现困难。

"厂中校"就是由合作企业提供实习场地和学生宿舍等教学生活设施，学校提供必要的实训设备和人力资源，共享双方先进设备、前沿技术等优质资源，以提高学校实训实习效果和企业生产经济效率为目标的一种合作模式。"厂中校"一般是企业主导的。这种企业主导型"厂中校"办学模式中的高职院校具有企业办学的传统，即企业就是高职院校的主办方，高职院校为企业的一个附属部门。企业主导型模式的特点是效益成本明确，突出企业价值观、企业文化，强调职业性和企业团队精神。这种模式有利于集约化人才培养，充分发挥企业的经营管理理念。企业的价值观直接作用于学生培养的过程中，潜移默化到具体的实践技能锻炼和团队协作中。学生的成长严格按照企业的职业岗位能力需求推进，充分体现了工学结合的高职教育思想。明确的企业人身份定位能够使学生尽快适应岗位能力要求，减少企业对毕业生二次人力资源开发的投入和成本。但是企业的效益会直接影响到人才培养模式的实施和教育投入，企业文化包含的观念在一定程度上则会影响到学生的思想和价值观等，从而影响学生的可持续发展能力。

（五）校企合作发展联盟

校企合作发展联盟是基于企业和学校两类不同社会组织的管理体制和运行机制差异，撬动政府出政策、行业出标准、企业出资源，政行校企协同合作培养高素质高技能人才。从理论角度，同质组织间的竞争会大于合作，资源的使用效益会降低。由一所高职院校牵头，组建校企合作联盟，资源互补，在合作过程中动态优化选择合作企业和合作项目，会提高资源配置效率。校企合作发展联盟就是全体成员组成理事会，各理事单位均为独立法人，在理事会内具有平等地位。理事会设立了由理事长、常务副理事长、副理事长、秘书长、副秘书长组成的常务理事会，下设秘书处。联盟理事会制定理事会章程，规定理事会的职责、组织机构、理事的权利和义务、经费及资产管理办法、理事会终止办法等多项规章制度，有效保障校企合作联盟理事会机构的顺利运行。江苏畜牧兽医职业技术学院在对畜牧产业人才市场调查研究的基础上，确立了以服务"三农"为抓手，充分发挥"紧扣畜牧产业链，产学研结合育人才"的办学特色，突破了校企合作的体制机制障碍，设计了理事会推动江苏现代畜牧业校企合作示范区建设的管理体制和运行机制。江苏现代畜牧业校企合作联盟是政府主导（包括江苏省人民政府、泰州市人民政府），行业指导（包括江苏省教育厅、江苏省农业委员会，以及13个地市级畜牧行业主管部门），江苏畜牧兽医职业技术学院发起，营利性组织（畜牧产业链企业）和非营利性组织（研究机构，畜牧产业协会、学会，中职院校等）深度合作，围绕企业生态与学院教育的价值取向，通过订立盟约而形成的一种风险共担、利益共享、价值认同的公益性、混合型的社会团体。联盟理事会根据行业引领、自愿参加、互惠互利、资源共享、共同发展的原则，实行会议制度。江苏现代畜牧业校企合作联盟下设秘书处，与学院校企合作办公室合署办公，加强学院与联盟之间的联系，同时成立畜牧兽医、动物防疫与检疫、兽药生产与营销、食品营养与检测、宠物养护与疫病五个专业理事会。江苏现代畜牧业校企合作联盟从设计的角度看，具有管理理念先进、管理体制先进、成员结构稳定、合作方式灵活、资源共享高效、就业渠道通畅等优势特征。

（六）职业院校委托管理

委托管理是现代教育制度的重要组成部分。国家鼓励"公办学校探索联合办学和委托管理等改革试验"，把这个酒店类企业常用的管理模式引到教育中来。这一制度是指利用市场机制，将职业院校的所有权与管理权分离，通过管理权或经营权转移，实现院校和行业、企业优质资源的跨校、跨厂、跨区域流动和辐射，提升学校薄弱的管理能力、加强制度建设和文化建设，促进政府从教育事业的"提供者"向"采购者"转变，职业院校从"生产单位"向"经营单位"转变，教师从"身份管理"向"岗位管理"转变，推动政府职能的转变和现代学校制度的建立。这种情况下行业、企业优质资源一般能够推动产教融合进一步深化。

全国院校委托管理最成功的案例当属黑龙江齐齐哈尔工程学院。

齐齐哈尔工程学院前身是东亚大学委托管理公办的齐齐哈尔第一机床厂的职工大学；1998 年，受齐齐哈尔市人民政府委托，管理 8 所公办学校（幼儿园），10 年间，在没有财政教育经费投入的情况下，齐齐哈尔工程学院所托管的 8 所学校共创收 1.14 亿元，实现了"以资源的存量换资金的增量"；2013 年，齐齐哈尔工程学院接受明道酒店投资集团委托，管理三亚城市职业学院，通过优质质量管理打造了职业教育的品牌；2014 年，接受甘南县人民政府委托，管理黑龙江省甘南县职教中心学校，并以此为平台担负起全县职业教育的"生产、经营"责任，满足县域经济社会发展的需要和区域内群众的教育的需要，从而将中等职业教育从弱势群体时期带入了个性化发展时期。这是全国第一个地方政府购买职业教育服务的案例，也为职业院校委托管理做了示范。

第二节　"产教融合与校企合作"的平台建设

2014 年颁发的《国务院关于加快发展现代职业教育的决定》（国发〔2014〕19 号）明确指出，"要促进校企合作办学有关法规和激励政策，深化产教融合，鼓励行业和企业举办或参与举办职业教育，发挥企业重要办学主体作用""坚持校企合作、工学结合，强化教学、学习、实训相融合的教育教学活动"。发展高等职业教育，关键在于产教融合、校企合作。产教融合与校企一体化的核心是高职教育的"工学结合"教学，它是高职院校办学中人才培养最重要的、不可或缺的教育方式和教育途径。

浙江工贸职业技术学院从建立产教融合、校企合作长效机制的治理体系着手，探索产教融合、校企一体化的平台建设。在办学导向上遵循政府的主导方向，加强与地方经济社会的紧密联系，主动融入地方战略发展规划；在办学理念上既注重高等教育的"高"，又注重职业教育的"职"，加强科研机构建设，以研促教促改；不断拓展服务的宽度，勇于担当社会责任，构建协同育人机制，通过校企共同创造价值的利益驱动，形成学校、企业、社会协同育人的良性互动。

一、"学园城一体化"平台的构建

高等职业教育的特殊性决定了其具有应用型高等学历教育和高技能职业教育的双重性。遵从应用型高校的办学属性和技能型人才培养的目标，高职院校肩负着为社会提供科技服务和培养高级专门技能人才的两大使命。显然，传统的教室里讲社会服务、黑板上练专业技术的教育方式已经滞后，如何让高校教育资源社会化和社会优质资源教育化，让"产学研"近距离对话，建设集真实性生产、职技实景性教学、新技术研发为一体的平台随之被提出。

浙江工贸职业技术学院在全国率先形成"学园城一体化"的产教融合、校企一体化平台，是学院在"敢为人先"的温州精神滋养下，在50多年从厂办校到校办厂的发展历练中不懈探索、大胆改革创新的成果。依托学校、园区、城市融合发展，把握教育、市场和社会发展规律，为区域经济转型升级提供动力和支持，以三大园区夯实服务创新驱动平台，以完善人才培养专业链、完善专业创业新模式，以立足于育人维度、着眼于服务维度、创新于机制维度三维架构搭建"学园城一体化"平台。

（一）立足于育人维度

1. 全日制教育

浙江工贸职业技术学院是于1999年经浙江省人民政府批准成立的省属公办全日制高等职业技术院校，是浙江省首批全国优秀高职院、浙江省首批示范高职院，国家技能紧缺型人才培养基地、高职示范性实践教学重点建设基地、全国首批示范职业技能鉴定站（所）、浙江省再就业培训基地、浙江省服务外包人才培训基地、浙江省"双元制高等职业教育改革试点单位"。

学院占地面积600亩，现有全日制在校生近1万人，教职工600多人；设有经济与贸易学院、管理学院、信息传媒学院、汽车与机械工程学院、轻工系、电子工程系、人文系、材料工程系、技师学院等12个教学单位，31个高职专业；拥有国家级精品课程2门，省级精品课程21门；学院现有通过省教育厅认定的校内生产性实训基地59个，其中，中央财政支持的实训基地2个、省级示范性实训基地4个、市级示范性实训基地2个；拥有国家级教学团队1支，省级优秀教学团队3支、省级科研创新团队1支、省级教学名师和专业带头人14名。近年来，毕业生就业率均在98%以上。近3年，学生获得市级以上技能竞赛387项，其中，国家一等奖15项、二等奖30项、省一等奖40项、二等奖83项。

2.成人继续教育

浙江工贸职业技术学院依托雄厚的教学资源和优良的办学传统，积极开展成人继续教育，以适合成人学习的特点开展各类教学活动。目前，已形成了多层次（专科、专升本、职业资格证书）、多类型（全日制、业余、函授、远程教育、短期培训、岗位培训）、多方位（温州地区为主，兼顾其他地区），以成人教育、技能培训、学历提升为特点的社会成人教育办学体系。

浙江工贸职业技术学院面向社会积极开展技术培训和职业技能鉴定，先后开发了66个工种不同等级的技术培训课程，建设了远程学习支持服务平台，形成了整套符合当地企业需求的优质培训体系，开展了中职学校师资队伍培训，培训中职学校教师1000多人，并承办了温州市中职专业课教师技能大赛，有近百所温州地区中职学校的教师在学院接受培训并参加专业技能比赛，培训质量与培训效果均获得各中职学校的好评。学院是浙江省"双元制高等职业教育改革试点单位"，积极实施职业技能培训衔接"双元制"高职教育。近3年，与杭州、宁波等地企业合作，通过全国成人高考招生录取"眼视光技术""印刷工程""机电一体化"等"双元制"高职班共110多名学员，在"双元制"高职教学计划中嵌入国家职业资格级课程，受到企业与"双元制"学员的一致好评。

（二）着眼于服务维度

1.建成三大园区

（1）温州市知识产权服务园。温州市知识产权服务园是温州市政府于2009年3月批准立项，主办单位为浙江工贸职业技术学院，由学院负责建设管理，温州市科技局负责业务指导的知识产权公共服务平台，是以公益为目的的独立事业法人。温州市知识产权服务园是温州市政府深入实施知识产权战略，支撑经济创新发展的重大举措，也是浙江工贸职业技术学院服务地方经济、提高育人质量的"政产学研市"社会服务项目。

温州市知识产权服务园总面积3700平方米，目前共有15家入驻中介机构以及政府服务平台，是全国首个提供专利、版权、商标"一站式"服务的知识产权园区，是温州市创建全国知识产权示范城市的主要支撑项目。知识产权服务园本着"新建""整合""引进"的建设思路，围绕知识产权创造、运用、保护、管理等各个环节，横向涵盖专利、商标、版权，纵向涵盖信息查询、申请、管理、保护。园区积聚了专利代理机构、商标代理机构、律师事务所、培训机构、研究机构、知识产权评估机构、知识产权交易机构、涉外事务所、知识产权协会、公共信息平台、法律援助中心、银行等众多机构，形成知识产权信息服务中心、中介服务中心、展示交易中心、维权援助中心、人才培训中心、质押融资中心共6个中心，是浙江工贸职业技术学院促进区域产业转型升级、提高育人质量的重大"政产学研市"社会服务项目。

（2）浙江创意园。浙江创意园由浙江工贸职业技术学院与温州报业集团于2009年联合共建，双方共同出资、共组董事会，在市委宣传部指导下，由学院负责园区具体运营。创意园是学院旨在发挥"政产学研市"一体化优势，以教育服务办学理念，整合社会优质资源，引领创意产业发展的重大战略举措，也是温州市委大力发展文化创意产业、优化产业布局、提升城市功能的重点项目。目前，园区总建筑面积21万平方米，有思珀整合传媒、中国动漫网总部等，入驻企业38家，从业人员800余人，初步形成了集广告设计、工业设计、装潢设计、工艺美术、动漫创作等于一体的多元化创意文化产业链。

园区坚持高门槛设置，严格把握"入驻企业精品化"的原则，经过多年来的努力探索发展，引入了一批具有高资质的文化创意与设计类企业、机构、团队，为产品制造行业提供专业设计服务。同时，学院有6个设计类专业工作室入驻，在带动专业建设的同时，为学生进行创意类产业创业提供便利和优惠条件，以真实的产业集聚区影响和鼓励学生创业团队入驻，构建创业型人才培养与社会服务相结合的市场主体。

2014年，浙江创意园经国家批准建设"国家级广告产业试点园区"。浙江创意园促进了温州创意产业更进一步发展，推动了产业结构调整和服务地方企业转型升级，形成了以工业设计为主的创意产业园，打造具有创意设计、研发、制作、交易、展览、交流、培训、孵化、评估及公共服务等综合功能的创意设计文化产业园区。

（3）省级国际服务外包示范园。经温州市人民政府批准，浙江工贸职业技术学院与浙江大学、中国电信温州分公司合作建立的温州电子信息研究院，是具有独立事业法人的科研机构。其宗旨是，立足温州，面向长三角和海西经济区，集聚政府、高校、企业优质资源，助力电子信息技术创新和成果推广应用，服务温州地方经济转型升级，致力于创建区域行业技术综合平台，研发电子信息新技术、新产品，转换和推广技术成果，提供技术咨询和服务，培养电子信息产业专业人才。

学院在整合温州电子信息研究院资源的基础上组建国际服务外包示范园，信息传媒学院、电子系等院系教师全面介入。2009年，经省商务厅认定为"省级国际服务外包示范园"，成为温州地区国际服务外包示范基地和国际服务外包人才培养基地，是全市汽摩配出口、鞋类出口检测技术服务平台。2012年，示范园被省商务厅授予"省级国际服务外包人才培养基地"。示范园下设光电应用研究室、软件开发研究室、金融机具研究室、嵌入式技术研究室、物联网研究室、现代通信技术研究室等。

2. 成立科研机构

学院重视科研平台建设，并积极参与温州地区高新技术平台的建设。目前与国内高校、政府机构、行业、企业合办 26 家科技应用及文化研究机构，其中市级以上研究机构 10 家，包括与陕西科技大学合办的温州轻工研究院；与温州市政府、中国风险投资研究院合办的温州风险投资研究院；与中科院固体物理研究所等合作的现代制造与先进材料研究中心；与香港科技大学合作的轻工产品舒适度研究中心；与华中科技大学共建的数控技术中心；与温州鞋革协会合办的中国鞋都技术中心；与温州眼镜商会合办的眼镜行业技术创新服务中心等。

（三）创新于机制维度

学院和企业"产权＋市场契约"是"学园城一体化"保障机制的关键，其内在要素是利益共赢机制。学院开辟了"创业教育＋资本资产经营＋自主办学"的中国特色创业型高校发展模式，形成了"政产学研市"一体化的持续发展机制。

独特的办学渊源成为学院校企一体化办学路径的逻辑起点。真正的校企一体是教育办学主体、生产经营活动主体、独立的法人主体的统一，并在体制上有机融合、高效运行，最终成为利益相关系统。目前，学院已经搭建了四个层次的校企一体化人才培养平台：依托举办方杭钢集团实现校企一体，培养高技能人才；以投资或控股的形式自办生产性服务企业，进一步推动校企一体化人才培养平台建设；以师资、技术、项目、品牌等优质资源吸引企业入校，合作建成校内专业生产性实训中心；与中国正泰集团、德力西集团、康奈集团等大中型企业合作建立校外生产性实训基地。

二、"学园城一体化"平台的核心功能

当前产业发展与高职教育发展之间"产学结合"的困境，导致学校专业与行业职业分裂、学校课程与专业能力培养不匹配、学校知识体系与行业人才诉求不协调。通过构建合作创新平台，发展行业新技术、行业新科学、行业新集群，建立新课程开发、新专业设置、新质量体系。以基地为平台，产业为先导，企业为主体，充分发挥市场机制，紧扣专业特点与发展规划，寻找"服务"与"培养"之间的平衡，创新内在"产学结合"机制，破解职业教育"冷热难题"（"校企合作一头热一头冷""工学结合两张皮"），促进转型升级，提高人才培养质量。

浙江工贸职业技术学院构建"学园城一体化"的产教融合、校企一体化平台，以市场调节为依托，以研究为支撑，以文化传承为特色，以创意创新为手段，通过共同创造价值的利益驱动，形成学校、园区、城市良性互动，已经具备了"学园城一体化"协同育人、创业教育平台、创新驱动社会服务等核心功能。

（一）"学园城一体化"协同育人

1. 浙江创意园，学做一体培养创意人才

浙江创意产业园的主旨之一就是探索高职院校人才培养新模式，而其关键是突破传统课堂教学的束缚。例如，学院与入驻浙江创意园的思珀整合传媒公司合作开设广告人职业培训班，面向全院招收学生，开设客户服务、策划营销、视觉传达、案例分析及实践操作等课程。该培训班体现了两个特色：一是主要师资来自思珀整合传媒公司等广告策划企业，学院教师同时跟进；二是实行导师制和小班教学，采用"在做中学、在学中做"模式，在学习过程中完成真实的项目。2010年学院接受遂昌金矿国家矿山公园委托制订"遂昌金矿国家矿山公园（温州市场）市场营销策划方案"，该培训班的师生承接了这个项目，并将教学过程与项目完成过程相结合。遂昌金矿国家矿山公园2011年实施该方案后与2010年同期相比，温州客户增加了138%，并且实现了游客结构以老年人为主向中青年人、中小学生为主的转变。这样做既提高了学生的技能水平，又提升了教师承担横向课题的能力。

浙江创意园对人才培养的特殊作用体现在"连体式"的校内与校外工学结合的综合功能上。以创意园为平台，引高新企业进学校，其行业的优质资源将作为教育资源不可或缺的部分融入高职院校的专业人才培养之中，使学校的教育实力增强，相关专业学生更是"近水楼台先得月"，能便捷地享受到优质学习资源，提升工学品质。另一方面，入驻创意园的企业有高校富集的人力、智力及技术优势为依托，有利于新项目的开发及社会行业转型的引领，借助高校的优势，如虎添翼，使其综合实力得到增强。

学院有6个设计类专业入驻创意园成立工作室，即传统工艺美术（瓯绣瓯塑）工作室、工业设计工作室、温州名购网、动漫设计工作室、旅游文化策划工作室等。这6个工作室既是教师开展专业建设和社会服务的窗口，又是教育教学改革和课程建设的基地。学生通过实际市场运作，提高实践技能水平。动漫设计工作室学生创作刘基《郁离子》等系列动画，并将作品上传至温州网动漫频道，网上点击率超过百万次；制作的"遂昌金矿国家矿山公园动漫宣传"项目的卡通形象设计和动漫宣传短片《旅行者》《梦》等，经过媒体的宣传，极大地提高了遂昌金矿国家矿山公园的知名度。

2014年，学院依托浙江创意园，与温州市委宣传部、温州市文化广电新闻出版局三方协作，成立了温州文化创意学院，并与中国传媒大学合作，由其提供教学、科研和学科支持，新增开设"文化产业管理"专业，大力培养文化产业管理人才和创意设计人才。

2. 知识产权服务园，培养专利工程师

根据对岗位分析的结果，在广泛征求企业专家意见的基础上，校企双方决定为专利

工程师班设置"知识产权法基础知识""专利检索和分析""专利实务与职业守则""发明创造方法与实践"等课程,并制订课程教学大纲。

从汽车检测与维修技术、数控技术、模具设计与制造、机电一体化技术、应用电子技术、电子信息技术等8个专业选拔50名对知识产权有浓厚兴趣、专业基础扎实的学生,组建专利工程师班,安排在三年级实施为期一年的知识产权职业培训。

教师主要由瓯越专利代理公司专业人员、其他专利代理人、温州市中级人民法院法官组成。由温州瓯越专利代理有限公司安排专人负责指导学生顶岗实习,把学生分组,安排学生从事原所学专业领域的专利实务,并按照公司有关制度进行管理,真正做到理论与实践一体化,以缩短学生适应企业的时间,增强其就业能力。

学习结束且考试合格后,学生可获得由温州市知识产权局颁发的专利从业者证书,并由温州瓯越专利代理有限公司出具顶岗实习证书。目前该专利工程师班已连续举办了三届,培养了160名具有专利从业者证书的学生。这些学生成为受企业欢迎的复合型人才,就业质量显著提高,平均月薪高于其他同类毕业生800～1000元。

2013年,为了大力培养专利申请、专利保护等方面的实务型人才,并积极申报建设国家知识产权培训(温州)基地,学院依托温州知识产权服务园,与上海大学、温州市科技局和温州国家高新区管委会合作成立了温州知识产权学院,率先在高职教育层面新增设"知识产权管理"专业。温州知识产权学院是隶属浙江工贸职业技术学院的"特区型"二级学院,该学院的日常工作根据理事会的安排开展,有相对的自主权。温州知识产权学院实行理事会领导下的院长负责制,理事会成员由浙江工贸职业技术学院、温州市科技局(温州市知识产权局)和温州国家高新区管委会派员共同组成。

3. 省国际服务外包示范园,项目实践培养服务外包人才

在深化教学改革,培养服务外包人才方面,学院与印度国家信息技术学院(NIIT)的课程合作项目在计算机应用技术专业2009级、2010级实施,培训200余名专业学生;与安博教育集团合作,在2010级软件专业学生中开展Android手机软件开发服务外包培训,培训有效工作日88天,培训44240课时;与江西笛卡传媒有限公司合作,在动漫设计与制作专业2009级、2010级中,开展每期4个月的动漫外包人才培训,培训学生240人,培训人时共168960课时。

2010年,服务外包示范园接受温州电信分公司的委托,集聚学院电子信息工程技术、软件应用技术等多个专业的教师和学生,在全国高校中率先主攻3G技术进校园的功能和系统开发,将学生选课、顶岗实习、工学结合、考勤等同教学管理系统、图书借阅和信息查询系统、食堂饭卡后勤服务系统等整合于一体。例如,"基于3G的顶岗实践支持服务平台"经部分专业试运行后，于2010年下半年开始在全校顶岗实习中全面推广使用，该系统为学生工学结合提供了组织保障、过程监控、绩效评价等支持服务，提高了工学结合的管理效率和质量。同时，在"ASP.NET程序设计""网络安全"等课程中落实以3G项目为载体的课堂教学改革，以3G技术引领专业和课程建设。相关专业学生通过项目实践，在掌握3G技术的同时提高了自身技能水平。

以电子信息研究院为平台，开展"知远班"教学改革。从2010年开始，在计算机应用技术专业大二下学期选拔学生组建"知远班"教改实验班，以真实项目为载体，让学生在真实的项目开发中明确岗位角色定位，参与团队协作。用真正的企业化工作环境，真实的企业制度管理学生。进入工作室后，每个学生被分配到不同的项目组，每个项目组由3～4人组成，每个人都有一个明确的岗位，指导教师作为项目经理，承担项目管理和技术指导工作。通过完成真实的项目，学生的专业技能水平得到了很大的提升。

4. 组合园区和学校资源，提高双师人才能力

如何从内涵上促进"双师"人才能力的提高，已成为高职院校的重要课题。学院的基本策略是借助三大园区，在指导和帮助行业、企业发展的同时，从专业拓展方面来提升"双师"人才的科研能力。专业拓展的端点在学校，而人才面向的是行业或企业，这是利益多赢的联结点和交接面。专业拓展是一个复杂的教育综合工程，教师的科研能力可以从中得到切实的锻炼。因此，高职院校必须整合园区和学校资源，建设稳定的高素质兼职教师队伍。

一是聘请入园企业的专业技术人员担任课程教师。例如，入驻知识产权服务园的温州瓯越专利代理有限公司总经理吴继道开设"技术创新与专利制度、信息利用"课程；温州成大方圆知识产权事务所所长杨文国开设"企业商标谋略"课程；康信知识产权代理公司温州办事处主任赵飞开设"知识产权与实务"课程；入驻创意园的思珀整合传播有限公司总经理钟俊岭为全院学生开设"创业教育"课程；温州3W摄影机构总监武月为信息传媒学院学生开设"摄影技术"选修课；温州飞扬广告有限公司经理陈刚承担动漫专业的"影视动画"课程教学。

二是开展第二课堂活动。如知识产权服务园开展"法庭进校园"活动、"知识产权宣传日"活动，浙江创意园举办艺术作品欣赏等第二课堂活动。

三是学院6个设计类专业成立工作室入驻创意园，与入园企业同台竞争，承接委托项目，开展市场化运作，从中提高实践技能水平。

四是加大教师与企业技术人员合作开发课程和教材的力度，如学院与入驻知识产权服务园的康信知识产权公司合作出版浙江省"十一五"重点建设教材《知识产权普及读本》，与温州瓯越专利代理有限公司合作开发专利工程师培训系列教材《专利工程师的法律应用与实务》《专利工程师的专利文献信息检索与利用》《专利工程师的专利实务操作教程》《创新方法和专利制度的系统构建理论和实践》《自主创新方法的探索和实践》，与入驻创意园的企业开发《家具设计实务》《瓯绣艺术》等教材。

5. 全方位文化育人

学院发挥"学园城一体化"优势，建设温州区域文化创新中心和文化产业研究中心，传承传统文化，弘扬"诚信"主题；提炼"现代"元素，融入时代精神；搭建"公益"平台，力行"创新"实践，推进区域文化研究与交流，将文化研究与文化育人有机结合，使高校成为先进文化引领者。

通过刘基文化研究，弘扬"诚信"精神。刘基是被世人称为"立德、立功、立言"三不朽的伟人。刘基文化的精神内核是诚信，所以刘基死后被谥为"诚意伯"。学院于2003年开始积极推进基于"刘基文化"的人文教育与文化创新一体化建设。刘基文化选修课自2003年开设以来，先后有1万余人次接受刘基文化与人文精神的熏陶，学生反响良好，在一定程度上提高了高职学生的人文素养、综合素质、创新能力。2008年上半年，信息系学生会开展刘基寓言故事FLASH制作活动、开发动漫片，于2009年完成并在温州网动漫频道播出。2010年，学院组织学生完成大型瓯塑《鄱阳湖大战》、瓯绣《刘伯温》等艺术作品创作，并且将其列入中美文化交流项目计划（文化艺术巡回展活动）。先后围绕学院刘基文化选修课、工贸学院人文大讲堂、校园文化艺术节、刘伯温走进《百家讲坛》等主题，组织刘基文化演讲比赛、暑期社会实践活动、刘基文化征文大赛，成效显著。刘基研读会被评为温州市"优秀学生社团"、浙江省高等学校"优秀学生社团"。校园文化项目"诚信为本，创新为魂，打造'刘基文化'品牌"被教育部评为全国高校校园文化品牌。学院的刘基文化研究也支撑了温州市纪念刘基诞辰700年系列活动。

通过永嘉耕读文化研究，提炼"现代"元素。2009年，学院与永嘉县人民政府开展永嘉耕读文化研究"院地合作"，共同开发永嘉耕读文化资源，打造"中国耕读文化之乡"，力求创建具有永嘉区域特色的文化品牌。学院与永嘉县人民政府建立了永嘉耕读文化研究会、永嘉耕读文化研究所等"院地合作"平台，共同研究开发永嘉耕读文化资源。学院还充分利用学院科研、教学等资源，分别在当地茗岙乡建立大学生写生实践基地，在埭头村建立导游专业实习基地，在岩头镇建立国学读书会暑期社会实践基地等。2011年5月，启动了"永嘉耕读文化"课题研究项目。充分发挥"国家级楠溪江风景区"的品牌效应，在永嘉古村落群居中恢复并扩建位于永嘉县境内的一些文化书院，如芙蓉书院、琴山书院、明文书院等，充分利用历史悠久的文化书院资源，办成镇村博物馆、图书馆；

举办"耕读文化节";并筹建中国"耕读文化博物馆",打造"中国耕读文化教育基地",使参观者能够亲身体验到耕读文化的魅力。学院还开设了永嘉耕读文化选修课,提升学生的人文素养。

通过传统工艺美术传承与创新,搭建"公益"平台。为了拯救、传承、创新温州传统工艺美术瓯绣、瓯塑,传统工艺美术研究所将研究与教学相结合,设立全院公选课,开设传统工艺美术专业,培养瓯绣、瓯塑传统工艺美术继承人。在参加选修课的学生里选拔出有志于继承瓯绣和瓯塑技艺的学生进行技艺培训,成立浙江省非物质文化遗产(瓯绣、瓯塑)传承教学基地。经过7年的不断探索和实践,学院不仅"引进来",更是积极"走出去"。例如,工艺大师带领学生志愿者深入幼儿园、小学、中学,培养他们的动手能力和审美意识,品味民间艺术,至今已经走进20所学校,共建5个教学研究基地,瓯绣、瓯塑受众学生达8000多人,提供免费瓯绣、瓯塑体验达620人次。依托成熟平台,建立非物质文化遗产"五进"(进学校、进社区、进展会、进海外、进网络)的弘扬渠道,借助系列公益活动唤醒民众保护瓯绣、瓯塑的文化自觉,开辟了一条独具特色的文化传承之路。

(二)"学园城一体化"创业教育平台

1. 建立"金字塔"式的创业教育体系

学院与当地政府、行业协会、企业、新闻媒体及时沟通,整合各种社会资源为创业教育服务,通过创业课程建设、师资培养、开设大学生创业公共课等,形成专业与科技结合的创业实践教育体系。

学院发挥校企联合改制的独特优势,通过与主管单位、自办企业合作,以及引企入校实现"校企一体"办学,形成了独具特色的"金字塔"式学生创业型人才培养模式。即从全面普及创业基础知识教育,到成功培养创业团队和创业精英,并依托校办企业,打造一批有市场前景的学生创业团队。立足市场,举行中小企业创业项目加盟会,依靠学院科技服务中心,加大对学生科技创业成果转化的支持力度。

注重对创业指导教师和创业专职研究人才的培育。先后有30多位教师通过学术性进修、技能型培训及实践性挂职锻炼等,提高了对大学生创业创新的指导能力和研究水平。建立并开通了温州市大学生创业网,利用网络平台开展创业宣传和创业培训。该网站开通后,每年约有88570人次的点击量。

2. 整合"学园城一体化"资源,建成嵌入式创业实践平台

学院鼓励并引导学生在创业实践中做到坚持将创业与专业、科技相结合,与温州地方优势相结合,从地方经济优势入手找到适合自己的创业方向,确立项目运作的优势。

学院以温州高度发达的民营经济为依托，弘扬温州人敢为人先的创业精神，紧扣市场需求，使人才培养与企业经营相互促进。学院三大园区中不仅有归国创业者、国内的行业领军人物，还有学生创业团队，如浙江创意园有 7 支学生创业团队入驻，共有 340 人参与创业实践；学生团队的设计工作室与创意企业毗邻而居、相互促进；温州名购网打造虚拟和实体的网络商城，使温州名牌商品插上电子商务的翅膀。运营第一个月，名购网热销品瓯绣的营业额达 8000 元，学生瓯塑作品以 3000 元价格拍卖；鞋类设计与工艺专业创业学生充分利用自身专业知识、精心设计的时尚女鞋被温州金鸿鞋业有限公司以 2000 元的价格买下，并立即投入生产；模具工作室创业学生以创新思维设计的笔模被温州爱好笔业公司相中，并投入生产，实现了艺术价值到经济价值的转变。

3. 成立创业学院，开展常态化创新创业教育

成立创业学院是学院普及创新创业教育的又一创举。创业学院不仅对全院学生进行教育创业知识、培训创业技能普及教育，而且通过自愿报名原则每学期面向全院学生招收有创业意向的学生进行系统培训。每学期招 2 个班级，每期人数在 90 人以上。每期学员的学习周期为 16 周，约 76 个课时。课时一般安排在每周三晚上，周日上午、下午。周三以课堂理论教学为主，周日以创业实践课程为主。由校外企业家、杰出校友及本院有经验的教师组成的讲师团，进行理论和实践教学课程教学指导工作。学员通过考核成绩合格者，可获公选课 4 个学分，学员及团队的考核成绩将作为团队创业项目入驻创业园区的主要参考依据。

针对全体学生创新创业普及教育、创业之星培养教育的不同需求，立足学校主体创新创业实践平台，开设就业与创业、创业实践、中小企业运营与管理等系列课程。学院积极推进就业创业教育课程改革和创新，就业创业教育课程逐渐趋向多元化。由何向荣等主编并出版的《职业指导——大学生的职业生涯发展》《纵横职场——高等职业教育学生就业与创业指导》两本教材着眼高职学生就业与创业需要，通过分篇介绍职业文化、职业心理、职业技术、职业能力等方面知识来对学生进行就业素质培养，帮助学生了解就业创业的有关知识；发展自己的职业认知、职业能力、职业兴趣和个性特长，树立高尚的职业理想和正确的就业创业观念；培养良好的职业行为习惯，提高自己的综合素质；克服在就业创业时存在的盲目性，自觉根据社会需要和个人特点，顺利就业或自主创业。

4. 通过创业园区建设，搭建创业创新服务平台

学院与当地政府、行业协会、企业、新闻媒体及时沟通，整合各种社会资源为创业教育服务，推动大学生创业创新的社会环境建设。学院主动联合温州市委共同创办温州市大学生科技创业园，将它建设成为面向全市大学生的创业孵化基地。学院投入大量创业扶植资金，创设了 38 个创业工作室；在温州黄龙商贸城建立大学生创业示范园区，专设 10 间店面，进驻 5 支学生创业团队。两个园区可同时容纳 760 名学生开展创业活动，年创产值 1800 多万元。

（三）创新驱动社会服务

学院以院办产业和科研机构作为创新主力，依托三大园区，积极推动"产学研市"结合，不断提升服务温州创新驱动发展战略的能力。推动体制机制改革，以高教社会化服务、政府咨询服务、技术研发推广服务、文化创意引领、科技产业园区等形成社会服务链，提升高校直接服务地方经济社会转型升级的实力，从"跟着企业走"转变为"引领企业走"，主动对接区域经济社会发展，推动区域协同创新发展。

1. 温州市知识产权服务园

2012 年 2 月，中国（温州）知识产权维权援助中心正式挂牌，截至目前，已完成的专利代理超 1 万件。同时以知识产权服务园为载体开展高职知识产权教育，为企业和社会培养专利工程师 1600 多人。为促进科技成果的转化，在温州市政府和温州市科技局的支持下，由学院入股建设了温州市知识产权交易公司，以促进科技成果转化。

2013 年，服务园与龙湾区（高新区）、温州市科技局共建温州知识产权学院，共完成专利申请 5800 多件、专利授权 5200 多件、商标代理 4374 件，受理专利国内授权补助申请 14310 件、国外授权补助申请 103 件，举办知识产权讲座培训 18 期。知识产权评估项目价值 11622 万元，促成质押贷款 2620 万元。知识产权维权援助中心在全国首创与温州市中级人民法院建立委托调解机制，开展知识产权纠纷调解工作，调解知识产权侵权纠纷案件 59 件，其中涉及专利权的 19 件，涉及著作权的 38 件，涉及商标权的 1 件，涉及不正当竞争的 1 件。例如，成功调解的微软公司诉温州长江汽车电子公司侵犯其 4 个系列的软件著作权案，是目前全国 75 家维权中心处理案件中标的最大的一起涉外知识产权纠纷案件。新设立鹿城区、平阳县等 4 个维权分中心，维权分中心共 7 个。知识产权服务园为温州建设国家级知识产权示范城市提供了有力支撑。

2. 浙江创意园

2012 年，浙江创意园年产值突破 1 个亿，税收 900 余万元，连续 2 年以 20% 以上的速度递增发展，2012 年被列为"温州市文化产业示范基地"。

2013 年，浙江创意园共入驻各类创意设计企业 42 家，园区总产值 16 亿元，税收 1500 多万元，聚集效益成果开始显现。

通过建设，园区荣获德国 IF 设计大奖、红点设计大奖等多项国内外荣誉，先后被评为"温州市创意旅游基地""温州市现代服务业集聚示范区""温州市文化创意产业园区""温州市创业孵化示范基地""省特色工业设计示范基地""省'122工程'首批重点文化产业园区"等，取得了良好的社会效益和经济效益。

3. 省级国际服务外包示范园

省级国际服务外包示范园被浙江省商务厅授为"省级国际服务外包人才培养基地"。学院以省级国际服务外包示范园为平台，通过集人才培养与社会服务于一体的创新创业工作室模式推进创新教育，如以致远工作室为基础成立师生创业公司，整合计算机应用技术、动漫设计和软件技术等专业优势，积极开发手机软件，为企业提供电子商务平台开发、信息处理、数据托管和软件设计与运营等服务。2011年，园区面向服务外包企业开展服务外包培训，共完成服务外包培训921人，在浙江省2011年度服务外包人才培训工作中各项成绩位居第一，完成创意设计类相关服务外包业务量约8000万元；完成代理专利、专利纠纷调处、诉讼、商标、版权注册等知识产权服务外包业务量近7000件；园区服务外包执行额达804.4万美元。2013年，承担11项温州市科技局研发项目，提供技术开发和服务62项，经费到款300多万元。

4. 温州市电子商务技术研发与人才培养公共服务平台

依托学院电子商务平台，开展温州黄龙商贸城员工电子商务技能培训，举办中国（温州）电子商务高峰论坛，完成温州市企业电子商务发展现状与需求调研和成都市电子商务发展考察报告，提出对温州市发展电子商务的意见与建议，并获浙江省委常委、温州市委书记签字批示。2013年3月，学院与鹿城区签署战略合作协议，包括共建省级大学生科技园、共同开展对台合作交流等内容，电子商务是其重要项目之一。学院受鹿城区相关部门委托，通过对283家企业调研，主持完成了"鹿城区企业电子商务应用现状与发展"课题研究；

承接电子商务人才社会培训，培养对象覆盖鹿城区7个街道的企业员工，为19950人次提供社会培训，为温州电商提供了人才支撑。此外，受市政府委托起草《2014—2016年温州电子商务发展规划》，并为温州创建国家电子商务示范城市起草方案。

三、"学园城一体化"平台的运行机制

校企一体是教育办学主体、生产经营活动主体、独立法人主体的统一。三个主体根据职业教育与企业生产运行的规律，通过市场契约确保其有机融合及高效运行，从而形成共赢的利益共同体，共同承担高职教育的职责，合作实施高职教育的教学。校企从"合作"到"一体"，不仅需要理念模式的变革和创新，同样需要体制机制的维系和保障。

浙江工贸职业技术学院依托学校、园区、企业平台资源，教师、学生、客户各角色

共同推进基地建设、专业建设和研发活动,实现工学结合模式的服务、经营、培养一体化。并从根本上变校企合作以"人缘"纽带为"产权+市场契约"纽带,采用"有为、有位、有利"的激励机制调动合作主体间的积极性,用制度保障校企合作的顺利进行。学院通过成立职业教育集团、创新校企一体化教育流程与机制,以及基于PDCA的园区化教学管理流程体系等机制创新,确保平台的协同育人、创业教育及社会服务。

(一)成立职教集团实现机制突破

浙江工贸职业技术学院在办学实践中形成了以高职教育为主导,包括职业培训、职业技能鉴定、职业指导、创业孵化、职业介绍(人才市场)、科技应用中介服务和院办产业的高职教育综合基地。2010年4月,4所高职院校、23所中职学校、15家行业协会以及园区企业和科研院校通过《浙江工贸职业教育集团章程》,成为浙江工贸职业教育集团的首批成员单位。职业教育集团总体架构可概括为"五位一体"——政(政府)、产(行业、企业)、学(学校)、研(科研院所)、市(市场或泛指社会需要)各要素有机融合的"教育服务联合体",联合体的利益指向不同,但利益共赢是基础和条件。在这种机制保障下,教学性生产与生产性教学、学习性生产与生产性学习、学习体验与职业体验、生产车间与创意工场、新技术学习推广与新技术发明创造,都处于功能交互、你我共存的状态。

1. 以产权和市场为纽带,构建利益共享机制

(1)企业办学校。由企业办学校延伸而来的学院与主办单位杭钢集团所属企业的合作,以培养高技能人才为目标,共同进行材料成型技术、机电一体化技术、电子信息工程技术等相关专业建设,开展订单式培养、在职培训,建立顶岗实训基地等。学院的主办单位杭钢集团是一家以钢铁为主业、多元发展的大型国有企业,其全资和控股子公司共35家,职工1.69万人。在国家统计局发布的"2008年度中国最大500家企业集团"排名中,杭钢集团名列第82位,连续五年进入全国最大企业集团百强行列。杭钢集团不仅是学院的主办方,以资产为纽带为学院提供了丰富的教育资源,同时也是校企一体化的合作共同体,为学院的专业发展、教学实训和就业提供指导与渠道。杭钢集团积极参与学院相关建设,学院也结合杭钢集团行业发展和人才需求,主动提供教育培训和人才服务,双方共同组建专业指导委员会,开展订单式培养,制订、修订材料成型与控制技术、电子信息工程技术、机电一体化技术等相关专业的人才培养方案,建立生产性实训基地,接受相关专业学生的顶岗实习等。浙江工贸职业技术学院与主办方杭钢集团的校企一体化建设,是在现代企业制度之下,对职业教育管理体制的一种突破与新的尝试,它与传统的国有企业工厂办学校最大的区别是:学院是独立法人主体,自主办学,双方

是以契约服务为基础的共同体。

（2）学校办企业。因国企改制解困、产业转型升级需要，学院投资拓展一些与专业相关度大的优质资产，丰富和拓展了学院"校中厂""厂中校"的校企一体化办学机制，形成"教育＋科技＋文化创意"的现代服务业形态。在我国职业教育发展轴线上，工学结合的路径大致经历了以场景模拟为形式的校内工学结合和以真实性生产为特征的校外工学结合两种形态。但实践表明，职业教育工学结合校内外两种机制的运行是不可以相互替代的。整合两种工学结合的机制，建设一个有机地把教学性工学与实践性工学结合起来的基地，这正是学院三大园区的使命。

工学结合约定市场契约化。职业教育集团成员单位之间、校企合作双方之间均以市场契约（协议）的形式约定彼此在园区化工学结合人才培养中的权利和义务。制定《通过"三大园区"建设提高人才培养质量实施方案》，作为园区工学结合全面推进的纲领性文件，使园区的教学功能不断深化。例如，园区与入园企业签署的协议书中明确要求企业参与学院的教学改革、课程建设、产学研合作、实践实训、创业就业等工作。各教学部门每学期聘请三大园区 50 名专业技术人员承担教学任务，每个园区至少开办一个辅修专业，并负责其教学过程。通过契约保证了兼职教师队伍的稳定性和企业对教学工作的责任感，推动了教学改革。

校办产业（如三大园区）不仅对社会提供生产性服务，为相关专业提供生产性实训，促进专业群建设，同时还推动了国有企业改制、校办产业转型升级与学院资产保值增值。2011 年，院办产业利润超 1 亿元，学院总资产 6.11 亿元，净资产 4.84 亿元。与此相应的是教职工收入不断增长，学院服务区域经济社会转型升级实力显著提升。在机制、要素、载体等方面构建利益链，使得职教集团成员（学校、行业、企业、园区）成为利益共同体，推进了专业教师的"双师"化和兼职教师的"双师"化，奠定了园区工学结合办学特色的坚实基础。

2.发掘行业协会的中介作用，引导行业、企业主动参与人才培养

浙江工贸职业教育集团不仅有浙江眼镜行业协会、温州汽摩配协会、温州模具协会、温州鞋革行业协会、温州印刷行业协会、温州电镀协会、温州金融机具行业协会、温州电子信息产业协会、温州经济学会等十大传统行业协会加盟，还主导发起并成立了网络经济促进会、文化创意产业协会、超市经济促进会、供应链协会等新兴行业协会。行业协会组织参与相关专业课程设置、职业指导与培训并协作构建评价机制；整合各协会成员企业参与高技能人才培养，包括提供"双师"教师、实训基地、技术服务、就业岗位等；整合高校教育资源举办高峰论坛，提升了行业影响力和话语权。为了有力发挥行业协会的中介作用，浙江工贸职业教育集团成立了"浙江工贸职业技术学院校企合作、工学结合工作指导委员会"。通过职业教育集团行业协会成员，学院与270家企业达成了合作关系，建立了187个校外实习基地，校企合作共同开发课程数达到158门，共同开发教材83种，校外兼职教师占教师总数比例达到29.24%，每个专业平均拥有校外兼职教师6人，每年召开"政府、学校、行业、企业"人才工作座谈会，不断提高校企合作的成效。

教育服务理念下的社会服务，既是实现高校优质资源社会效益最大化的重要途径，也是社会优质资源教育化合成的重要载体。社会服务过程，是"双师"素质教师成长和培养的过程，也是学生创业就业体验的过程。另外，"五位一体"的职教集团架构、"产权＋市场契约"的利益共享保障机制，促进了学校与行业合作办学的积极性，整合各类社会资源破解了职业教育难题，有助于解决人才需求和人才培养的结构性矛盾。

（二）校企一体化教育机制创新

1.学园城联动生态机制

（1）"学园城互动生态圈"的内涵。"学园城互动生态圈"是一项多主体联盟、开放式互动的高职教育领域综合改革实验。该模式立足协同育人和社会服务的理念，体制上将与高职教育密切相关的学校、园区、城市三个主体联合起来；机制上以资源共享、利益共赢、责任共担，协同创新培养应用型人才为保障，良性互动，构建集教育与生产、教学与研究、服务与创新于一体的生态联盟。本模式的多主体生态功能表现为学校以协同育人和社会服务为中心；园区集聚了新兴产业，以资源和技术为优势；城市以文明建设和经济发展为驱动。"学园城互动生态圈"的特质是遵循市场在资源配置中的决定性作用，本着"让一切劳动、知识、技术、管理、资本的活力竞相迸发，让一切创造社会财富的源泉充分涌流"的思想，将市场配置的原理植入高职教育，以此推动教育教学改革，探索新型人才培养模式。

近年来，学院发挥创业型高校的机制优势，积极整合城市的优质教育资源，协同政府和社会力量，整合知识资本、技术资本和物质资本，组建了多家集教育与生产于一体的法人实体。同时，以园区为平台促进创业型人才培养，服务和引领地方创业型经济发展，助力创业型城市建设，走出了一条协同创新、联动发展的特色之路。

（2）"学园城互动生态圈"的机制。"学园城互动生态圈"的建设，在体制上从利益角度保障和促进了产教的深度融合，在路径上实施了"产学研做"和工学交替的多元立交，重心上突出了协同育人的品牌特色和人才培养质量，为学院应用型人才培养及教育创新提供了强有力的支持。

协同育人机制打造特色办学的个性品质。针对"学园城互动生态圈"协同性的特点，依托三大园区，学院逐步形成了"跳出教育发展教育、跳出教育评价教育、跳出教育反思教育"的体制机制；制订了教授工程、博士工程和"双师"素质培养工程方案，切实提高了教师的教育能力；逐步形成了具有特色的"三三制"，即形态上园区化校企一体办学、产教一体教学、学做一体学习，能力上重在培养学生岗位核心能力、岗位迁移能力和可持续发展能力，最终以毕业证书、职业资格证书、顶岗工作经历证书的考核确保人才培养的质量。

重视协同育人的治理体制，完善协同育人的长效机制。"学园城互动生态圈"不是传统的校企合作形式的复制，它首先需要以体制创新为保障。"产权＋市场契约"是学院探索"学园城互动生态圈"实践的成果，其关键是利益共赢机制。依此学院进一步创新了"创业教育＋资本资产经营自主办学"的体制，建构了政府、行业产业、学院、大院名校、市场联动的机制，形成了新型的开放式办学格局，使协同育人具有长效机制保障。

2. 创新创业驱动下的学做一体化

"学园城互动生态圈"为学生提供了"学做一体化"的专业实践平台。为实现协同育人的目标，发挥了学院在协同发展中的主体优势，近年来，学院投资控股和成立科研机构 26 个（其中市级及以上 10 个），逐步形成了颇具影响力的品牌效应。更为重要的是，科研窗口直面行业、企业，为学生提供了"学与做""学做一体化"的专业实践平台。例如，学院成立的区域文化研究中心，致力于研究刘基文化、瓯绣瓯塑非物质文化遗产、温商侨商等特色区域文化；多角度开展地方文化的开发与研究，通过传承创新、专题调研、成果推介等方式服务地方社会发展，受到社会的普遍好评，被省文化厅、教育厅授予省级非物质文化遗产传承教学基地。经省委领导指导批准，学院师生创作的大型瓯塑作品《雁荡秋色》落户北京人民大会堂。学院园区化特色发展案例被收入教育部部长主编的《中国高教改革发展丛书》典型经验系列。

（三）强化职业能力的制度创新

1. 应知应会的学风导向

学院三大园区作为实践育人的工学基地，成为学生应知应会的学风导向。三大园区的最大优势是让学生在真实环境下得到专业能力的训练，园区企业的教育资源得到挖掘并全面融入教学，实现教学与生产、学校与企业的多赢。

校企一体的办学模式，使校企深度融合，更是让企业全方位参与到了人才培养过程。校企共同组建专业指导委员会，决定专业的开发与建设。校企合作开发教材，校企合作实施教学，校企合作共建实训基地，推进课堂与生产场所一体化、校内评价与企业评价相结合等，充分体现教学过程的开放性、实践性和职业性。

产教一体的教学模式，是学院根据所设专业，积极开办产业，把产业与教学密切结合，相互支持，相互促进，把学院办成集人才培养、科学研究、科技服务于一体的产业性经营实体，有利于激发学生的创造力，有利于提高教师的业务水平。

学做合一的学习模式，是以实际项目为导向的课程体系。该模式从真实生产中提炼工作项目，根据真实生产过程进行工作任务分析，以真实产品为载体进行课程结构分析，以真实生产要求进行课程内容分析，且每个项目内容设计必须以完成某个项目（产品）为任务，并辅之以必要的知识。这种学习模式改变了传统的课堂学习模式，整个学习过程体现从做中学、边做边学、学做合一的特点。

目前，学院通过扩大校企合作实现校内实训与校外实习的有机结合，积极探索工学交替、任务驱动、项目导向、顶岗实习等多种工学结合形式，将职业资格证书取证训练纳入专业培养方案中，所有专业都要求学生必须取得毕业证、职业资格证和顶岗工作经历证书，以此提高实践环节的教学效果，提升学生的职业技能水平。

2.刚性的制度导向

（1）建立完善的系统化、多层次的实践教学体系。依据职业技能和能力的发展过程特点（由低到高、由单项到综合），学院对实践教学体系进行了系统化、多层次的设计，并按需进行环境配置和组织教学，分别是：以教、学、做一体，训练专业基本技能的第一层次；以生产实训与校外顶岗实训相结合，训练综合技能的第二层次；依托"学园城互动生态圈"平台，以科研项目和技师服务为载体，培养创新创业能力的第三层次。2014年，在原有三大园区的基础上，国家广告产业试点园区落户学院，省级工业设计基地完成建设，并正式招租启用。这些高档次的平台，为学院"学园城互动生态圈"协同育人模式的实施提供了支撑，为多层次实践教学体系的落实提供了保障。

（2）实施开放实训室管理。学院制定出台了《浙江工贸职业技术学院开放实训管理办法》，对专业实训室、科技创新平台、技术服务机构等实现开放式管理。开放式实训以项目挂靠方式让学生跨专业组团队，在教师的指导下通过自主研发和实验实训，让学生得到真实的创业创新体验。开放式实训建立学分激励制度、资助特色教材开发、设立开放实训专项基金等，受到学生的热烈欢迎。开放式实训针对不同专业不同特点，以及多专业组合的学生群体，实行项目化分层实训教学。在开放式实训室，学生是活动的主人，从项目的创意，到研发的设计，再到实验性生产制作以及成果推介等，都由学生自主完成。与一般学习不同的是，开放式实训的学习成果不仅体现在研发报告上，还必须有实际的"产品"。

（3）加强顶岗实习管理。为落实学院"三三制"工学结合人才培养模式，加强生产性实训和顶岗实习，学院制定出台了《浙江工贸职业技术学院生产性实训和顶岗实习实施细则》，要求在第一至第五学期每个专业安排学生到合作企业开展 1～4 个月的生产认知实习；在第六学期安排学生在合作企业进行毕业实习，使学生熟悉企业生产管理要求和岗位要求，熟练掌握企业岗位需要的知识和技能，与就业实现无缝对接。通过毕业实习，有意向的学生可以直接留在企业就业，这为学生就业提供保障。该制度规范了生产性实训和顶岗实习，加强了组织机构建设，明确了实习的操作步骤，深化了学生管理、教学管理，加强了实习的质量考核。同时，学院师生团队还自主开发了"基于 3G 的学生顶岗实践支持服务平台"，使工学结合过程的管理监控和交流服务变得简单便捷、高效有力。该服务平台全面采用网络管理方式，及时掌握每位学生的实习动态，真正做到过程监控，提高了实习效果。

2013 学年秋季学期，共有 1849 人到企业进行 1～4 个月的工学结合实习，春季学期各专业共有 2904 名学生到各相关企业参加毕业顶岗实习，经实习后有 2854 名学生被企业录用就业，学生"三证"（毕业证书、职业资格证书、顶岗工作经验证书）获取率达到 98%，用人单位对学生满意率达到 95%。

（4）深化与园区的产教融合。学院制定出台了《关于进一步推进学院与三大园区校企合作的若干意见》《关于进一步推进园区与浙江工贸职业技术学院校企合作的通知》等文件，从制度上确保学院与园区的产教深度融合。一是加强对入园企业的考核。每个园区每年对入园企业校企合作情况考核一次，对校企合作成绩特别优秀的企业，学院给予适当奖励，同时授予"校企合作示范企业"称号，将其作为今后续签协议的重要依据。二是明确职责。各园区与企业在今后新签订的协议中，必须明确规定企业参与学院的订单式培养、兼职授课的课程、学生实习实训、产学合作、教师实践等合作方式及数量的条款，便于落实校企合作。三是对园区负责人的奖励与考核。园区校企合作效果纳入园区负责人年度考核，对校企合作效果不佳的园区，园区负责人年度考核不得评为优秀。四是优先落实与园区企业的合作。优先推荐学生到园区企业实习、就业，优先开展订单式培养，优先聘请园区企业中的能工巧匠作为兼职教师，优先开展产学研合作等，深化园区的校企合作。

（四）"双师"建设机制

依托园区企业，创建并实施了"双师、双薪、双岗"的校企一体化师资队伍建设机制。学院教师既是专业教师，又是企业的工程师（"双师"）；既有教师代课薪酬，又有企业生产薪酬（"双薪"）；既有教师岗位，又有企业生产岗位（"双岗"）。同时，企业员工同样因参与学院的教学具有"双师"身份、"双岗"资格和"双薪"报酬，有效解决了教师到企业实践锻炼难的问题，提高了教师的专业技能水平，优化了师资队伍的结构。

学院整合服务资源和教育资源，以专业拓展进行突破，教师在与企业合作项目中提升"双师"人才的实践及科研转化能力；鼓励广大教师到园区及各类行业、企业兼职实践，联合开展项目（技术）开发或课题研究。园区企业每年接纳2名教师进行为期2～6个月的实践，提升教师专业实践技能水平。让具有代表性的行业、企业进驻园区，以合同为保障，选聘精通专业、谙熟生产技术的行业能手作为兼职教师，增强"双师"教师的合力，优化"双师"结构教师队伍，提高师资队伍建设水平。

（五）基于 PDCA 的园区化教学管理流程体系

PDCA 循环将质量管理过程定义为四个阶段，即 P（plan）计划，D（do）执行，C（check）检查，A（action）处理。质量管理活动的全部过程，就是质量计划的制订和组织实现的过程。这个过程就是按照 PDCA 循环，不停顿地周而复始地运转。

结合园区实施工学结合人才培养模式对教学管理内涵的实际需要，引入 PDCA 循环管理学理论，构建实施了基于 PDCA 的校企一体化教学管理流程体系。

1.P 计划——人才培养方案制订阶段

P 计划阶段对应的教学管理流程为人才培养方案制定阶段。科学、合理地制订专业人才培养方案，是保证人才培养质量的重要条件之一。校企一体的人才培养方案主要通过双专业带头人和专业指导委员会实施。

（1）实施双专业带头人制。各专业实施双专业带头人制，即有学校带头人和企业带头人两个带头人，学校带头人要求副教授以上职称，具有较强的教科研能力；企业带头人要求是企业能工巧匠。双专业带头人通过组织教师骨干和企业技术师傅，在深入了解和把握技术发展趋势和人才需求的基础上，主动适应经济社会发展需要，制订以实用技能知识为主的人才培养方案。校企双带头人致力于高职教育研究与实践，有利于融合和利用社会资源，合力共建专业。

（2）成立专业指导委员会。每个专业成立相应的专业指导委员会，委员会成员大部分由来自园区企业中的能工巧匠和学校专业带头人组成。专业指导委会对专业建设给予全面深入指导，对人才培养方案进行修改审核。

2.D 执行——教学做一体实施阶段

D 执行阶段对应的教学管理流程为教学做一体实施阶段。教师按照既定的培养方案，在校企一体的校内外实训基地完成教学做一体基础下的教学。教学主要通过建设"双师"教学团队和校内外实训基地实现。

教师通过园区的企业下厂实践锻炼，提高自身教学能力，为造就一支"双师"型专业教学团队提供良好的平台。"双师"型教学团队通过开发基于工作过程的项目教材，实施注重培养学生实践技能的教学做一体基础下的教学模式，突出对学生实践技能和职业素养的培养。

通过园区校企一体的办学平台，建立校内生产性实训基地和校外顶岗实训基地，满足生产性教学和教学性生产的需要。教学过程实现课堂与车间、师傅与教师、生产与教学的校企一体化教学，真正做到"做中学""学中做"，学生通过顶岗实习，培养了实践技能，提高了职业素养。

3.C 检查——工学结合过程管理阶段

C 检查阶段核心工作是对生产性实训与顶岗实习等工学结合的过程管理，根据对学生知识能力素质的要求，检查、监控工学结合的执行效果，及时发现执行中存在的问题，总结经验。该阶段主要通过学校的教学质量监控体系和企业生产管理制度来实现。

（1）建立教学质量全面监控体系。建立学院领导巡查、院系二级教学督导、系部领导检查、学生网上评教等多途径、多形式、全方位的五级监控体系。开发工学结合网络实时监控系统，对学生实习的考勤、学生实习日志、教师指导情况等进行全方位的过程管理，及时掌握学生工学结合的动态，及时反馈教学实施中的问题，促进教学质量的提高。

（2）按照生产管理制度评价学生。学生在生产性实训和顶岗实习期间拥有"双身份"。学生既是园区企业的（准）员工，也是学生。学院指导教师侧重协调学生与企业员工、学校与企业的关系；企业指导教师侧重考核学生的职业素养与技能，主要按照生产管理制度加以考核。考核总成绩及格者，给予学分，并颁发《学生顶岗工作经历证书》。

4.A 处理——就业质量总结评价阶段

A 处理阶段作为 PDCA 循环的总结阶段，主要是对就业质量进行总结评价。通过定期收集毕业学生工作后的评价和企业对学生的评价，分析毕业生就业质量，发现不足并及时找到应对的方法，总结经验，教学管理部门和执行机构根据反馈意见，提出专业培养方案、教学方法和教学管理等方面的改进措施，不断调整教学质量目标、教学质量标准、教学手段和教学方法。

第三节 "产教融合与校企合作"的教学革新

职业教育的发展之路，必须推行校企合作、工学结合。浙江工贸职业技术学院是位于温州的浙江省属高职院校。温州人杰地灵，文化底蕴深厚，市场经济发达，是改革开放的前沿阵地。学院文化的精髓里不乏温州人勇于探索、敢于创新的精神。多年来学院围绕高技能人才培养模式改革的探索与实践，秉承教育服务理念，更新办学理念，创新人才培养体制机制，通过专业链与产业链、课业链与技术链、能力链与人才链的有效对接，进行了由校企合作、工学结合到校企一体、产教融合，再到"学园城"联动、"产学研"互促并逐步深入的研究与实践。在专业内涵建设、课程内容更新、教学模式转变及课堂教学创新等方面进行了全方位的改革与探索，形成了产教融合与校企一体化的教学机制。本章将重点从专业建设、课程建设及师资队伍建设三个角度阐述"产教融合与校企合作"研究与实践的方法、举措及典型案例。

一、"产教融合与校企合作"的专业建设

专业是职业院校办学的核心，良好的专业结构在社会转型期将决定学院的生存和发展。专业是高职院校开展教学活动的基本单元和各项资源配置的平台，也是学院内涵建设和特色彰显的主要标志，更是开展人才培养模式改革的平台和载体。以专业建设为抓手，开展课程建设、师资队伍建设、实训基地建设及教学模式改革是高职院校的普遍共识。

（一）基于校企一体化高职教育流程的理论研究

校企一体化，这是高职教育，乃至整个职业教育共同关注、探索和研究的热点问题。职业教育的特殊性决定了校企一体办学的必然。从表面上看，由于职业院校办学的价值取向与企业生产的价值取向有明显区别，因此校企一体化的结合存在"先天"的诸多排斥。实则不然，学校教育与企业生产仍然有相融互化的结合因子，关键在于要激活它们，通过机制构建、维系、保障两者的利益。校企一体化高职教育流程的研究，试图从教育视角对高职教育与企业深度融合的体制机制进行研究，从而构建高职校企一体化教育流程的基本范式。

1. 高职校企一体化教育流程概说

职业教育的发展之路，必须推行校企合作、工学结合，强化人才培养模式的特色。高职校企一体化教育流程的概说，有必要分别对其中包含的三个分概念，即校企一体化、教育流程和高职校企一体化教育流程作分析说明。

（1）校企一体化。"一体化"在这里是指关系属性的形态。校企的本源体是分离的，是不同的主体，但内在的某些联系促成了两者的深度融合，称之"一体化"。依此释意，这里的"一体"是"化"的结果，是关系中的一体。就层次而论，校企一体化与校企合作相比，依存性更为紧密，是深度的结合。学校与企业本来是独立的两个主体，但两者

间存在着某些共同的价值诉求以及和利益相关的诸多要素，使学校教育与企业生产相得益彰，真正体现出教学性生产与生产性教学的结合，这就是校企一体化的基本形态。另外，校企一体化与校企一体是有区别的，"化"，表明这种校企一体不仅是有形的"体"，更是合作体制机制契约下的一种状态。

（2）教育流程。教育流程的理论基础是一般流程规则的遵循和应用。客观世界的"因果"形态与主观辩证的"因果"形态有因然和应然的联系，这是任何"流程"的法则。教育流程的不同在于教育流程具有特殊性和特定性。学校为了实现既定的人才培养目标，从专业设置、课程体系建构，师资配置、实践实训基地建设到教育教学过程的设计、实施，相关制度机制的保障，质量监控与评估的措施等，构建了一个完整的有机系统。简言之，校企一体化教育流程，就是企业全面参与学校的人才培养，校企共担育人之责的运作范式和规则。由于教育流程运行的焦点是人才培养质量，其特殊性表现在流程实施过程中的多主体性，如学习主体、教育主体、企业主体、政府主体等，各主体的职能发挥和良性互动都直接或间接地影响着教育流程的执行和效果。流程结果的评价也并非线性评价，在多维评价框架内参照的评价标准、分值权重，都有较大的弹性空间。可见，教育流程不同于一般的生产流程、物质生态流程，其对教育规律的遵循与教育理念、价值取向、人才观认知等因素相关。

（3）高职校企一体化教育流程。这是一个组合概念，首先确定了流程的属性是具有高职教育流程特色的；其次是包含了校企两个不同主体间融通的一体化流程。通俗地说，就是指高职院校与相关企业基于高技能专门人才培养，将教学性生产与生产性教学紧密结合，确保校企利益双赢的运行机制和方法。在这里需要特别说明的是，高职校企一体化教育流程只是高职教育流程中的一个层面，其重点是校企关系的合作；流程的关注点和切入点是教育主导，而非生产主导，这与流程确保利益双赢并不矛盾。

2. 高职校企一体化教育流程的内涵

一体化内聚力（三力）：企业教育力、学校服务力、学生发展力。

一体化目标（五共）：教学生产共时、技术资源共享、课程体系共构、专业队伍共建、校企利益共赢。

一体化课程与教学（四化）：课程范式项目化、课程组织多样化、课程实践生产化、课程成果产品化。

一体化评价（四度）：学生满意度、企业满意度、学校满意度、社会满意度。

高职校企一体化的主要特性仍然是教育性。在此基础上，可以从校企的共赢合作关系中，体现出相互的包容、优势的互补和利益的互惠。

高职校企一体化教育流程的内涵丰富，其中必须关注的核心要素就是上文所提到的"三力""五共""四化""四度"。

3.高职校企一体化专业建设的基本范式

有学者提出，产业要素、行业要素、企业要素、职业要素、实践要素是中国特色职业教育必须融入的五大要素。高职校企一体化教育流程的操作体系，将五大要素类归于两大生态系统，即学校教学性生产生态系统和企业生产性教学生态系统。在校企一体化高职教育流程教育性主导理念下的校企一体与一般校企结合的区别，就在于学校的专业实践教学及专业性实训教学是在生产过程（或模拟性生产、拟景式实验）中完成的，因此专业性与生产性就紧密结合在一起。这种校企一体化的实践充分体现了课程范式项目化的特征，实现了专业教学实践与专业生产实践的链接，在校企一体化教育流程中称为教学性生产生态系统。另外，在校企一体化高职教育流程下，企业的生产因学校服务的介入和企业自觉分担育人职责的履行，使企业的生产性生产与学生学习性生产在内容和形式上达到了高度统一，使生产职能附加了教育性，在产品中注入了更多的内涵，形成了生产性教学的新模式。这是与一般企业生产的重要区别，本流程称之为生产性教学生态系统。

两个生态系统的教学生产与生产教学流程有联系也有区别。校企一体化的教学与生产两个生态系统是互相联系的。

首先，校企一体化的基础平台是学校和企业，联系的特征是教学性生产和生产性教学。在各自体系的构成上次生链有明显的差异，如生产性教学是融通于企业生产系统之中的，而绝不是取代或改变企业生产性质。因此，企业的生产是特定的、具体的，由此分化出众多的行业或企业，构成同类或他类的产业集群和产业链。确定了产业后，随着产品生产环节的分类，需要进一步对主要技术进行分解，生产的统一性促成了相关技术的统一性，即分中有合、合中有分的生产技术链形成。技术表现的主体是相关的专业人才，这是企业生产生态中不可或缺的因素，以生产产品技术需求配置专业技术人才，人才链由此生成。同理，学校教学系统对应于企业生产链，内在的次生链也可分为专业链、课业链、能力链的节点，这是由学校教育的规律所决定的。学校专业人才培养目标的实现，首先需要专业及专业群来分担；当专业确定后，体现专业区别或执行专业计划最重要的载体是课业，它包括大量的学科群和活动网；职业教育课业教学的落脚点是准职业人的培养，而专业实践教学的重点是职业能力的培养。可见，学校教育与企业生产的运行规则各有侧重，有的方面甚至存在着根本性的区别，这些问题在研究校企一体化关系中是不能回避的。

其次，校企一体化教育流程的机制建立，就是在不同链接点上找到相通且连动的内因和接纳的因子。校企一体化中专业链与产业链、课业链与技术链、能力链与人才链就是"一体化"的互相对接点。开设专业的重要依据是区域行业产业人才需求的动态和趋向；给学生教授的专业知识、配置的课业体系，则参照企业生产的核心技术及项目生产必备的理论基础知识来完成；综合产业与技术对人才素质的要求是要学校的教育教学活动强化学生的专业技能，提高学生的动手能力。

最后，高职校企一体化教育流程的目标是实现利益双赢。一方面，确保育人质量是流程构建的重要目的，同时流程构建也要为合作企业提供优良的服务，发挥高校人力、智力、技术、科研等优势，为合作企业排忧解难，使企业获取更好的生产效益。另一方面，合作企业在确保计划生产和利润的同时，也应和学校共同承担育人的责任，为了技能型人才培养甚至不惜牺牲一些自身的利益。

（二）基于校企一体化高职教育流程的实践探索

1. 转变理念，创新机制，破解职业教育难题

学校的办学定位是人才培养的目标确定、路径选择、质量保障的前提条件。浙江工贸职业技术学院坚持"跳出教育评价教育、跳出教育发展教育、跳出教育反思教育"的思路，确立了以教育服务为核心的办学理念。在这一理念的指导下，以育人服务、社会服务、科研服务为平台，以利益多赢驱动，推行教学中服务与服务中教学相结合，破解了职业教育难题，探索和创建了新型高技能人才培养模式。

（1）教育服务理念，推动体制机制创新。以服务为宗旨，创建"政产学研市"的地方高校教育合力机制，破解高职教育发展在体制层面的问题。在实践中学院逐步探索并形成了"五位一体"的体制架构，"五位"指政（政府）、产（行业、企业）、学（学校）、研（科研院所）、市（市场或泛指社会）；"体"指各要素有机整合的"人才培养服务"联合体。这种体制的职能是政府主导、行业引导、学校主体、研究支撑、市场（社会）调节与检测。在具体的教学实践与改革中，政府的主导作用体现在地方发展战略规划对学校发展的影响和扶持上；行业引导体现在对专业论证、课程设置、教学路径选择、质量考核制订等方面；学校主体是服务功能担当的主体，育人和文化科技服务并举并重；研究是服务的先行者，研究内容包括教育研究和社会文化科技研究；市场及社会，这是服务的起点和终点。实践证明，学院以服务产业转型升级为切入点，形成以与政府、行业、企业合作，集人才培养、社会服务为一体的办学新模式，使高校成为政府、行业、企业之外的助推地方产业转型升级的第三种力量。同时，也从机制上促进学校与行业、企业办学的积极性，寻求内在的产学结合机制，整合各类社会资源，破解职业教育难题。

（2）教育服务理念，助推教育教学改革。教育服务理念下的办学是开放型的办学，育人平台的开放性，为产业与专业、技术与课程、人才与能力的"链接"提供了保障，将学校教学系统与企业生产流程结合，通过专业链、课业链、能力链的节点解决校企合作的难题。实现了"车间即教室，师傅即教师，工人即学生"。教育服务理念促使各高职院校从专业调整、课程重组、教学更新的方方面面，开展系统化的教育教学改革。

（3）构建"三三制"人才培养模式。依托校企一体化的办学平台，几年来，学院逐步形成了高技能人才培养的"三三制"人才培养模式。这一培养模式的内涵是三种模式、三种能力、三个证书，具体地讲就是以提高高技能人才培养质量为目标，通过校企一体的办学模式、产教一体的教学模式和学做一体的学习模式，着力培养学生的专业核心能力、岗位迁移能力和可持续发展能力，最后使学生获得毕业证书、职业资格证书和顶岗工作经历证书。

2. 产业多元化，校企一体化专业建设模式多元

学院多年来秉承温州人勇于创新创业的特质和精神，致力于人才培养模式的改革与探索，从校企合作机制、教学组织、实践平台拓展等方面大胆创新，形成了独特的办学风格和特色。

（1）依托行业、企业，实现校企一体化办专业。汽车与机械工程学院是学院的二级分院，在长期办学中他们的教之困和学之虑是：专业教学难专、专业学习难用。对此，从 2010 年开始，他们与隶属于永嘉县科学技术局的永嘉县泵阀科技创新服务中心共建教学联盟，共同培养泵阀专业的技能型人才。至今，已办班 3 届，毕业 2 届，共有 154 名学生受教，毕业生 97 人。

教学工作有序进行。学校方面，前 4 个学期，数控、机电、模具 3 个专业重点完成通识类和专业基础类课程的教学；之后，在学生自愿选择的前提下打破专业，组建为期 2 个学期，集专业技术训练、工学结合、顶岗实践、就业创业为重点的泵阀方向强化班。企业方面，负责对泵阀班先期强化教学 3 个月，核心课程是阀门机械 CAD、阀门设计基础、阀门测绘、毕业综合实践（毕业设计）等；随后，学院负责联系安排学生到泵阀企业进行为期 6 个月的专业实习及就业帮扶和推荐。

学院在机制上予以保障。一是合作建制，学校以契约方式与企业签订合作协议，明确权责；二是利益双赢，学校按学生数拨付一定数额的教学经费，支持企业办学；三是学籍管理改革，实行注册专业不变，开设跨专业学分或课程代替通道。

校企合作取得显著办学成效。校企合作形神合一，工学结合表里如一。学风明显改变，学生"我要学"的原动力足。已毕业的 97 人，就业对口率达 93%，明显高于其他专业。

人才"出彩率"高,其中第一届毕业的 48 名学生中,丁鹏飞任方正阀门有限公司分公司质检部经理、曹建峰任质一阀门有限公司生产部部长助理、胡东卿任罗浮阀门有限公司销售部经理助理,其他绝大多数学生活跃在泵阀行业的技术岗位上。精英型行业技能人才培养的优势突出。

（2）依托科研机构,"产学研"互动办专业。学院内建有 26 个科研中心,旨在发挥高校集聚的人才和技术优势,服务、引领地方产业发展及新产品、新技术开发。但在实践中教学与研究"两张皮"的现象比较明显。为了改变这种状况,2009 年,根据温州市表面工程人才紧缺的状况,先进材料研发中心率先进行改革实验,将机电专业的 36 名学生交由机电科研中心专业托管,进行表面工程技术专业培养。

专业托管是一种以某一科研中心为单位,将相关专业的专业教学实践教学交由科研中心管理的体制。

2013 年实验班毕业,毕业生就业率达 100%,对口就业率近 94%,且大部分学生进入温州冶金热处理有限公司、温州瑞明工业股份有限公司、浙江数研机械科技有限公司等知名企业。该班有一位学生,在短短一年时间里,从质检部的质检员提升为技术部的技术研发员,现为技术总工的助手。目前,先进材料研发中心专业托管方向已经增加到 3 个,即材料工程与管理、表面工程技术、光机电应用技术。

从教师角度看,以教助研,增强了教师将理论与实践结合的意识;以研带教,结合教学的学科领域,教师申报相关的项目课题,为教学搭建平台,使科研的最新成果尽快融入教学。从学生角度看,学习的价值取向有了明显改变,学生们懂得了什么是真才实学;学习过程中就参与到教师的项目研究之中,并可以正确使用实验仪器设备,自主创新学习的积极性大大提高。

据统计,3 年来师生团队合作申报并被正式立项的课题有 9 项,获项目基金 606 万元,4 名学生与教师合作发表专业论文 3 篇。

（3）依托园区,打造开放的专业建设格局。基于园区化办学的理念,关注专业与企业集群,学业深造与职业体验共享,是学院专业建设的重点之一。学院创建的"浙江创意园"被称为园区化高职人才培养创新的一种范式。园区创意是将知名文化创意企业"抱团"引入学校工学实训基地,营造真实的生产环境以消除教育与市场的隔膜,淡化学校与企业的边界;学校相关专业的师生组建团队以工作室（站）方式"抱团"入驻园区,在企业化工作过程中学习专业知识和体验创业创新,将产教一体和学做一体的理念落到实处。

浙江创意园的创意品质和文化,与高职学生自主创新、自主学习的诉求相近,吸引力强，使创新创业的孵化功能发挥了出来。企业群与专业群集聚，优势互补、利益双赢，使双方合力增大。

近3年来，浙江创意园引进、孵化20余家高资质的创意机构，不仅致力于打造温州创意产业集群规模，还为学院的工业、动漫、艺术、广告与包装、鞋类、眼镜等设计专业搭建了教学创新和自主学习的实践平台。首批进园的雅集文化企业，已经成为温州创意文化的"领头羊"；师生的动漫工作室，已经成为总揽新闻网站"温州网"所有动漫设计业务的"大腕"。此外，园区的淘宝创业实训基地，每年可接纳近100人进行创业实训，为学生提供切身的创业就业体验，目前已有400余名学生在淘宝上开店，2012年创意园中淘宝创业团队总营业额近700万元。

（4）依托政府，多方合作办专业。温州文化创意学院是为温州文化创意产业发展提供人才与智力支撑的专门学院，由市委宣传部、市文广新局和浙江工贸职业技术学院三方共建而成，实行理事会领导下的院长负责制，隶属学院下属二级学院，其目标是建成一所具有温州地方特色、为地方培养文化创意产业人才的独立学院。此外，温州文化创意学院还引进中国传媒大学为合作方，由其提供教学、科研和学科支持。学院本着"合作、融入、共赢"的原则，通过汇聚各方力量，加快温州市文化创意人才培养体系建设，为温州市文化创意发展提供人才保证和智力支持，真正形成了"政学研"三方联盟、北京温州两地联动、校企多方融合一体化办学的现代职业教育模式。温州文化创意学院主要工作目标是进行专业人才培养、从业人员培训，针对温州实际和国内外文创产业发展实际进行理论研究及发展规划制订，进行国内外文化交流等。

目前温州文化创意学院开办了文化产业管理专业，2014年招生44人。该专业凸显人文内涵和文化特色，以项目带动、工学结合为模式，培养掌握文化学和管理学基本理论知识和职业技能，熟悉文化产业的运营特点和运作规律，能在文化产业管理机关、文化传媒企事业单位、旅游文化及其他文化传媒产业等部门从事市场策划、组织管理、人力资源开发，以及资本运营等工作的管理工程师、文化传媒经理人和项目管理师等高级应用型人才。该专业主要开设有文化市场调查、文化创意与策划、文化产业规划与项目策划、影视拍摄与制作、媒介战略管理等专业核心课程。目前温州文化创意学院专职教师主要以教授、副教授等师资构成，并长期聘请中国传媒大学、中央电视台、文化创意行业以及温州地方的政界、企业界、文化行业界等知名人士为学生授课或者兼任行业导师、创业导师、人生规划导师等。

温州文化创意学院在三年建设期内，在专业建设方面，除了做好现有的文化产业管理专业建设外，还根据国内外文化产业发展新形势和温州地方文化创意产业发展新要求，开设编导（影视制作）专业、表演（播音主持）专业，以满足社会对人才的需求。

（5）多方支持，混合所有制办专业。职业教育依托行业、产业是必然之路。当前高职教育改革的难点就是专业建设与企业生产难以融合，即所谓的校企合作"两张皮"，工学结合"一头热"，这必将导致专业建设的要素与职业教育要求不能适应。具体表现在，教师从高校到高校，缺乏实战经验；学生从教室到教室，缺乏实战平台。浙江工贸职业技术学院电子商务专业创新机制，整合多方力量，采取混合所有制形式，创办电子商务实训平台——温州名购网，进行了很好的尝试。

如何打造一个具有"真实工作环境、真实工作任务、真实操作过程、真实评价体系"的专业教学实战平台，学院紧抓区域产业转型升级和电子商务飞速发展的关键契机，着力打造温州名购网平台。该平台由学院提供场地、设备等资源，师生负责平台运营，企业提供产品和流动资金，政府提供政策支持，按照股份制企业组织模式进行实际运作，形成了多元投资主体的混合所有制格局。这种混合所有制组织模式充分调动了不同主体的积极性，发挥了各自的优势，优化了资源配置，实现了各取所需、协同发展、多方共赢。

随着名购网不断发展壮大，基于电商产业链衍生出了一批新的校企一体创业项目，如市场营销专业师生成立了调查工作室、物流管理专业师生成立了仓储配送工作室、平面设计专业师生成立了拍摄与美工工作室……构成了一条完善的电商产业链，孵化了一批优秀的创业精英，带动了专业群的协同发展，同时也进一步实践验证了这种混合所有制组织模式。

积极对接企业，服务产业发展。基于目前温州电商发展现状，学院设立以名购网为核心的温州市电子商务技术支撑与人才培养公共服务平台，为广大企业提供电子商务技术支持、人才培训和代运营服务。截至目前，已服务企业数十家，举办中国（温州）电子商务高峰论坛 3 次，举办各类电子商务培训班 20 余次，累计为企业社会人员开展电商培训 1 万余人。

（三）基于校企一体化专业建设的质量保障与评价

经过连续几年的快速扩张之后，我国高等职业教育已从量的扩张逐步转移到质的提高的轨道上来。近年来，我国高等教育的教学质量成为人们关注的焦点。浙江工贸职业技术学院以校企一体、产教融合的专业建设为轴线，以产业链与专业链的对接为节点，围绕教学质量保证与评价展开更高水平与更深层次的探索和改革。

1. 基于校企一体专业建设的质量保障体系

与一般专业建设质量保障体系不同，校企一体化专业建设必须考虑合作多方的责任共担、利益共赢，并依此确定各自评价的关键要素，形成由决策指挥系统、管理执行系统、监督评估系统、教学资源保障系统、教学信息反馈系统和宣传激励与教学仲裁系统等七大系统组成的，以"六位一体"专业导学群为架构的专业建设质量保障体系。其中，每一个子系统都由学校、企业、学生、学生家长等多主体成员组成，各子系统分工明确，协同配合。

（1）质量保障体系构建原则：①目的性。专业质量保障体系深入落实以生为本的育人理念，以提高人才培养质量、服务学生成长为主要目的。具体讲，就是专业建设中专业的定位、培养层次、课程体系及教学内容必须与学院定位相一致，与社会需求相匹配，与行业发展相兼顾。所以，构建专业建设质量保障体系时就要检验专业建设是否能达到预期的目标。与传统专业建设不同的是，还要检验新的专业建设是否实现了校企双赢，以保障合作的长效性和专业内涵建设的持续性。②可操作性。构建专业建设质量保障体系的目的是监督和保障专业建设，使之能按照既定的流程和操作规范执行，以保证校企合作多方开展教学性生产和生产性教学。因此，在构建专业建设质量保障体系时一定要与实际的建设过程保持一致，以便运行。③监督性。从高校专业建设质量保障体系的现状看，由于缺乏监督性，保障体系落实不到位，效果不好。所以，要形成全方位的闭环保障系统，在运行的同时加以纠偏。④稳定性。专业建设质量是一项长期的系统工程，需要校企一体的合作多方长期贯彻质量方针，切实做好各项工作。这就要求专业建设质量保障体系中的指标及内涵在一定时期内保持不变。

（2）基于专业导学群的"六位一体"专业建设质量保障体系构建。坚持以生为本的理念，学院构建了基于专业导学群的专业建设质量保障体系，同时配合以一年一度的学院专业评估，以加强专业建设质量保障。

①导学群教学服务体系的提出。学习对象本身的特性决定其是否需要全方位的教学服务。高职学生本身自主学习、自我管理能力相对薄弱，特别是在互联网技术飞速发展的今天，各类网络诱惑越来越多。近年来，从学生座谈会及调研可见，学生在"学习生涯中你希望得到什么样的帮助"中提到的绝大多数内容属于课程学习以外的需求。

从用人需求上，需要为学生提供全方位的学习服务。在以创新为主题的当今社会，培养学生的创新思维、创新意识、创新能力及跨专业能力将是教学改革的关键。因此，要更加重视学生第二课堂及课外拓展的指导与帮扶。

从教学管理上，需要为学生提供全方位的指导服务。增加学生学习的自主权是"浙江省教育厅课堂教学创新行动计划"的重点之一，自主权包括为学生提供自主选择专业的机会，增加学生自主选择课程、自主选择老师的比例等。这些选择可以为学生提供良好的指导服务。

落实现代教育理念，为学生提供全方位的"导学"服务。教育的核心是教学，现代教学要体现以学生为主体、教师为主导的理念，在加强课堂教学管理指导的同时，不能忽略信息社会的特点。因信息社会学习资源种类繁多、途径繁多，如何选择学习资源，如何应用网络技术，必须有专业化的队伍对学生进行指导。在网络环境下，"教"与"导"的分工越来越明晰，"教"应该更侧重众多资源的输送，"导"应该是服务主体围绕教学资源全面落实而采取的诸多服务方法和手段的总和。

如何更好地做好学生服务，特别是课外学习、个性发展等方面的服务；如何充分利用互联网的平台优势，在指导与服务学生方面实现全方位、多途径的互动，将实时与非实时结合，应该是未来课堂教学创新行动计划落实效果的关键因素。

②导学群的构建及运行。导学群是质量保障体系构建中的一个多角色一体化的运行组织，其存在工作机制不完善及沟通协作不畅的诸多困难。学院于2010年4月引进了"世界大学城教育云平台"，为全体师生、合作企业相关人员开通了个人空间，为各专业搭建了专业机构平台，借助学院世界大学城教育云平台，专业导学群实现线上与线下相结合的运行模式。一方面，在大学城教育云平台上以专业、课程为单位开设专业导学群平台和空间，专业或课程负责人作为专业导学群平台（空间）的负责人，将导学群的各类人员及学生组织起来，进行线上沟通交流、辅导，开展导学群活动；另一方面，组织实质性的导学群例会活动，及时发现问题、解决问题，为学生学习提供指导服务。

③导学群的组成。导学群在横向上是专业（群）制，开展专业内部服务，一个专业一个群；在纵向上是层级制，分为学院级、分院级、专业级，每一层级的职能各不相同，但均围绕导学活动开展服务，一层服务一层，一层带动一层。

"六位一体"的组织。每个专业的导学群采取组长负责制，组长为专业带头人，成员包括专业教师、辅导员（或班主任）、教学管理员（或教学助理、秘书）、教学资源（含技术）、服务员（一般由专业教师兼任）及教学对象，负责为学生的拓展学习收集或整合学习资源。"六位一体"职能互补、分工协作，整体解决学生学习的全部需求。

④导学群的运行。导学群体现了线上、线下结合的学院课堂教学改革创新的特点，它的运行采取以下两种方式：

线下例会制教研活动。将每周两次教师坐班确定为专业导学群活动时间，开展线下集体活动。

线上虚拟导学活动。充分利用世界大学城教育云平台，建立专业导学群平台和课程导学群空间。专业导学群平台由本专业各课程导学群空间组成，根据专业问题或课程问题分别为学生提供服务。

专业导学群平台由专业负责人负责将所属课程、导学群成员、本专业学生整合在一起，并负责开展导学活动；"六位一体"的成员各司其职，切实满足本专业学生自主学习、素质拓展、职业规划等所需。

课程导学群空间由课程负责人负责将与本课程相关的成员及学生组织起来开展导学活动，切实满足本课程学习中学生所需。

2. 一年一度的院级专业评估

从 2010 年开始，为了构建有序的专业调整和退出机制，激发学院办学活力，学院坚持"以评促建、以评促管、以评促改"的原则，启动了一年一度的专业评估，对专业建设工作起到了很好的促进作用。

针对学院专业评估，构建每年一轮的长效机制，并每年 3 月开展学院专业评估工作。

评估对象：学院对全院所有开设 3 年及以上的专业进行年度评估。

评估主体：评估以专业为单位进行。对于有多个专业方向的专业，可在专业评估材料中分方向佐证。

组织机构：学院成立以教学主管院长为组长，教务处、学生处、科研处、人力资源部等部门负责人为副组长的专业评估领导小组，负责评估方案的制订与适时调整，组织评估工作，并对评估结果进行公示和认定。领导小组办公室设在教务处。

各分院（系）成立专业评估工作小组，由分院（系）负责人、教研室主任、专业带头人等组成。主要职责是根据学院方案组织本部门专业评估。

评估内容及指标体系：基于构建长效性的学院专业评估机制，评估要客观公正、求真务实、讲求效率，采取定量与定性相结合的指标结构，强化数据支撑，简化评估程序和工作量。

评估组织方式：评估采取各院（系）自评与学院评估相结合的方式。其中，学院评估采取分工与合作相结合的方式。整体工作由教务处牵头组织，学生处、党院办（人力）、校企合作办等配合组织此项工作，学院学术委员会指导和参与。

评估结论及整改：学院着力构建长效性的评估机制，旨在通过评估激发活力，提高学院专业建设的针对性。评估报告在给出专业等级和排名的同时，应客观公正地提出专业存在的问题及针对后续建设的意见和建议。反馈的意见和建议需要经过学院学术委员会指导评议，以提高专业建设的针对性和明确专业后续建设的方向。各专业需根据评估结论制订相应的整改方案并组织落实，并将整改效果作为下年度专业评估考察内容之一。

评估结论的应用：学院以专业为单位，根据评估等级发放专业建设奖励经费，评估结论也是学院分配招生名额的依据。更重要的是，专业评估结束后对每个专业的反馈意见，将是专业后续建设和重点整改的重要依据。

二、"产教融合与校企合作"的课程建设

在校企一体高职教育流程框架指导下，浙江工贸职业技术学院以工学结合为特征的高技能人才培养模式已逐步形成，学院发展方向、办学定位及办学特色已逐步明晰。学院将加强课程建设和课堂教学创新作为新一轮改革的重要抓手，决心用新一轮改革促进新一轮发展，努力推动产教融合、校企一体办学的高等职业教育范式。

（一）基于产教融合的高职课程建设的理论研究

高等职业教育是我国高等教育的一种类型，其最核心的宏观要素主要是社会、教育者与受教育者，而在微观层面，职业教育的关系则更集中地表现在行业、专业和学业（以下简称"三业"）三个方面。因此，高等职业教育的新一轮改革攻坚，就是要建构科学合理、高效便捷的"三业"融通机制，以提高高等职业教育课程建设的水平。

1."三业"中的"链"机理

高等职业教育以培养高技能专门人才为己任，其专门人才的特定性是由社会具体行业的人才需要所决定的，而承载和实施人才培养的基地就是学校分门别类的专业。

行业、专业与学业，如果从社会角度看，三者似有联系而又非必然联系，有联系是因为"业"者为其共生之根，其共性有相通之源；非必然联系是因"三业"各有所指，界属别类，自成系统。将"三业"植入高职教育范畴，"业"之根则会成为激活与维系"三业"的灵魂。

一方面，"三业"的内涵拓展都是一个有机的、环环相扣的系统，呈现出明显的"链"状特征。另一方面，"三业"之间有密切的联系，行业的系统分化，行业内具体的"业"流程所需人才，以及技术的专门性和特定性，都是高职院校专业设置或专业培养方向确定的重要依据。同样，承担学业教育职能的课程系统，其专业理论和专业实践的核心课程设置，直接取决于行业和专业的特定要求，反映了高职人才培养"链"和社会需要"链"相互衔接的关系。

2."三业"连接的瓶颈与问题

目前，大学毕业生就业难与企业技能人才紧缺仍然是社会的普遍问题，究其原因，社会就业机制、学校育人质量、学生修业择业动机等都存在诸多问题。再从"三业"连接的视角分析，高职教育的许多瓶颈的成因也就更为清晰。

（1）瓶颈之一：用人机制与育人机制的阻隔。社会（行业）的需求能否转变为学校办学、人才定向培养的实际行为，关键取决于机制的运行，主要是行业的用人机制与

学校的育人机制要有连接。现实中，在行业用人方面，尽管生产流程已经体制化、制度化，但对应的人才使用专业化意识和程度较低，特别是大量的中小企业、民营企业考虑到降低人力成本，技术岗位普工化现象尤为突出。据温州市劳动和社会保障局 2008 年底组织的"温州企业技能人才现状调查"显示，827 家民营企业、52 万余名员工，其中技术工人 1 万余人，而大专及以上学历者所占比例仅为（6）67%。由于行业用人专业化无法保证，大学毕业生就业乱象频生，学非所用的"错位"就业也就不足为怪了。行业的用人机制对高职教育的办学机制影响是最为直接的。针对行业用人的专业化程度不高、跨专业就业比例大的实际，学校既定的专业方向、课程设置就必须考虑人才培养的"宽口径"和"强基础"。

（2）瓶颈之二：价值取向的认同差异。在温州 827 家民营企业调研中，课题组还就价值取向问题对企业管理者和学校进行了比较研究，认为"三业"难以连接与此问题关系密切。企业出于生存和发展的需要，追求生产利润最大化，在近期利益与长期利益的关系上，缺乏长期战略发展规划，眼前利益至上现象较为普遍。在这种价值取向下，企业对技术人才队伍的建设没有长远考虑。"唯生产"观念严重忽视了对技术人才梯队建设、员工专业化素质提升等方面。"人才是第一资源"的现代先进思想没有进企业、没有进企业管理者的头脑，企业管理者主动承担技术人才培养的责任意识淡薄。

在高职院校层面，专业设置的价值取向又有另一种反映。专业推出总要寻找与社会的切合点，要针对行业生产人才和技术需求的特定性确定专业或设定专业方向。但出于学校规模化发展的需要，许多高职院校的专业设置和专业方向设定并没有认真开展或进行社会调查和可行性论证，大多数是凭社会人才走向、热门专业、生源状况等来判断，权重取舍中学校的经济效益因素占比较大。据笔者调查，温州市 4 所高职院校开设的相同专业有 14 个之多，其中财会类的会计、电算化会计，管理类的物流管理、服务管理，经贸类的商贸英语、计算机运用技术等专业方向都是各院校的主打专业。同一辖区同类专业设置过多，造成的同类人才过剩和教育资源浪费暂且不说，尽管招生后学校会依据专业目标认真实施教学计划，但由于前期的工作不足，学校对相关行业现状缺乏了解，专业培养计划"闭门造车"，人才培养质量也就难以保证。

从学生角度看，为什么学和学什么？这是学生十分关心的问题。尽管在"为什么学"的选择上高职学生有多元的价值取向，但为就业、为创业而学的仍为主流。在"学什么"的问题上，学校虽然倡导个性化学习，但在既定的课程体系下学分是学业的"命根"，学生对规定内的课程不敢有半点懈怠，学校真正留给学生个性化学习的空间并不大。在"为业"而学与专业化课程学习的关系中，学生的价值取向发生了位移，他们绝大多数是"为分"而学，认为争取优秀的学分与取得良好的就业机会是"直通"的。"为业"或"为分"虽一字之差，但影响却十分巨大，学生学习期间并不清楚"三业"之间存在的阻隔，很难认识到专业技能的修习以及走出课堂、走进行业、企业的重要性，当步入社会谋职之时才会慢慢体悟到"为分"而学的痛楚。

（3）瓶颈之三："三业"连接的条件缺失。高等职业教育最大的特征是紧贴社会经济发展的实际培养一线的人才。因此人才培养的环境和条件十分重要，如体制平台、师资、实训基地、质量管理等直接关系着人才培养。但从"三业"连接的环境和条件看，以下问题需要引起关注。

首先是"行业"教育责任意识的缺失。一方面，目前我国行业用人多为市场招聘制，再加上生产智能化程度普遍较低，招聘工人较为容易。在这种状态下，许多行业管理者认为自己是"使用者"，培养人才是国家、学校的事。另一方面，国家也缺少对行业、企业技能人才培养的必要政策扶持。虽然很多行业开始热情支持和参与技能人才的培养工作，如尽量为高职院校提供实习和实训基地，但生产性实训大多是商品化生产，学生实习产品的成本显著增大，这部分投入只能由行业或企业自己买单。按行业、企业管理者的话说，这是他们为职业教育和技能人才培养尽义务的投资。但由于每个企业观念不同，仍需政府在体制机制上的支持。

其次是行业缺少教学能力，工学结合的教学元素少。从教育教学角度认真考察被列入高职院校工学结合的企业，不难发现他们与高职院校的合作也力不从心，具体表现在生产规模小无法接纳更多的实习学生；生产岗位和工艺与学生所需要实训课程的内容联系不紧密；实践教师是生产型技术工人，他们无法系统解说技术的理论知识；等等。由于缺乏基本的教学条件和有效的教学实习指导，许多工学结合过程其实是"以工代学"，学生成了廉价劳动力。这种状态下的工学结合，引发了学生消极、排斥的心理。

再次是专业的培植缺少行业的土壤和企业元素，高职院校专业技能人才培养的要求与行业技能人才的实际需要分离。高职院校的专业建设除了校内的师资、教学设施等基本条件外，校外的见习和实习基地建设也是不可缺少的。因行业缺少参与技能型人才培养的自觉性和主动性，也缺乏必要的承担教育教学能力，生产一线的行业信息、改革动态、科研新成果就无法及时吸纳到专业人才培养中来，学校只能沿袭封闭办学、传统式培养的样式。

最后是将"学业"等同于"学历"，将"学业"变为"学分"的过程，重知识学习能力、轻职业操作能力的状况仍大量存在。按照教育规律，技能型人才的特点是实战能力强，实践性教学是技能型人才培养的关键。而高职院校受实训条件限制，在课堂上讲技术、在作业本上做实验的专业教学仍不少。将高职学生按普通高校的专科生培养，学生没有更多的机会进行职业体验，专业技术缺少实际训练，学生的职业综合素质和能力将直接受到影响，行业对高职毕业生的认同度也会大打折扣。日积月累，行业与学业的错位，势必加剧高职学生就业对口的难度。

3. "三业"连接的要点

影响"三业"连接既有机制上的因素又有观念上的问题，要推动高职教育新一轮的改革，绝不能回避这些问题。

分析高职"三业"内在联系的核心要素就会发现，"三业"之所以能构成一个关系体，是通过"高技能人才"促成的。"专业"的育人，"学业"的成人，"行业"的用人，将学校与社会紧紧地联系在一起。按照相互关系及功能作用，高技能人才既是"三业"联系的载体，也是"三业"相互作用的结果。

高职教育基于高技能人才培养为中心的"业"关系，表明高技能人才既是一种结果，也是一种条件。"三业"两两交互，彼此互为条件、相互依存、相互作用。如以"行业"为起点，顺应的层级关系表现为"专业"与"学业"。社会视角下行业生产需要什么样的技能人才、行业发展需要储备什么样的人才，决定着高职院校开设什么样的专业及专业方向，决定着具体的人才培养方向、规格及教育教学活动的组织。它们之间的相关度、绩效率如何，总会通过高技能人才的社会认同得以反馈。依此推论，无论是以"专业"或以"学业"为起点，这种关系要正常运行，关键还取决于"三业"各自职能的发挥及互相关系的协调。

"行业"重在"两转推"。"行业"是高技能人才培养的起点和终点，要确保"三业"连接，行业的"两转推"需要从机制上完善。"两转"是指行业从唯利润生产观向以人才为核心的发展观转变，从被动使用人才向主动参与人才培养转变。行业需要进一步更新人才观念，树立科学技术是第一生产力，人才资源是第一资源的思想，从行业发展战略的高度建立和完善人才机制。行业应主动与学校"订制"人才，依据行业需要参与专业、课程的开发，主动承担专业实训实践教学任务，努力提高行业生产性教学的能力。"推"就是以行业人才需求为把手，推动高职教育的转型和人才培养模式的改革。"行业"与"专业""学业"的关系是通过"产业链"拓展并以专业人才培养及专业技术服务联系的，因为"产业链"包含着基础产业环节、技术研发环节和市场拓展环节等三大环节，它促成行业内不同产业的企业相互关联，真实反映各产业中企业之间的供给与需求关系，同时也为高职院校的专业体系建立及专业方向集群、学业课程体系的设置提供了重要依据。

"专业"要体现"三通一体"。"三业"连接机制中的"专业"也有特定的要求，具体表现为"三通一体"。"三通"主要指政通、业通、学通，"一体"就是指技能人才培养一体化。政府方面应当拟定必要的鼓励和支持行业、企业承担技能人才培养责任的政策，针对高职学生专业实践生产成本增加的问题，考虑对正式列入技能人才培养基地的行业在现行政策允许范围内减免税收、土地使用费，并在培训经费等方面给予经费。就其意义，"政通"将有效规范和强力推动"三业"连接的高技能人才培养，使行业的教育义务和责任在多赢机制下得到激活和强化。在"政通"层面，学校虽然是"弱势"，但利用专业开发的机会，向政府职能部门积极反映并尽量争取扶持政策也极为重要。"专业"是实现"行业"与"学业"相互连接的桥梁。对学校内部而言，"专业"对"学业"具有规定性和指令性，专业性质、教育层次、培养方向皆由此而定；而"学业"是"专业"的具体化，通过具体的课程内容承载专业的使命和专业培养的意志。可见，在"三业"的融通机制中，要实现"三业"连接，增强教育合力，专业承载的目标性、中介性、协调性职能十分重要。"三通"是"三业"融通的条件和基础，"一体"是"三通"的反映和结果，它们之间具有相承性，"链"接紧密，无论哪一环节出现障碍，必将影响高技能人才培养一体化的进程和质量。

"学业"要突出"三和一贯"。在"三业"连接中"学业"的"三和"是指与行业调和、与专业协和、与学生"乐和"，"一贯"是指技能人才培养目标与过程实施体系的贯通。从理论上讲，学业的定向面向就业的行业、服从所学的专业是理所当然的事，但在现行高职教育中并不尽然。由于行业与学校缺乏"深交"，专业设置虽然也有较强的使学习者贴近行业的意愿，但学院化的专业设置和学业体系还是尴尬的"单相思"。要排除这种影响，使学业与行业调和，要立足行业发展之需和用人之求，修正和改良课程，改变传统的学习价值观念，注重专业技能知识和实际能力的学习；与专业协和，就是要善于将专业培养设定目标转化为学习者的学习目标，专业方向能被学习者自觉内化为个体的专业发展；与学生"乐和"是因为学业的具体化是通过学习者表现出来的，学生能正确处理好学业与学历的关系，自觉注重专业技术能力的培养。

"三和"是学业的生命之根，有了"三和"的生成，才会把"服务为宗旨，就业为导向"的思想方针转化为切实可靠的行为系统，也只有在"三和"状态下才能确保技能人才培养的"一贯化"。这方面许多高职院校在工学结合、校企一体的教学实践中进行了大量的探索，如"引企入校"，优选高新行业入驻学校，以校办厂、厂校联合，盘活"三业"融通；有的学校采用校企联合的"项目式"开发，在新产业研发过程中实现新教师团队培养、新专业探索及新课程改革；有的学校在工科工程类专业试行"工作学习制"，学生从大一开始，每学期就试行6～8周的"工作学习制"，学生全部进入企业一线，实地进行专业知识、企业文化的培训，这项改革使教学更贴近企业和市场需求，从而让学生获得丰富的职业体验，传统专业也因对接市场而焕发新的生机……这些经验都值得认真总结。

总之，与全国普通高等教育一样，在我国高职教育进入新一轮改革的时期，一些深层次矛盾和问题，特别是体制机制方面的矛盾和问题逐步显现。世界高等教育大会认为，世界高等教育发展存在七大新动力，其中就有科研、知识创造及共享合作机制。而学业链、专业链对接行业链，真正形成校企合作、互利互惠、人才互培、责任共担的"三业"连接机制，将是新一轮高职教育内涵式发展和教育改革的方向。高职院校要实现可持续发展，必须以"三业"机制建设为抓手，连接"三业"链，提升教育价值链；要围绕高技能人才培养的目标，在"三业"融通上寻找突破点，在"三业"对接上下功夫，在"三业"机制上创特色。

（二）基于产教融合的高职课程教学创新

原中山大学校长黄达人教授在浙江进行高等职业技术学院调研时说："一个高职院校，如果能与当地高端企业合作、引领产业发展，说明学院的人才培养、科学研究、技术创新做得好；一个高职院校，如果能与当地政府合作，说明它的社会文化也做得好。这两点，浙江工贸职业技术学院都做到了。"浙江工贸职业技术学院特色化办学，主要有以下几点经验。

1. 依托园区企业，实现产教融合的教学模式

学院三园区、一基地的开发实训平台，是"学园城"协同办学生态园的独特资源，也是学院实施校企一体、产教融合的有力支撑。依托这些宝贵资源，学院课程建设和教学模式改革成效显著，形成了多种模式的课堂生态。

（1）依托省级服务外包示范园，实施学做合一的教学生态。学院计算机应用专业针对学生学习兴趣不高、就业方向模糊等现状于2009年依托省级服务外包示范园，注册了温州市知远科技网络有限公司，该公司主要进行移动互联软件开发。依托该公司，计算机应用专业从第三学期开始，根据学生自愿报名、面试选拔，以及为期两周的入室前集训等环节组成"知远教改班"。知远教改班重在专业方向分流的定向培养，旨在面向网页美工和NET程序设计师两个岗位培养具有实践经验的高技能人才。

培养模式：知远教改班采取半工半读的培养模式，每天8小时工作制签到打卡。其中，半天上课，其余时间以"导师制"的方式，在知远工作室接受客户委托，从事真实项目开发。每位指导教师负责4~6位学生，课程教学内容就在项目开发中完成，课堂教学场地就是公司项目开发室。学生分为美工组、系统设计组、测试组等，岗位目标明确，学做合一。

考核成绩由平时成绩和项目完成评定成绩组成。学生在工作室学习的 1 年期间，前 3 个月需要完成 1 个入门级项目，后 7 个月参与 1～2 个业务逻辑比较复杂、系统功能和安全性等性能方面要求较高的企业级项目。

管理创新：知远教改班不仅考核方式灵活多样，而且采取学分替换、课程免修的弹性学分管理办法。以真实项目为载体，实施学分制管理有利于分层次、分岗位的定向培养，极大地增加了学生学习的自主性，很好地落实了以学生为本的教育理念。另外，相关教师也采取了"教学科研型"管理评价方式，在减少教师教学工作任务的同时，确保不会因改革让教师利益受损。学院支持工作室利用项目经费留用优秀的毕业生等，从机制上保证了改革的可持续。

改革成效：这种培养模式，通过项目载体，使学生体验了真实的企业环境、企业文化和企业压力，不仅提高了学生专业技能水平，而且有利于学生职业素养的培养。自 2009 年以来，每年培养的 40 名学生都被当地龙头企业一抢而空，且起薪工资高于本科生水平；知远教改班累计开发项目 26 项，如"基于 3G 的学生顶岗实践支持服务平台"，经过校内试运行后，已以 10 万元转让费由浙江电信在全国推广。

（2）依托知识产权服务园，实施职业培训类复合培养课堂生态——"专业背景＋职业培训"模式的专利工程师复合型人才培养。2010 年开始，依托温州市知识产权服务园积极开展专利工程师培养，在对企业知识产权人才需求充分调研的基础上，学院与园区入驻企业——温州瓯越专利代理有限公司签订校企一体专利工程师培养协议，由校企双方合作开展专利工程师培养。根据理工科学生基础扎实、外语基础好、参加过知识产权选修课学习等优势，在汽车检测与维修技术、数控技术、模具设计与制造、机电一体化技术、应用电子技术、电子信息技术等 8 个理工科专业范围内通过自愿报名、集中面试的方式，选拔 50 名对知识产权有浓厚兴趣、专业基础扎实的学生，组建专利工程师班，安排在三年级第一个学期实施为期半年的知识产权职业培训。

培养模式：基于校企一体的"专业背景＋职业培训知识产权人才"培养模式，即学生在经过两年专业学习以后，第三年的第一个学期集中学习知识产权知识，并进行实战性的工作，学习结束且考试合格的学生所学课程学分与原来专业要求的学分互换，获得由温州市知识产权局颁发且被当地企业高度认可的上岗证、专利从业资格证书。

改革成效：一是学生高水平就业。通过该方式培养的三届学生，因具有工科类专业功底和知识产权法律法规知识，特别是有实际专利申报、商标注册、维权等的操作技能，很受企业的欢迎。如 2012 届知识产权职业方向毕业生专场招聘会上，通领科技集团、中国人民电器集团、中国瑞立集团、人本集团、中国汇润机电有限公司等 26 家知名企业参加招聘会并提供了 130 个招聘岗位，47 名毕业生全部就业。二是探索了高职复合型人才培养途径。在已有改革基础上，为把握知识产权高技能人才培养的先机，在温州市政府的支持下，学院与上海大学知识产权学院合作成立了温州市知识产权学院，开设了知识产权管理专业，这是国内唯一一所在高职层次开设此专业的院校。三是推动了企业发展。如瓯越专利代理公司，入驻 4 年来，代理专利增长率达到 60%。北京连城资产评估公司温州分公司，在成立短短两年半的时间内，促成发放质押贷款 9057 万元，占浙江省总业务量的三分之二。这成绩在总公司的发展业绩表上都是少见的，该公司认为主要原因是园区的环境、氛围和集群式发展模式给予了其有力的支撑。

2. 依托政府，优化课程内容，创新基于项目的通识教育课程

为进一步深化温州市高等职业教育发展综合改革，促进温州高职院校通识教育发展，加强对通识教育工作的指导，充分发挥通识教育在高技能人才培养中的作用，提高高职学生的综合素质和学习能力，受温州市教育局委托，由浙江工贸职业技术学院牵头成立了温州市高职院校通识教育指导委员会（简称"教指委"），学院院长担任教指委常务副主任，教指委办公室设立在学院，教指委成员由温州各高职院校工作人员组成。成立以来，教指委开展了系统的研究，并在高职学院在校生中开展试点实践。

学院以学生成长为本，以"大通识""小通识"为特色，形成了相应的课程体系和实践教学教材。

"大通识"主要是指面向全校学生开设的公共课程，如思政、中文、外语、心理健康等课程，重在与高职学生相匹配的公民化人文文化素质的提升。"小通识"是以专业大类为基础、提升专业基本素质、面向大类专业学生的课程，重在职业人文文化素质的提升。按课程的逻辑关系，"小通识"课程是"大通识"课程在专业教育中"软"职业素质的延伸、拓展和补充。

"一院三中心"的通识教育架构。通识教育是终身教育的重要组成部分。高职通识教育是终身职业继续教育的一个阶段。针对高职教育的特殊性，学院通识教育研究院下设三个中心，即人与人文通识教育中心，主要关注和实施社会科学范畴的人文科学教育；科学与生活通识教育中心，主要关注和实施自然科学范畴的教育；职业与素养通识教育中心，主要关注和实施以职业大类为对象的人文教育。目前，学院的通识教育已经全面展开。

3. 依托云计算技术，创新基于空间的课堂教学生态

2010 年 4 月，浙江工贸职业技术学院引进由北京禾田雨橡互联网科技有限公司开发的基于世界大学城的教育云平台，并启动了基于世界大学城的空间教学改革。

学院为各个部门开设了机构平台,为全院 12000 名师生申请了实名制的教学空间。所有学生、教师和管理人员都配发了个人空间账号,上传了真实照片作为空间标志,教师和管理人员采用真实的职务岗位身份,学生采用真实的专业和班级身份,确保教学空间信息的真实性和安全性。实践证明,以云计算为核心的现代教育技术为教育教学带来的"破"与"立",无论是深度、广度,还是教学突破的效度都超出了以往任何一种教学改革。

(1)基于云计算的空间课程建设。开展基于世界大学城的空间开放式课程建设是学院基于世界大学城教育教学改革的主要内容。实践中,学院坚持"以生为本"的理念,按照解构工作过程、重构学习过程的课程建设原则,在大学城教育云平台上开设了 C 语言程序设计课程空间,构建了以概念知识库、项目案例库、方法原理库、拓展资源库、辅助工具库、实施信息库六大要素为核心的空间开放课程,各类课程资源共计 587 个。一方面,这些资源能为学生自主学习和教师教学提供很好的支撑,教师可以根据行业需求和教学对象的需求灵活地进行资源筛选、优化和重组;学生可以根据自主学习的需要在表格化的空间资源索引中,快速获取信息、高效处理信息、科学应用信息,从而提高分析和解决实际问题的能力。另一方面,由于网络传播的广泛性和方便性,这些资源也被同类院校、行业、企业共建共享。截至 2013 年 4 月 25 日,该课程空间资源被各方用户共享利用点击近 153 万人次。更值得一提的是,学院广邀当地高端的企业、行业协会及名师名家入驻该课程平台,学院师生和社会各界人士可以通过课程空间高效沟通、互通需求。课程空间已聚集了全国知名的企业 14 家,行业的名师名家 92 位,行业、企业的优质资源 488 种。课程空间的教师、学生及多方合作者等"好友"都可以以平台为载体,快速获取信息,共享资源,突破了地域的限制,形成了真正开放的办学格局。

(2)基于世界大学城的课堂教学改革。基于世界大学城的课堂教学改革是学院基于世界大学城教育教学改革的主要落脚点。实践中,注重学生的主体地位和教师的主导地位,以 C 语言程序设计课程空间为支撑平台,通过强化课堂互动,培养学生的创新思维方式和创新实践能力;以着力为学生提供课内、课外的有效支持服务为抓手,提高教学效果,进行了较好的实践探索。

通过发布博客、评论有效实施教学互动,培养学生分析问题、解决问题的能力。实践中,教师首先将教学目标、教学内容、教学要求、重难点问题以及相关学习资料等通过个人空间发布至博客,引导学生课前预习,学生可以通过课程空间中教师推荐的课程教学资源了解概念、查找方法、寻找问题的解决方案;课堂上,教师利用"翻转式"教学模式组织教学,学生通过共享自学成果、研讨集中问题、评论各种方案等多种途径,最终达到构建知识、提高技能的目的。依托世界大学城有效开展"翻转式"教学，不仅极大地增加了教师与学生、学生与学生的多方交互，有利于把问题研究透彻，而且学生以主人翁的身份参与教学活动，发表见解，参与评论，学习的积极性得到充分的挖掘。在 C 语言程序设计课程中，针对"变量、指针、引用等形式函数形参比较"的博客，不少教师都有五六百条回应和评论，内容涉及个别阐述、全面总结、相互比较、应用的适应性分析及具体的案例等，教学效果是其他教学模式很难达到的。

利用世界大学城云平台，拓展学生的学习时空，培养学生创新能力。世界大学城云平台提供的实时、非实时的交互工具，拓展了师生之间交流的渠道。一方面，学生可利用微博、留言或电子邮件等方式将问题通过世界大学城云平台发送给指导老师，拓展了学生学习时空，使课堂教学得到有效的延伸；另一方面，学生也可以通过个人空间的建设，彰显自己的特长，展示自己的魅力，激发创新性思维，提高了分析问题和解决问题的能力。同时，由于学生的学习过程在平台上进行了记载，学习成效进行了有效的展示，所以，学习的积极性和主动性得到了极大的激发。学院组织了多次学生世界大学城个人空间建设比赛，学生个人空间的内容之丰富、设计之合理、界面之和谐，让校内外专家赞不绝口。实践证明，世界大学城教育云平台的引入，不仅使有效学习、创新学习、主动学习形成了良性循环机制，而且有利于培养学生的创新创业能力。

世界大学城云平台的出现，为学院教育教学带来的以上突破和创新，使学院的教学改革顺应了信息化社会的需要。世界大学城云平台的出现，促使每一位领导思考：如何充分利用先进的网络技术，对教学过程进行科学的设计、组织、管理和评价；促使每一位教师思考：如何依照教育发展的规律、人才成长的规律，审视现实课堂，使每一节课都成为学生成长成才的加油站；促使每一位学生思考：要树立什么样的目标，如何借助先进技术实现这一目标。

4.创新机制，不拘一格优化课程，创新课堂

2012 年教育部印发的《教育信息化十年发展规划》着重强调教育信息化建设要坚持信息技术与教育教学深度融合的核心理念；要坚持应用导向和机制创新，这意味着未来高校信息化建设的建设机制、建设目标、推动主体、评价指标等都需发生一系列的变化。浙江工贸职业技术学院着力建设具有一流网络设施和高档终端设备的数字化校园。在数字化校园建设之初，学院就确立了"最大限度地发挥数字化校园在人才培养中的作用"的目标；采用了自建与引进相结合的方式，使数字化校园建设与教育教学改革相结合；依托数字化校园建设的真实项目，优化了相关专业课程内容，创新了教学模式，取得了事半功倍的效果。

数字化校园建设是一项集网络技术、计算机技术、教育信息化技术、软件技术、物联网技术等为一体的系统工程，建设过程本身就是一个学生实践的过程。学院的数字化校园建设与计算机网络、软件技术、电子信息工程等专业教学改革和人才培养过程相结合。

计算机网络专业师生全程参与了学院校园网的建设，该专业的专业带头人作为学院数字化校园建设小组成员，将专业教学与网络建设做了很好的对接，如为了把工程建设的用户需求引入网络设计与规划课程，让学生分组进行设计、答辩，最后让各小组对照项目的真实设计方案，寻找差距、完善优化；网络工程课程以校园网建设施工为教学主阵地，组织现场教学；网络安全课程以校园网安全设计为案例，以校园网为攻击目标，进行安全检测与优化。软件技术专业是学院与华东师范大学合作开展项目课程开发的试点专业，该专业在项目教学改革中取得了很好的成效，出版了高职计算机专业项目化系列教材。但是，无法获得更多的真实项目，成为该专业项目教学改革的瓶颈。为此，该专业师生成立了电子信息研究院，在数字化校园建设过程中主动承接、开发了学院的多款信息化管理系统，如学院科研管理系统、自主招生考试系统、工资管理系统，以及基于3G网络的学生顶岗实习管理系统等，不仅节约了数字化校园建设的成本，更重要的是给学生提供了"真刀真枪"的实践机会，使学生在真实的企业环境中，以真实的身份完成真实的任务，感受真实的企业氛围，分享真实的经验和成果，提高了学生的学习兴趣。在网络专业和软件技术专业依托数字化校园建设的改革取得一定成效的基础上，学院电子信息工程专业也及时把握机会，开始了与数字化校园建设相结合的改革，主动承担了学院"基于物联网的大宗设备管理系统的研究与开发"项目，把项目内容引入现代传感技术等课程的教学之中，教学效果明显提高。

5. 围绕专业特点，做好实训室的拓展

实训室是培养高职学生实践技能和创新能力的重要场所，学院积极探索与实践开放式实训室的建设。

（1）开放式实训室内涵与开放情况。我们定义的"开放式实训室"是指学校现有的各级各类实训室，在完成教学计划规定的实训教学任务和师生科研任务的前提下，利用实训室现有师资、设备、场地等条件，面向学院全体学生，全面开放使用的实训室。目的是把学校优质的实训资源利用课余时间向全院各专业学生（包括非专业学生）开放使用，让学生根据自身兴趣爱好选择实训项目，激发学生学习的积极性和自主性，从而培养学生的创新能力和实践技能。

项目自2013年开始探索建设，通过建立学分激励制度、资助特色教材建设、设立开放式实训室专项基金等举措，取得良好效果，受到学生欢迎。截至2014年底，已经开放了六大类240个项目，参与学生达5771人。

（2）构建开放性项目化分层实训教学模式。为充分挖掘开放式实训室的功能，针对不同专业不同特点的学生群体，学院构建了开放性项目化分层实训教学模式。结合分院专业特色，根据实训室现有资源情况，选择极具专业特色且实用的内容作为专业创新实训项目，培养学生的实践能力和技术技能。具体构建如下：

院系特色项目型，该类型实训项目主要面向全院不同专业、不同层次的学生，学生可以结合个人兴趣爱好选修开放式实训项目。技能竞赛训练型，该类型实训项目主要面向特定专业的优秀学生。文科类工程训练型，该类型实训项目主要面向人文专业、经贸专业、管理专业等文科类专业学生。学生社团活动型，该类型实训项目主要针对社团的全体学生。学生科研项目型，该类型实训项目主要面向全院有特长、兴趣爱好的学生。电子信息创新型，该类型实训项目主要面向全院专业技能较强的学生。

（3）在假设中前进，在前进中探索。开放式实训室是一种新的尝试，没有现成的经验。学院开拓创新，大胆尝试，一年多来初步探索出一些可借鉴推广的经验。例如，文科类工程训练项目，为了培养文科类学生的工程意识和工程实践能力，开阔学生的视野，提高学生的综合素质，使文科学生成为懂创意、懂设计、懂操作，具备一定系统概念、工程意识的复合型人才，要求文科类专业学生选择一门60学时的工程训练实训课程。学生科研项目则通过学生申请"学生科研项目"，以科研项目为载体，进入开放式实训室开展资料收集、研究、发明等科研实践活动，培养学生发现问题、解决问题，以及沟通交流、团队协作等能力，促进学生创新性科研思维的形成。技术服务项目则通过让学生进入学院各类技术研发中心，参与教师的技术服务项目，在教师的指导下以校企合作实战项目为依托，以完成产品开发为目的，开展各类技术服务工作，从而培养学生的专业技能和创新能力。

（4）项目成效。学院自2013年开始探索开放式实训室建设以来，经过一年多的实施，开放式实训规模得到不断扩大。开放式实训项目由原来单一的14个项目、参与学生225人，发展到目前每个学期可一次性开放六大类80多个项目，满足2200多名学生进行实训的需求。为了保障开放式实训的教学效果，2014年学院督导对开放式实训进行全面检查，发放并回收学生有效问卷调查表639份。调查结果显示，70%以上学生认为，参加开放式实训后，了解了新领域知识，拓宽了知识面，增强了实践能力，提高了综合能力，有利于促进就业水平的提高；64%以上学生认为，与普通课程相比，更喜欢开放实训项目；75%的学生认为，开放实训室培养了学生创新创意能力，总体效果很好。

（三）基于产教融合的高职课程建设的评价及成效

1. 高职校企一体化课程教学的评价机制

（1）评价机制。在校企一体化流程中，企业生产绩效的评价因产品的有形和可量，质与量的把控相对容易。而在学校这里，因教育成绩包含内容多样，往往不易实际直观地表现出来，使教育评价复杂且困难。

校企一体化教学流程体系，是基于教育性和生产性的功能目的建立的。依据"教学共担，生产共责"的原则，形成以"校企一体化"为主体，以"教学性生产"和"生产性教学"为"两翼"。

（2）评价体系。与一般教学评价不同，校企一体化教学评价必须考虑"教学性"与"生产性"两大特性，并依此确定各个评价的关键要素。总体上，校企一体化教学评价是多元评价，评价主体包括教师、学生和企业师傅，是一个相对独立、完整的合成评价系统。

2. 高职校企一体化课程教学评价的实践及效果

（1）评价方式多样、鉴于校企一体、产教融合课程与课堂教学模式的多元化，其评价方式也是多样的。例如，动漫设计与制作专业与温州报业集团开发运营了温州动漫网络，而且在动漫网上设置了"工贸专区"，学生的综合实践课程的作品要在温州动漫网络的"工贸专区"中发布，作品的点击率就是动漫设计与制作课程成绩评定的重要依据；涉外旅游专业受温州市旅游局的委托编写温州各景点解说词，其被采纳情况即作为"旅游综合实践"课程成绩加分的重要依据；酒店管理专业的学生承接"温州天角连锁小吃店"所有地名的多语种翻译，其质量即作为"专业英语"课程成绩评定的依据；等等。

（2）优质的课程产生优质的教材。长期以来，学院重视教材建设，针对不同主题开发不同配套教材。一是针对专业创新创业的"专业综合实训类"教材。如《计算机专业综合实训》教材收集了知远网络科技有限公司师生团队开发的多个项目，在综合实训中供非知远教改班的学生仿真；《电子商务专业综合实训》教材收集了以"温州名购物"为依托的电子商务营销案例。二是针对校内实训室、科研机构开放所需开发的"开放式实训室类"主题教材。教材不求大而全，针对跨专业学生普及相关技能，教材特色鲜明、实用性强，如电工电子类实训基地编写了《家用电器的日常维护》课程教材，汽车实训基地编写了《典型家用轿车的保养与维护》课程教材等。三是针对项目课程改革的项目化系列教材。2006年开始，学院与华东师范大学合作开展项目课程改革的研究，计算机应用技术、酒店管理、电子信息技术、电子商务、数控技术等6个专业均开发了项目化的系列教材，由华东师范大学出版社出版发行。2014年教育部公布的第一批"十二五"职业教育国家规划教材书目中，学院有9部教材被立项。

三、"产教融合与校企合作"的师资队伍建设

专业是高职院校人才培养的载体和平台,专业建设是高等职业院校的核心工作。专业建设的核心是师资队伍建设,师资队伍建设的目的是促进专业发展,两者相辅相成。因此,在师资队伍建设中必须树立"队伍建设服务专业建设、专业建设促进队伍建设"的思想,达成按专业建设主线有序配置师资队伍资源的共识,建立起分层次分重点、共同目标共同投入的人才引进和培养机制;全面实施"以人为本、人才兴校"的发展战略,创新师资管理模式,建立有利于优秀人才成长和施展才华的运行机制,改善和优化师资队伍结构,努力开创师资队伍建设新局面。

(一)高职院校师资培养现状分析

经过多年的努力,高职院校在教师队伍建设方面已取得了很大的成效,为高职教育的进一步发展奠定了较好的基础,但仍然不能完全适应高职教育改革发展的要求,还面临着不少的矛盾和困难,存在着一些亟须解决的问题。

1. 高职院校师资队伍建设存在的问题

(1)师资队伍结构不能适应人才培养的新要求。高职院校师资队伍结构主要表现在教师的年龄、学科、职称等方面,它直接反映出教师队伍的质量、能力和学术水平等基本状况,是高职院校师资队伍中可量化的要素。高职院校师资队伍结构的合理性是反映高职院校教师队伍质量和适应高职教育所需能力的重要标准,它影响着高职院校的教学与科研的整体质量。我国高职院校师资队伍不仅在总体数量上较为匮乏,并且在结构上也需要优化。

目前,从整体情况来看,高职院校师资队伍的结构在年龄、学科、职称分布上都存在着不平衡的现象。从年龄结构看,目前我国高职院校教师结构老、中、青的数量比大致为14:2.6:6.0,这很不利于教师的新老交替。从专业结构上看,由于我国高校学科划分过细,造成高职教师知识面较窄,从而无法承担跨专业的教学工作,不能满足高职教育发展的需要。此外,新增专业教学任务重,部分老教师退休,高水平拔尖人才、学科带头人和骨干教师数量不能适应专业的发展,造成专业梯队、科研团队数量少,部分专业整体教学、科研力较弱,影响师资队伍创新能力的提高。从职称结构上看,全国各高职院校中高级职称教师占教师总量30%左右,中级职称教师占25%,助教及见习教师占45%。高级职称教师比例尚可,中级职称教师比例明显偏小,助教及见习教师比例过大。从师资数量上看,师资总量相对不足,使教师不得不疲于应付教学工作,因而影响了教学质量的稳步提高。

(2)年轻教师实践技能滞后。随着高职院校办学规模的扩大,师资队伍的组成和

来源发生了很大的变化，越来越多学历层次高的青年教师从学校毕业后直接加入到教师队伍中来。他们的知识结构较新，专业理论水平相对较强，但实践技能薄弱，不能很好地胜任教学工作。此外，我国大多数高校与企业的联系不是很密切，教师在校学习期间与所学专业与相关行业或企业的联系并不多。而且由于企业技术进步、产品更新速度快，与国际行业接轨并直接参与竞争，知识产权意识明显增强，教师与企业技术人员的交流和互动有限，会直接影响教师实践能力的培养和提高，从而影响学校的教学质量。

（3）教师教育创新的思想和活力不强。高职院校教师由于受到传统教育观念、自身能力等各种因素的制约，创新教育思想的活力不足。主要表现在：一是对学生采用灌输式教学，衡量教学效果主要看学生对知识掌握的程度，偏重于基础知识的传授，轻视对学生学习兴趣、思维活力和创新精神的培养。二是按照传统的标准和要求教学，只关注学生的同一性和规范性，忽视学生的多样性差别，缺少对学生主体性和个性化的充分认识，对学生的创新思维和创新能力培养力度不够，教学内容陈旧，教学方法不够合理。三是由于教师课程负担较重、创新训练不够且参与科研项目较少，造成师资队伍整体创新能力不强。

（4）高水平的外聘教师难请，对兼职教师缺乏有效的管理。《国家中长期教育发展纲要》中明确指出要"完善相关人事制度，聘任（聘用）具有实践经验的专业技术人员和高技能人才担任兼职教师，提高持有专业技术资格证书和职业资格证书教师比例"。另外，教育部在 2002 年印发的《关于加强高职（高专）院校师资队伍建设的意见》（教高 [2002]5 号）和 2006 年印发的《教育部关于全面提高高等职业教育教学质量的若干意见》（教高 [2006]16 号）都着重要求，高等职业院校教师队伍建设要适应人才培养模式改革的需要，必须大量聘请行业、企业的专业人才和能工巧匠到学校担任兼职教师，逐步加大兼职教师的比例，逐步形成实践技能课程主要由具有相应高技能水平的兼职教师讲授的机制。与此要求相比，高职院校外聘的兼职教师总体质量不高，而且主要承担的还是理论教学，没有充分发挥兼职教师在实际操作技能指导方面的作用。高职院校也没有针对他们制订出相应的规范制度，难以对他们进行有效的管理。

2. 高职院校师资培养的对策

高等职业教育的目标是培养生产、建设、管理、服务第一线的高素质技能型专门人才，这对高职院校教师的培养提出了更高的要求：既要建设一支理论基础扎实、技术应用能力较强的"双师型"教师队伍，又要建设一支实践能力强、教学水平高的兼职教师队伍。所以，高职院校师资队伍建设应该关注以下几个方面。

（1）注重高职院校自身教师培养机制建设。高职院校应探索建立适合自身特点的教师培养培训体系，将职前培训、入职培训和职后培训进行有机的统一，采取灵活多样的培训形式，为教师各项业务能力的提高提供有利的平台和广阔的发展空间。高职院校应根据教师专业发展不同阶段的要求，把教师的职前培养、入职教育和职后培训作为一个连续的、统一的、终身化的发展过程来看待。职前培养重在基础，入职教育重在适应，职后培训重在提高，要在终身学习理念和资源共享原则的指导下，实现在不同阶段不同教师与教育培训机构之间的衔接、整合与重组，促进教师在职业生涯中不断提高专业化水平，从而建立完善的教师培养培训体系。

（2）搭建起高职院校师资培养平台。建立师资培训的组织机构和专家队伍。一是以精品专业和核心课程体系建设为抓手，加大培养专业带头人和骨干教师的力度，努力打造优秀的教学团队。这是达到高职院校师资培养效果和提高教学水平的关键。二是要注重强化实践技能，培养"双师"素质教师。努力提高教师的实践教学能力，制定相应的鼓励政策，完善管理，要求专业教师尤其是青年教师每隔一两年到企业一线挂职实践一段时间，提高教师的实际工作能力；资助教师参与"产学研"基地的技术服务或应用技术研究，培养教师的科研能力；鼓励教师拿到国家劳动部门认可的中高级技术等级证书。三是要规范对兼职教师的管理，加强兼职教师队伍建设。制订外聘兼职教师方案，完善兼职教师考核制度，进一步推进兼职教师的聘任和管理制度化、规范化；扩大兼职教师比例，逐步形成实践技能课程主要由具有相应高技能水平的兼职教师讲授机制；学生在校外实习或顶岗实习过程中，主要依靠兼职教师指导。

（3）依托国内名校加强师资队伍的培养。知名高校的优质教学资源对高职院校的师资队伍建设具有十分重要意义，借力于它，可以对高职院校师资培养发挥不可或缺的作用。一是知名高校拥有一批具有良好的理论教学水平和科研开发能力的教授和专家，这是培养高职院校专业师资的重要力量。二是知名高校具有悠久的办学历史和文化底蕴，有比较成熟的教学管理、学生管理、师资管理经验，学习借鉴知名高校的这些有益经验，是高职院校提高教学管理队伍水平、提升办学能力的一个有效途径。三是知名高校拥有良好的科研机构、科研设施和科研开发能力，这是高职院校开展"院校合作"，提高教师的技术研发能力，培养"双师"素质教师的重要保障。另外，知名高校的优秀毕业生也是高职院校师资的重要来源。因而，高职院校在师资培养方面可以建立起与知名高校合作的创新平台，以人才培养、专业建设、科技服务为重点，以项目为基础，努力形成"多向参与、优势互补、互惠互利、共同发展"的良性运行机制。学院还应努力探索"访问学者"、通过教师在职攻读硕博学位等进修方式，鼓励和派遣中青年教师到知名高校研究所（研究中心），围绕课题及科研项目跟随导师进修学习，提高中青年教师的技术应用和科学研究能力。

（4）加强优秀人才的引进力度。要大力加强人才引进的力度，吸引高层次人才加盟学校，尤其要围绕专业和团队建设，注重引进高层次领军人才、具有海外工作背景和博士学位的人才，促进多学科交叉融合，增强师资队伍整体创新意识。聘请大师级人物对专业建设和人才培养进行指导，必要时可采取"柔性引进人才"机制，坚持"不求所有，但求所用"理念，尽快提高专业带头人数量和加强人才梯队建设。同时，要积极引进有行业、企业工作经历的专业人才，加大兼职教师队伍建设力度，努力聘请各行各业的能工巧匠和专业技术人才担任兼职教师，从而构建一支高质量的"双师"结构教学团队，提高师资队伍建设的整体水平。

（5）实行开放式师资队伍的培养与交流。我国要建设的是具有中国特色的社会主义市场经济体制。在市场经济体制下，人力资源也日益市场化，因而高校教师的合理流动也就成为一种必然的趋势。高职院校应紧紧抓住机遇，充分运用市场竞争机制，优化教师资源配置。一是提倡和鼓励教师跨校任职、任课，专门人才在企业、科研院所、工程技术单位、管理部门双向兼职，建立学校与学校之间、学校与其他单位之间的人才共享机制。本着"不求所有，但求所用"的师资管理新理念，通过长期、短期、特聘、客座、兼职等"软引进"形式，实现人才、智力、资源的流动。二是利用校企合作平台，与企业建立教师培养机制，加强对"产学研"的指导，使专业带头人、教学团队和企业结成战略联盟，使双方优势互补，实现双赢。一方面，每年定期选派中青年教师到企业锻炼，参与工程实践和科学研究；另一方面，聘请企业资深技术专家授课、讲学、交流，增强教师实践能力。鼓励教师多层次、宽领域、全方位参与国内外科技合作与交流，增强教师的创新能力。三是选派中青年骨干教师参加国内外学术交流和培训研修。为教师提供出国进修、参加国际会议的机会，让教师最大限度地获取前沿学科知识，学习先进的教育思想、教学方法和技术，更新教育理念，提高业务能力和科研水平。加大国际合作交流力度，邀请国外知名高校学者授课、讲学、交流，提高教学团队的国际化水平。

（二）"学园城"与师资队伍建设的联动

针对目前高职院校师资队伍建设存在的问题及对策分析，浙江工贸职业技术学院依托"学园城"协同育人平台，以机制创新为切入点，在全方位培养教师专业实践能力，培养及激发教师活力等方面进行了有益的尝试。

1. 创新构建"双岗、双薪、双师"的教师队伍管理机制

学院依托三大园区的教育功能，创新构建了"双岗、双薪、双师"的教师队伍管理机制。具体来讲，就是为培养具有"双师"素质的教师，提高年轻教师的专业实践能力，发挥"学

园城"联动办学的优势,挖掘各方资源,允许教师有双重岗位、双重收入,真正具备"双师"素质。

2. "双岗、双薪、双师"的教师队伍管理机制的实践探索

实践中,学院通过制度创新、管理创新保障了"双师"队伍的建设,发挥了"学园城"的办学优势。

(1) 依托园区企业,教师实质性技能得到提升。依托于学院三大园区的电子信息研究院,以真实项目为载体,让专业教师和学生通过完成真实项目提高技能水平,不但有利于教学模式创新,而且有利于教师自我成长,教师团队建设。例如,电子系余老师从 2009 年开始,随电子系教师团队入驻电子信息研究院——电子产品工作室,其教学能力和科研水平快速提升,并于 2012 年被评为省级优秀教师,是浙江省优秀教师中唯一的中级职称教师。

学院的岗位设置有教师岗位、科研岗位,教师可以自愿申请"教师科研岗位",该岗位教师需要完成的教学工作量比专业教师少,需要完成的科研工作量比专职科研人员少。余老师入驻电子信息研究院后,申请转为"教师科研岗",在系部他是专任教师,在研究院他是项目工程师;他的收入为"双薪",每天除上课外,都在园区工作室与团队师生开发项目。近年来,研发团队开发了按摩椅控制系统、招飞视力检查仪、智能视力检查仪、地掷球比赛计分系统、眼底荧光造影机同步采集控制装置、足浴店点钟系统、大功率无线照明控制系统等企业项目。经过几年的实践,项目团队不仅完成了一批有实用价值的应用型项目,为企业创造了产值 100 余万元,而且把项目内容引入到教学过程中,教学深受欢迎。在课题的研发过程中,让学生参与到项目的实际研发中,使学生的专业技能水平得到了很大的提高。他指导的学生在 2009 年及 2011 年全国大学生电子设计竞赛中均获得了一等奖。

依托园区的"双岗、双薪、双师"教师培养机制创新,需要有相关的管理创新和制度创新为之保驾护航,还要有配套的教学管理创新以最大限度地发挥项目研究的效应。学院教学管理推行学分制、学分替换、课程免修等举措,确保科研与教学的深度结合。

(2) 依托地方政府,通过挂职锻炼提高综合能力。为了适应专业建设和教学创新需要,改善教师自身知识结构单一现状,提高教育教学水平,进一步提高专业社会服务水平,发挥高校人才库和智力源的作用,近年来,借助"学园城"一体化办学的优势,学院共派出 12 名专业教师到对口的政府部门挂职锻炼。例如,旅游管理专业的周老师,2014 年在自愿申请后,被派到温州市委市政府接待办接待一处,挂职一年,任副处长一职。

周老师在市接待办的接待工作主要是公务接待,接待厅级以上来宾,并为市级层面各项会议的与会者提供吃、住、考察、会见、会谈等后勤接待服务，同时，为市领导到外地考察学习提供后勤保障。公务接待工作与旅游接待性质相同、程序相近，业务知识与周老师的教学专业（旅游管理）相通。2014年2月到10月，周老师共接待3批来宾，934人次，警卫任务2次，大型会议3批，部级以上接待任务7批，厅级以上接待任务25批。这期间，周老师完成了一项关于接待酒店执行公务人员住宿费用报销制度的调研工作，完成了一项关于接待工作流程的制作与修改任务，完成了一项政研室课题。

学校是知识的海洋，像一座象牙塔，教师在其中接触的人与事比较单一，容易造成教师视野的局限性。通过挂职锻炼，教师走出校门，与社会、行业、企业密切接触，用心感受不一样的人和事，开阔了视野，开拓了知识面。通过挂职锻炼深入社会、行业、企业一线，真正了解社会、行业、企业需要什么样的人才，根据需求优化所授课程的教学内容，根据技能特点创新所授课程的教学模式，使课程改革取得实质性成效。

一毕业就到学校教学的教师，普遍存在实践经验不足、案例不丰富、讲解缺乏趣味性、教学缺乏创新等问题。通过挂职锻炼，丰富了教师的人生阅历、实战经验、课堂案例，使得课堂变得风趣。同时，鲜活的案例及丰富的经验融入教学，为课堂创新提供了支持，使课堂增添了活力。也正是得益于此，周老师在学院组织的说课比赛中获得第一名，在杭钢集团青年岗位技能大赛中获得说课比赛第二名。

（3）依托知名高校，带动师资队伍建设。材料工程系自2009年建系以来，重视教师团队的建设，引进知名大学专家——天津大学激光专家姚建铨院士，以材料技术研究中心为平台，以科研项目为载体，在专家的带领下，促进教学、服务教学，开展"产学研"合作课题，培养教师的专业技能，并取得了一定成效。

合作中，姚建铨院士团队的老师长期入驻学院进行指导，姚院士本人也每年至少有两个时段来进行项目指导、教学指导，还不定期地开展前沿知识讲座，带领团队成员外出参加国际会议，对教师队伍建设进行指导并对教师队伍进行培训。由于知名高校顶级专家团队指导，材料工程系的专业建设和教师团队在业界都有较好的声誉。2013年材料工程系牵头组织了"温州激光应用暨3D打印技术研讨会"，姚院士亲临指导并做了主题报告，落户学院的院士工作站，还参加了中国（温州）国际工业博览会。参展的"激光熔覆3D成型技术"等专利，受到企业的关注，科技成果转化效果良好。该专业已成为名副其实的温州建设国际级光机电产业集群项目的人才支撑。

在知名高校、业界专家的带领下，材料工程系的教师队伍建设成效显著，教师参与科研项目20余项，获得经费资助200余万元；开展了3项激光技术的研究开发，获得项目经费和成果转化经费共47万元；申请专利30余项，实现6项转让，合同额30余万元；教师发表论文 50 篇以上；该团队被评为温州市重点科技创新团队，获得资助 90 万元。

（4）借助国家师资培训项目，提升教师能力。为了加快"双师型"教师队伍建设，切实提高高技能人才培养质量，近年来，浙江省教育厅把访问工程师计划作为高职高专院校教师素质提升的重点项目，也把该计划作为高职院校教师职称评审的重要依据。访问工程师分 A 类、B 类两种。A 类访问学者为教育部高等学校青年骨干教师国内访问学者，每人每学年资助 500 元，学校予以配套。B 类访问工程师为浙江省高等学校国内访问工程师，每人每学年资助 1 万元，经费由学校从师资队伍建设经费中统筹。例如，学院车辆工程专业的贾老师 2013 年被学院推选为 B 类访问工程师，2014 年被省教育厅评为优秀访问工程师。

贾老师的主要研究项目是"汽车磁流变半主动悬架控制"，实践企业是中国汽摩配之都瑞安的浙江稳达减振器有限公司。培养期内，他深入企业，与企业技术人员一起开展汽车磁流变减振器半主动悬架的新产品攻关研究，研究内容涉及磁流变液流变特性、结构设计与数学模型、磁路三维有限元仿真设计、内部流场分析、最优控制策略研究、减振器特性试验等。由于贾老师的研究内容与企业需求结合紧密，且项目与实际应用相结合，所以，很好地激发了研究团队的技术攻关热情。一年来，贾老师穿梭于企业、学校，乐此不疲。他深有体会地说："企业的需求是我最大的动力，这样的项目再辛苦都是快乐的。"

通过访问工程师项目，贾老师提升了科研和技术服务能力，发表了相关领域的核心论文 4 篇，其中一级期刊 1 篇；授权专利 2 项，申报发明专利 1 项；项目涉及车辆、磁流变体、磁路分析、流场分析、控制技术等多学科知识，通过项目整合多学科知识，提高了专业能力和教学能力水平，创新了课程内容和教学模式，教学效果显著提高。同时，也积累了生产加工制造和工艺等一线工程经验，提高了企业研发能力，为新产品研发、应用、推广提供技术储备，与企业建立了高度互信关系，合作项目得到了企业的肯定。

（5）以教育质量工程建设为载体，打造优秀团队。学院鞋类设计与工艺专业是以温州鞋类产业为依托的国家重点专业，该专业中鞋类生产工艺和皮鞋结构设计两门国家精品课程于 2013 年转型升级为国家精品资源共享课程，以重点项目建设为载体，建设了鞋类专业国家级教学团队。

鞋类设计与工艺专业在国家级重点专业和课程的建设过程中，非常重视师资队伍的建设，先后派遣 5 名专业教师赴西班牙、意大利等地进行培训学习，调派 2 名教师脱产半年以访问工程师的方式在康奈集团、东艺鞋业等企业进行实践锻炼，同时还与国内知名企业,如康奈集团、奥康集团、红蜻蜓集团等大型鞋企的技术骨干、技术总监等结对开展技术创新和新产品开发。该专业还探索了"业师进课堂"的教学尝试,为该专业教师提供了良好的学习锻炼机会,教师成长和团队建设成效显著。在重视教师课程教学能力不断提升的同时,还重视教师科研能力的提升。根据温州地区鞋业发展需要,学院与香港科技大学联合成立了温州轻工产品舒适度中心,依托该中心开展了个性化鞋的设计与定制,专业团队水平得到很大提高。

以重点建设项目为载体,为教师提供更多的对外交流和学习的机会,推动了教师教科研水平的提高。近两年,该专业教师团队先后完成了6项浙江省科技项目和温州市科技项目,为企业解决技术难题10余项,获得国家专利30余项(其中10项已转让),参加国际学术交流10人次,获得省厅级技术奖励3项,市级技术奖励3项。温州轻工产品舒适度中心于2009年被确定为温州市重点实验室。2007年有1名教师被评为浙江省教学名师。2009年鞋类设计与工艺专业教师团队被评为国家级教学团队。

3. 教师能力过关考核,全面提升教师综合素质

(1)过关考核的指导思想为促进教师专业成长,全面提升教师教学能力和课堂教学水平,学院实施了三年一轮的教师教学能力过关考核。过关考核的指导思想是,以深化课堂教学改革为重点,以提高全校教师的教育教学能力为宗旨,以教师技能达标过关考核为载体,通过开展"三个一"的教学能力过关考核,提升青年教师教学能力,促进全院教师转变教育观念,提升教学技能,培养职业精神。

(2)过关考核的具体方案。考核的时间为2013年12月至2016年12月,通过为期三年的教师能力达标过关考核,提高广大教师的教育教学技能。参加考核的对象为中级及以下职称的专任教师;鼓励中级及以下职称的行政兼课教师参加。符合以下条件的教师可免本轮达标过关考核:在三年的六次学期教学工作考核中,获得过三次及以上"一等"的教师;三年内,获得学院"说课比赛"一二等奖的教师;三年内,代表学院参加杭钢集团"说课比赛"获得前六名的教师。

"三个一"达标考核项目的内容:做好一个单元教学设计、上好一堂课、说好一门课,简称"三个一"。

做好一个单元教学设计:按照学院课程单元教学设计模板设计教案,鼓励教师进行个性化的单元设计。要依据专业培养目标和课程教学大纲的要求,结合课程特点、学生的学习特点和教学实际进行编制,设计构思要新颖有创意,结构要完整合理。

上好一堂课:知识理论实践一体化课堂要体现以职业活动为导向,以能力为目标,以学生为主体,以项目为载体。

说好一门课：要将对教学大纲的理解、对教材的把握与运用、教学过程中采取的教学方法以及对学生学习方法的引导等一系列教学元素清楚地叙述和展示出来。

达标成绩评定。教师教学能力过关需要"三个一"活动的各项内容独立达标，不能互相冲抵，单项未能达标的，可顺延，单独进行考核。三个项目均合格后，教师可获得"浙江工贸职业技术学院教师教学能力过关合格证"。

组织机构。成立教学能力过关考核领导小组，其主要职责是全面负责过关考核工作，负责组织必要的讲座，集中指导，制定组织方案和评价标准，抽查执行情况，组织过关评审，确定过关达标结果等。领导小组办公室设在教务处。

建立教学能力过关考核组织小组，由分院负责人、分院督导等组成，其主要职责是根据学院方案开展各项日常组织管理及帮扶指导工作。

高职所、院督导、教务处、各二级院（系）等配合组织此项工作。原则上，课堂教学考核由院督导牵头；单元教学设计由教务处牵头；说课考核由各院（系）负责组织，并将具体安排报领导小组审核，领导小组安排巡视人员指导说课过程，审定说课成绩。

组织及要求。接受"三个一"考核的教师，在规定期间内的每个学期初（具体时间学期初通知）申请，由所在院（系）汇总、审核后交教务处，由领导小组通过组织安排，并采取单元教学设计检查、随听课、说课比赛、个别访谈、学生座谈等方式进行达标考核，考核时间为教师申请达标的学期，期末公布过关名单。

奖惩办法。教学技能达标通过的，将颁发学院教学技能合格证书。将教师教学技能达标与各类考核、评优挂钩。专业带头人、优秀教师等综合类荣誉评选，优先在达标过关人员中产生推荐人选。获得合格证书的教师，优先推荐参加高一级职称评审、定级、转正及职称聘任。各部门教师过关活动的组织及结果情况将作为部门负责人考核和部门考核的依据之一。

（3）项目评价。为进一步优化方案，提高效果，项目推行一学期后，学校进行了总结分析。

调研内容：为及时妥善解决过程中存在的问题，进一步了解该考核的被接受度、重视度、活动效度等，学院分阶段进行了调研。考核初期的调研内容侧重于宣传动员，解读内容；考核中期侧重于了解情况，解决问题；考核后期侧重于把握标准尺度，收集改进建议。

调研结果：参加过关考核的教师认为，这是一项真正触动内心的学习，由被动参与到主动投入，再到"不怠慢每节课"习惯的养成，教师的"从教观"在逐步升华。虽然压力比较大，但收获也很显著。分管过关考核项目的院督导、教务处和各院（系）组织者认为，虽然工作量大，但看到通过考核帮扶年轻教师快速成长，自己也是非常欣慰。用人单位二级院（系）负责人认为，此项活动后，年轻教师的教学态度明显改变、教学效果明显提高，希望学院多组织类似的活动。

第三章 高职院校产教融合路径选择

高等职业技术教育不同于普通高等教育，最大的区别在于其所培养的人才属于应用型技能人才。也就是说，高等职业技术教育能够把专业知识与实际操作结合在一起，学生在校期间一方面完成理论知识的学习，另一方面在校企合作的培养方式之下进行学习、生产和服务。高等职业院校自建校以来，一直致力于开展教学与工作生产对接的人才培养模式和人才培养平台探索，逐步形成具有代表意义的、中国特色的高等职业教育工作室、特色专业学院、孵化基地、产业学院等新型的"产教融合、校企合作"建设模式，为广大高职在校生提供了一个实践与创新的平台。在新时代职业教育的发展道路之下，学习与实践结合更有利于多元化人才培养模式的拓展，以更多元的方式参与技能型人才培养，满足区域经济社会发展对技能型人才的需求，让学生在正式上岗工作之前拥有一个真实的模拟操作环境。

第一节 产教融合共育之路：工作室

自 20 世纪 80 年代后，工作室模式在我国高等院校的人才培养、社会服务及教师技能提升中凸显出较好的效果，继而推广到职业技术教育、基础教育领域。目前，根据相关研究显示，工作室模式在职业技术教育领域方面的研究远远多于普通高等教育领域。在职业教育新一轮发展中，提高职业教育质量是核心，产教融合、校企合作是主线，机制体制创新是重要保障。近年来，职业院校工作室建设全面铺开，并出现了教师工作室、名师工作室、大师工作室、"双师型"工作室、创新创业工作室等多种形态，且具有主体多元、模式多样、功能多维等特点，还出现了工作室建设与现代学徒制试点共融发展的新趋势。

一、工作室模式概述

工作室模式在职业院校通常按照"适应教师自身发展"的原则，以工作室群体智慧为依托，以"打造'双师型'团队，实现产学研合作"为目标，以自发自由组织为原则，以专业带头人、骨干教师、优秀教师为创建主体，以专业实训室为主要场地，以承接企业项目和实践教学为主要任务，以企业真实项目为载体，将教学、科研、实践和培训融为一体，培养高素质技术技能型人才，打造高素质高水平的"双师型"结构教学团队。当前，在职业院校，教师工作室、名师工作室、大师工作室、"双师型"工作室等类型工作室既是学校教师的工作室，又是专业学习的实训室；既是企业项目开发中心，又是学校教学资源的开发室；既是校企合作平台，又是教师技能提升中心。职业院校工作室的建设推动了教师积极融入校企合作、生产实践、课题研究、技能训练和技术创新，激发了企业参与职业教育的积极性，实现理论指导下的实践回归与实践探索中的理性提升。工作室不仅提升了职业院校教师的地位，并在一定程度上使职业院校教师获得了一种前所未有的学术自由主体身份认同感。此外，教师工作室能让具有共同兴趣爱好、价值取向和工作方式的教师、科研工作者、工程师、能工巧匠等进入一个他们所认同的身份团体。在工作室，不同专业背景的教师可进行相互交流、沟通和学习，取长补短，综合运用多种学科于一体，既利于教师自身的发展，也利于教师工作室的长远发展。此外，工作室为职业院校与企业合作提供了场所，使得企业的实践技术与职业院校的理论在教师工作室完美融合，实现学生、教师、企业、学校等多方共同进步与发展。

二、工作室模式发展

"工作室"最早出现在欧洲的设计人才培养领域。1919 年，在德国魏玛建立的国立包豪斯学院开创了工作室教育的先河。包豪斯设计学院的办学宗旨是使艺术和手工艺与工业社会需求相统一，培养一种具有较高艺术理论修养、同时掌握工艺技能的复合型人才。其"知识与技术并重，理论与实践同步"的运行模式至今都影响着世界教育。"工作室制"教学模式也起源于此，最初以艺术创作"作坊"的形式被提出，后来以"作坊"为雏形，更加适合创作与生产、融理论教学与技能训练为一体的"工作室制"教学模式逐渐形成并发展起来。从相关文献数据检索所获得的资料显示，美国、英国、芬兰、德国、法国等发达国家的很多大学都依据包豪斯的办学方式对自己的教学进行了调整和改革，采用"工作室制"教学模式开展教学改革，比如丹麦皇家艺术学院、意大利米兰理工大学、美国罗德岛设计学院等。"作坊训练"逐渐发展为"工厂训练"和"工作室"教学模式，"工作室制"形成了教学与现实的实践项目相结合的运行模式，由专门的技术人员负责学生技术方面的教学。欧洲设计艺术水平处于世界领先地位，得益于工作室的有效运行。"工作室"在欧洲的发展对全世界的职业教育至今都产生着重要影响，可以说，基于工作室"知识与技术并重，理论与实践同步"的核心理念至今依然对世界教育产生着深远影响。

我国最早引进"工作室制"教学模式的是本科院校的艺术设计类专业，如中央工艺美术学院、湖南大学等院校，在 20 世纪 80 年代就开始尝试基于教师工作室的教学改革。后来"工作室制"教学模式逐渐推广到近 300 所设有艺术设计专业的院校。相较而言，我国高职院校在此领域的探索起步较晚，但也取得了不菲的成绩，如湖南工艺美术职业学院构建"专业＋项目＋工作室"工学结合人才培养模式，上海电气李斌技师学院在数控、电工、焊接等专业应用该教学模式成效明显。此外，无锡商业职业技术学院、浙江工商职业技术学院、宁波城市职业技术学院等在教师工作室建设方面也取得了较大的成效。

在广东，尽管目前在职业教育领域政府层面的立项较少，但高职院校的实践与尝试却走在前面，如深圳职业技术学院、广州铁路职业技术学院、顺德职业技术学院、中山职业技术学院等国家示范高职院校、国家骨干高职院校纷纷推出各具特色的教师工作室，在校企合作、项目教学、社会服务等方面开展了积极有效的尝试。目前，高职院校通过成立教师工作室，承接真实项目、组织学生参与、师生共同完成项目，把真实工作任务融入日常教学，切实地提高了高端技能型人才培养质量，变革了已有教学模式，取得了较大的成效。

三、工作室模式建设策略

职业院校工作室的建设是针对人才培养与社会需求脱节、难以实现产教融合培养创新型高素质技术技能型人才的现状，通过创新管理机制，制定和完善工作室建设的长效机制，深化"产教融合"人才培养模式，推动教师借助工作室平台实践"校企合作"的创新、调动学生参与"寓学于工"的改革、激发企业参与育人的积极性，使学生在工作室完成项目学习任务。

建设职业院校工作室是学校、企业和政府培养高技能人才的一项重要工作，必须坚持育人与科研相融合的指导原则。职业院校工作室与其他工作室最根本的区别在于其"育人"的职责。职业院校以技能人才培养目标为主导，在培养过程中，尊重技能人才成长规律，将教师的技能特长、工作项目相融合，突出技能人才培养的有效性；在工作室建设和运行过程中以教学为主要目的，通过教师工作室实际工作任务来完成教学，让学生要参与有挑战性的工作，允许尝试、允许失败。同时，工作室要承担研究性工作任务，学生要参与教师的实际研究课题，承担真实的任务；要具有原创性，才能够承担科技创新、创业的目标，才能培养学生的创新精神，使其掌握创新方法。

职业院校工作室建设的核心功能定位为技术开发和技术技能人才培养，具体主要定位于四大功能。其一应作为教师的成长平台。工作室以经验丰富、德艺双馨的教师为核心，吸纳中青年骨干教师，以校企合作的形式，积极开展课程开发、教材开发及教学方法改革等工作，不断提高教学水平和质量，同时加大对中青年教师的培养力度，努力使其专业向更高层次发展，建立名教师与中青年教师合作互动的培养机制，使其成为青年教师不断成长的良好平台，形成一套完善的教师教育理论终身学习、专业技能提升、教科研能力成长方面的行动策略。其二是作为职业院校开展技术技能人才培养的平台。工作室注重加强对学生技能及创新能力的培养，结合企业生产技术的发展方向，有效地开展技能大赛、创新大赛选题及发展研究，加强对优秀学生的辅导，突出分层教学要求，为学有余力、有技能提升兴趣的学生提供更好的发展平台；同时，工作室培养方式不是规模化培养，而是导师带徒弟的一对一或一对多，相对"精雕细琢"式的个性化培养。其三为专业和课程创新提供平台。高职院校以工作室为平台，由优秀教师团队担纲，通过校本探索、校际交流、总结推广等活动，充分发挥教师的经验和水平，共同研究制定专业建设发展规划，完善人才培养模式，根据各专业的不同特点研究制定建设规划及建设方案，不断优化课程体系，适时更新调整实训课程内容，指导实训教学，开展教学成果展示，改革学业考核评价机制，建立科学评价制度。同时，在工作室教师的引领下，积极开展技能大赛相关工作的研究，强化大赛指导教师队伍建设，加强对技能大赛要求、内容、技术走向和技术标准等方面的研究，不断探讨、优化技能大赛指导、训练方法，提高效率，培养一批技能大赛优秀指导教师，进一步完善和优化竞赛选手的选拔制度，力争在竞赛项目上取得优异成绩。其四为社会服务能力提升平台。以工作室负责教师及成员为骨干力量，积极开展各类教研、科研活动，组织并带动教师开展各类课题研究、学术讨论与交流，提高教师科技创新能力，推动全校教育教学科研水平不断提高；同时强化社会服务意识，适时拓展工作室的服务功能，结合创业教育、创新教育，指导学生社团建设，利用专业优势开展面向本校学生、教师或社会的专项服务，通过工作室成员的共同努力，强化学校、教师、学生为企业提供技术研发服务的能力，提升工作室的影响力以及对周边地区的辐射功能、提高为企业提供技术研发服务的能力。

四、工作室模式建设成效

我国职业院校工作室的建设尚处于大力发展阶段，各职业院校在建设工作室过程中具有较大的自主权，使职业院校工作室的建设具有巨大的灵活性，也为职业院校教育教学、人才培养等带来了新的发展动力。在全国职业院校近2000个工作室建设实践中，工作室建设成效主要体现在创新了人才培养模式、提高了教师技术技能等。

在职业院校人才培养过程中，通过将有生产项目的企业引入学校——落实了学校有满足教学需要的企业工作项目，通过教师到企业顶岗调研及参与企业项目开发——提高了教师有驾驭工作项目的能力，通过企业参与教学资源及建设教学过程——实现了教学有机融入工作项目的内容，通过学生在企业项目中学习实习——提升了学生有操作工作项目的技能，即"双师型"工作室的建设搭建了校企合作的平台，实现了"学校有工、教师能工、教学融工、学生会工"的"四有工"局面。为充分发挥工作室服务人才培养的目标，实施人才培养模式改革，将企业真实任务作为教师技术研发课题、技能竞赛培育项目、学生生产性实训内容，把学生学习过程变成完成工作任务的过程，使师生自觉接受、主动参与到人才培养的建设中，使学生的创新能力得到锻炼与提高，开创一条高技能人才培养与社会服务相结合的工作室人才培养模式。工作室教学模式为专任教师提升技能搭建了良好的平台，在明确为中小企业服务的定位下，专项投资建设集学生生产性实训教学、职业院校技能竞赛培育、企业生产项目研发及教师服务企业能力培训等功能的"四位一体"工作室，使教师与企业真实项目进行了直接对接，教师工作室管理制度将教师联系企业与工作职责、服务企业与个人业绩、成果转化与个人收入相结合，大大地激发了教师的项目研发潜能，提高了教师工作的积极性和主动性，提升了教师专业开发能力，为教师专业成长和发展提供了不竭动力。

五、工作室模式建设的困境与思考

各地区经济发展的状况不同，相应制定的职业院校工作室管理办法不尽相同，与企业需要的或预设的教师工作室管理办法有明显的不同，各种资源的开发和利用现状，将影响当地的企业、行业发展，以及职业院校专业的发展和人才培养的规模。职业院校工作室建设项目涉及层面较多，如项目教学、人才培养、技术传承、技能攻关、专业建设、成果推广等方面，在创建过程中，遇到了诸多困惑，存在着诸多障碍和不足，主要体现在以下四个方面。

其一，缺乏企业文化氛围。每个企业都有自己鲜明的企业文化，虽然校内工作室不能算是一个非常真实的企业，但也必须营造一定的企业文化环境，有明确的企业组织结构，为工作室教学提供一个仿真的就业工作环境，使得学生在此能够体验，这是工作室建设环境中"软"的建设部分。建设在校园内的工作室需要把握好校园文化环境建设与企业文化环境建设的度，建设在校园内的工作室规模小、业务（教学）灵活，也因其不是真正意义上的企业，企业文化建设比较薄弱，导致大多数工作室在企业文化建设方面缺乏区分度。作为职业教育的重要载体，企业文化的缺席是工作室建设的硬伤。其二，缺乏完善的运行管理机制。由于没有完善的工作室管理考核制度、教师评价和学生激励制度以及质量评价体系，教师在遇到节奏快、要求高的项目时，同时还有正常的教学任务，就会出现精力和时间跟不上的情况。如果开展项目，教师则需投入足够的时间和精力，并面临巨大的压力，且可能最终也没有回报。而当前的管理制度是，即使教师不开展项目，也不会违反教学制度。因此，教师投入和参与工作室团队的积极性不高，很多项目不得不偃旗息鼓，导致工作室业绩不理想，没有充分发挥其作用。其三，缺乏合格的"双师型"教师。"双师型"要求教师不仅具有雄厚的理论基础，且要求对业务流程、相应岗位要求的技术相当成熟，这样的教师群体不多，因此不能满足工作室发展的需要。过去的设计工作室往往是一种作坊式的工作模式，即一个老师带领几个学生承接一些工作项目，工作的过程中主要强调对设计思维的探讨和制作的技术提高，不注重项目主要业务流程、技术岗位和技术标准的设计和管理，工作方式较随意，不能实现企业化的运作。在这种环境下培养的学生到了工作岗位以后往往不能适应企业的工作要求，同时出现工作效率不高、业务和技术对接不畅、文本和业务档案不规范等问题。良好的工作室教学模式，对指导老师的要求很高：首先要求老师必须有项目实战经验，对企业的运作方式和工艺流程非常清楚；其次要求老师具有组建项目团队、控制项目的进度和质量，引导项目小组间的分工合作和竞争的能力；最后要求老师有较高的教学能力水平和过硬的专业技能、项目开发能力。目前专业教师工作室大部分指导老师缺乏企业实践项目管理经验。其四，缺乏企业行业专家的指导。工作室要深入推进校企合作，就要注重发挥企业的人才与资源优势，实现校企双方的优势互补、资源共享、风险共担、利益双赢。同时，要求学校和企业各司其职、共同进行项目教学。为保证每个项目能按时保质保量完成，企业必须至少派出一个专家到学校工作室进行指导。此外，在工作室的教学中，应以"工作室"为项目承接平台，课程负责人作为"工作室"主持人，企业专家参与教学过程，在企业专家与专任教师的带领下，再指导学生进行真项目的实践训练。

第二节　产教融合特色之路：特色专业学院

高职教育是我国向高等教育大众化阶段迈进的一个重要组成部分，在近几年的教育发展中以其强大的创新力和蓬勃的生命力，创造了我国高等教育的新辉煌。但是，在发展过程中也出现了一系列问题，如不少高等职业院校的专业设置和结构不合理，比如办学同质化异常严重、投入严重不足、实行学科本位的育人模式、"双师型"教师缺乏、与行业企业互利共生的运行机制尚未真正形成等，学生的实践和创新精神有待加强，教育教学质量还不能完全适应经济社会发展的需要。究其主要原因，是专业建设缺少学校层面的顶层设计，专业特色不够鲜明。经过资料检索，相关文献多集中在特色课程、特色专业或特色专业群的建设方面，这些研究没有从更高层面来考虑，即从学校层面，从课程、专业、专业群的建设与支撑体——学校层面来考虑。特色专业学院的建设有利于学校针对区域产业链准确定位，有利于院校之间的错位发展，有利于提高政府投资的效率。

2014 年 6 月，全国职业教育工作会议在北京召开。习近平总书记作出"职业教育要营造人人皆可成才、人人尽展其才的良好环境"的重要指示。高等职业教育在整个职业教育体系中应该起到引领和推动作用，地方高职院校为了进一步满足服务区域经济社会发展和产业转型升级的需要，必须在新型城市化发展道路中找准定位和目标，校企合作实施现代学徒制试点工作，全面推进高等职业教育特色发展，提升高职教育对产业发展的促进和带动作用。高职院校只有坚持以政府、学校、行业及企业四方协同发展为引领，以提高职业教育质量为生命线，大力实施"特色发展战略"，全面深化教育教学改革，大力推动特色专业学院建设工程，积极推进现代学徒制试点改革，提升学院人才培养、科学研究、社会服务和文化传承创新能力，才能不断增强学院的核心竞争力，打造高职教育品牌。

一、特色专业学院模式概述

建设特色专业学院是广州市高等职业教育体制机制综合改革的独特做法。政校行企共建特色专业学院是为主动适应高等职业教育发展的新形势，发挥国家中心城市职业教育示范作用，引导不同类型院校进一步明确办学定位，以有深厚行业背景优势的职业院校依托，借政企之力，创新体制机制，促进校企深度合作，发挥专业优势，办出专业特色，实现软硬教育资源的效率最大化，为同类高校专业建设和改革发挥示范和带动作用。

按照广东省政府《关于深化教育领域综合改革的实施意见》（粤府〔2015〕20号）提出的"试点设立本科层次特色学院"和广州市人民政府《关于贯彻落实国务院关于加快发展现代职业教育的决定的实施意见》中"特色专业学院建设"的要求，以建设广州现代职教体系为契机，不断深化教育教学改革，进一步以挖掘和培植学校特色为目标，大力实施"学校特色发展战略"，依托各校自身多年建设的优势，创新体制机制，凸显学校特色，建成"领导班子好、师资队伍好、学生培养好、学院资源好及生态环境好"五好特色专业学院，弘扬劳动光荣、技能宝贵、创造伟大的时代风尚，推进特色强校，切实提高高校的人才培养质量和办学水平。

高等职业院校通过构建政校行企共建共享运行机制，面向区域发展产业，重点建设紧贴产业发展需求、产教深度融合、专业群特色鲜明、人才培养质量高、社会服务成效显著、社会认可度高的特色专业群，以服务产业链为目标，组建特色专业及专业群建设委员会，构建协同校内外优质教育资源共同开展专业及专业群建设的长效机制，引导高等职业院校进一步明确办学定位，发挥特色专业优势，借政企之力，促进校企深度合作，打造"领导班子、师资队伍、学生培养、学院资源及生态环境"五好的特色专业学院，建成与区域发展产业对接的人才培养基地、科技创新基地、文化传播基地、师资提升基地和社会服务培训基地。

（一）特色专业研究界定

特色专业反映了专业与其他专业存在的不同个性特征和独特的竞争力，特色专业是一所学校办学综合实力的主要因素之一。高职院校面对日益加剧的市场经济竞争新形势，进一步加强特色专业建设是获得可持续性发展的战略手段。教育部制定的高等职业院校人才培养工作评估方案就是从建设目标、培养模式、师资队伍、课程体系与教学内容、教学设计与教学方法、实践教学、社会服务等方面对特色专业进行考核的，这为高职院校加强特色专业内涵建设明确了方向。具体而言，高职院校的特色专业是在明确的办学思想指导下及长期的教育教学实践中逐步形成的，对进一步提高高职院校人才培养质量起到重要作用。被行业、企业、社会及学校一致认可的具有鲜明特色的专业，是指学校代表专业在培养目标、课程内容及课程体系、"双师型"团队及培养质量等方面，具有较高的办学质量和鲜明的办学特色，具有较好的社会影响和办学效益，是一种高水平、高标准、高质量的专业，是"人无我有、人有我优、人优我新"的优质专业。

高职院校开展特色专业建设的目的是满足国家经济社会发展对高素质技术技能型人才的需求，是为了引导各高职院校对接区域经济发展需要、依据自身的办学定位，确定学校个性化的发展目标，发挥学校特有的专业优势，办出学校特有的专业特色，带动学院相关专业及专业群建设的整体水平，提升学校整体办学实力、提高人才培养质量，促进学校特色化发展，使学校在社会竞争中获得持续优势能力。

（二）特色专业学院的界定

特色专业学院特指在现有高职院校办学体制下，通过构建政校行企共建共享管理体系，对接区域支柱产业的发展组建特色专业及专业群建设决策委员会，协同校内外优质教育资源共同开展专业及专业群建设的长效机制的构建，在人才培养目标、专业布局、课程体系、教学团队、教学条件及国际化合作等方面协同创新，拥有较高的办学定位、较好的社会效益和鲜明的办学特色与校园文化，具有一定的前瞻性并能充分体现学院办学定位，获得行业、企业和社会认同并具有较高社会声誉的学校二级教学单位（学院或系）。

特色专业学院建设立足于协同创新视域，坚持"不求所有、但求所用，不为独享、但为共赢"的原则，通过建立教学管理工作组协同校内外优质教学资源开展人才培养、社会服务、就业创业等工作，建立专业建设工作组完成专业及专业群的建设、评价及预测退出机制，保障办学目标的实现。特色专业学院的标志性属性是有良好的行业和企业合作关系、学院管理体系有力支撑特色专业及专业群建设、特色专业及专业群支持区域支柱产业和产业链转型升级与发展、学院是政校行企多方协同创新支撑平台。

学者吴文盛在《普通高校特色专业群形成机制研究》一文中指出，特色专业群是指以一个或多个主干特色专业为中心，以支撑特色专业和关联特色专业为辅助，具有相同的学科知识基础，可以服务相关领域或行业，在同类院校中具有鲜明特色的多个专业群落的总称。从特色专业到特色专业群，从单一层次特色专业群到多层次特色专业群的发展，是普通高校专业发展的客观规律。加强特色专业群建设，有利于避免我国高校普遍存在着专业设置雷同、缺乏特色与优势的现象，对提高高等学校核心竞争力的优势，具有重要的战略意义和现实意义。学者周寅在《对接地方优势产业群构建职教特色专业群》中强调，职业院校应该积极依据地方优势产业群，依托本校优势专业，构建适应于本地产业群的特色专业群。并在构建专业群时，在实训基地、基础课程、教师队伍、教学资源库建设中注意校企合作和资源共享，有利于增强专业办学实力，有利于形成学院专业特色和品牌优势。

二、特色专业学院建设核心要素

围绕"特色引领、需求对接、创新体制、共创一流"的协同发展思路，构建政校行企管理体制，多方共同开展教学与研发、共建共享产学研实训基地、形成开放共享的网络教学资源，协同培养支持支柱产业的高素质人才，完善特色专业学院长效运作机制，深化和拓展校企合作深度和广度，以提高人才培养质量。

（一）以特色专业学院建设为载体，建立协同创新特区

特色专业学院建设主要实施"特区"式协同创新机制体制建设，按照"开放、共享、流动"的建设理念，实施政校行企协同共建共享的董事会（理事会）管理模式，以协同创新理念激发调动属地政府、支柱产业行业协会及优势企业参与的积极性，探索与企业合作举办混合所有制性质的特色专业学院，增强政校行企各方在职业教育人才培养模式、教学管理机制、运行经费保障、现代职教体系及校园文化等方面的参与动力，建立校企双方专业人员互兼互派、双向挂职机制，引导和激励校企双方将人才培养、技术研发及社会服务紧密结合，使特色专业学院成为行业企业员工培训基地、企业产业发展研究基地，打造"人才培养、就业创业、社会服务及教师提升"四位一体的特色专业学院长效运作管理机制，落实政校行企合作协议、管理制度、绩效考核机制等，促进校企深度合作，增强办学活力，提高高等职业教育服务区域经济社会发展的能力。

（二）以优化人才培养模式为重点，推进综合改革试点

特色专业学院立足深化产教融合的人才培养模式改革，探索实践基于教育制度和劳动制度相结合的"现代学徒制"人才培养模式，引入行业企业技术标准乃至国际认可的

职业资格标准开发专业课程，建设优质专业核心课程；根据职业岗位和人才培养需要，对接行业企业特性推行的多学期、分段式的教学组织；通过与属地政府、行业协会、优势企业等合作，利用现代信息技术开发虚拟生产过程的数字化教学资源，建设图纸、声像、文字、动画等多种形式的网络教学素材库，搭建校企数字传输课程，形成开放共享的网络教学资源库；引入第三方评价，构建政校行企多方评价参与的监督体系，提高人才培养的质量，实现校企人才培养与企业员工培训、职业终身教育一体贯通。

（三）以校园文化为平台，加强校企文化融合

高职院校利用校企合作的平台将优秀的企业文化融合到校园文化建设中，推进大学的精神文化、物质文化、制度文化建设，在教学、制度和氛围上形成一种师生共同的精神追求，推动文化建设与人才培养的有机结合，建设特征鲜明的专业应用性、职业选定性和行业指向性的特色校园文化。校园文化建设须突出职业技能和职业素养的培育，具有行业指向属性的特色文化，以突出自身鲜明的个性，为培养高素质技术技能型人才创造优质教育环境，为实现学生高质量上岗就业做好充分的职前文化储备，达到提升高职院校综合竞争力、促进高职院校长远发展的目的。

三、特色专业学院模式发展

围绕"特色引领、需求对接、创新机制、成果共享"的协同发展思路，以特色专业学院建设为契机，政校行企在人才培养模式、教学管理机制、运行经费保障、现代职教体系及校园文化等方面协同创新，构建政校行企管理体制，协同培养技术技能型人才，构建终身教育体系，打造特色专业学院长效运作机制，进一步深化和拓展校企合作的深度与广度，提高技术技能型人才培养的效果。高校主动适应区域产业结构转型升级需要，须聚焦区域发展现代服务业、先进制造业、高新技术产业等重点支柱产业布局，进一步调整和优化专业结构，建设特色专业学院，以提高高等院校服务区域经济社会发展的能力。

（一）以领导班子建设为引领，营造协同氛围

建设政校行企共同参与、协同创新意识强、发展思路明确、行业影响力大、专业水平高的领导班子，激发属地政府、行业协会、优势企业参与特色专业学院建设的积极性，引导和激励校企双方将人才培养、技术研发及社会服务紧密结合，共建政校行企协同发展的运行机制，使特色专业学院成为行业企业"人才培养基地、科技创新基地、文化传播基地、师资提升基地和社会服务培训基地"五合一的高地，促进校企深度合作，增强办学活力。

（二）以师资队伍建设为保障，促进产教融合

校企合作、产教融合是地方高校培养适应社会、企业职业岗位需求人才的关键，实施人才培养的保障是教师。通过产学携手合作，共同打造具备高水平教学能力、实践操作能力、融入企业文化能力、应用技术研发能力的"双师型"队伍。为推进校企在实施产教结合上高效有序地协同运行，建立校企双方专业人员互兼互派、双向挂职的对接与联动机制，加大引进行业专家、企业骨干等优秀、富有行业经验的技能型人才，优化"双师型"教师队伍。通过改革教师评审指标体系，鼓励教师参加行业学术交流、赴企业实践或挂职锻炼，引导教师重视应用型技术研发，推动教师实践能力的持续发展和提升。

（三）以学生培养为核心，打通成才大门

深化校企合作、工学结合的多样化人才培养模式改革，积极探索实践现代学徒制试点；引入行业企业技术标准以及国际认可的职业资格标准开发专业课程，建设优质专业核心课程；根据职业岗位和人才培养需要，试行更加灵活的多学期、分段式教学组织；完善政校行企多方参与的人才培养质量监控体系；实现校企联合教学，提高人才培养的质量，实现校企人才培养与企业员工培训、职业终身教育一体贯通。

（四）以学院资源建设为根本，夯实教育基础

发挥政府推动高等教育发展的责任主体功能，加强顶层设计，多方共同开展教学与研发、共建共享产学研实训基地；通过与广州属地政府、行业协会、优势企业等合作，充分利用现代信息技术和通信技术，开发虚拟生产过程的数字化教学资源，建设图纸、声像、文字、动画等多种形式的网络教学素材库，搭建校企数字传输课程，形成开放共享的网络教学资源库，形成开放共享教学资源；统筹经费、师资、校舍等资源，切实加强学校基础能力建设。坚持改革，调动政校行企参与高等教育的积极性，齐抓共管、形成合力、协同创新，突出职业技能的训练和职业素养的培育。

（五）以生态环境建设为基础，营造人人皆可成才的环境

坚持产教融合、校企合作，坚持工学结合、知行合一，引导社会各界特别是行业企业积极支持高校发展。适应学生个性化发展，统筹建设上下畅通、横向衔接、立体多元的人才培养体系，努力让每个人都有人生出彩的机会。建立弘扬劳动光荣、技能宝贵的政策导向，加快构建现代职业教育体系框架。利用校企合作的通道将行业企业文化融合到校园文化建设中，建设鲜明特征的专业应用性、职业选定性和行业指向性的特色校园文化。从教学、科研、服务社会、文化传承和党的建设等方面推进学校内部治理体系和治理能力现代化，形成科学治校、民主治校和依法办学的良好环境。探索教授治学、坚

守学术自由，建立和完善以学术委员会为核心的学术权力体系，营造良好的学术氛围。统筹招生、教学、管理、就业等，推进学校内部治理体系和治理能力现代化，在教学、制度和氛围上形成一种师生共同的精神追求，推动文化建设与人才培养的有机结合，为培养高级技术技能型人才创造良好环境。

四、特色专业学院建设的对策建议

随着经济社会发展和产业转型升级对人才需求的不断加大，职业院校与企业合作开展人才培养工作也逐渐显露出机制不完善、合作难以深入等问题。从企业角度来看，职业教育培养的学生与企业目标岗位要求差距较大，满足不了企业"短、平、快"的效益追求。从职业学校层面来讲，教学资源的建设需要现代化的企业管理制度，而学校资源整合能力不够、技术服务能力偏弱，从而导致校企合作无法深入，企业参与技能型人才培养的基本动力不足，使校企合作流于表面。

在校企合作过程中，对于企业方，追求经济效益、提升生产效率是其追求的主要目标，校企合作的主要动力是对高质量技术技能型人才的需求以及为学校提供技术创新支持。但是，学校设置的课程存在重理论、轻实践的现象，学科划分比较明显，学生所学的知识内容紧紧围绕书本或实训手册，而这些多与企业生产实际相脱节。欠缺实际工作经验的在校学生，企业通常安排其参与一些生产性活动或者是无技术要求的操作活动。对于学校方，追求社会公益、提升教学质量是其永恒的主题，校企合作的积极性来源于迫切需要企业参与人才培养教学资源的专业建设、课程开发、专业能力、师资建设及实习实训管理等方面。为有效解决以上问题，特色专业学院需要强化四方面工作。

（一）强化政府主导作用，建立政校行企四方协同合作机制

职业院校与企业的合作实际上是学校与企业之间的一种资源交换与共享，是涉及学校与企业不同实体之间的全方位合作。解决职业院校与企业合作的瓶颈问题就是要建立校企合作的长效合作机制，单纯依靠学校或者企业无法解决问题，还需要充分发挥政府在宏观调控、政策引导及财政资金扶持等方面的主导作用。通过特色专业学院项目建设，实现政府、学校、行业、企业四方办学组织管理协同、"双师型"队伍建设协同、人才培养协同、技术开发协同和资源成果协同，促进政校、行校、企校、校校以及与国际优势核心创新要素的深度融合，建立开发、共享、高效的协同创新育人新模式。

政府主导作用在政策引领、管理规范和协调统筹三个方面得以发挥，政府通过政策引导和财政经费支持来调动行业发挥指导作用、激励企业参与人才培养的积极性。一是建立强化政校行企协同创新各方功能的组织，政府发挥应有主导作用，牵头成立职业院

校人才协同创新培养指导委员会，建立政府、行业、企业和学校共同参与、协同推动的成效运行机制，落实职业院校人才协同创新培养的规划，加强产业发展与人才培养信息引导和服务，搭建政校行企四方协同对接的平台。二是政府制定鼓励行业企业参与职业院校人才培养激励政策，明确政府、行业、企业和职业院校在人才培养方面具体的责任与权益，落实政府财政资金扶持政策的具体措施，激励行业、企业主动承担人才培养任务，积极参与人才培养全过程，促进高职院校校企合作制度化。三是出台规范政校行企协同创新的长效运行的保障文件，明确政府主导和行业指导地位，落实政校行企各方按照法律法规的相关要求，签署协同协议，规范合作行为，保障各方在协同创新中的合法权益，达到实现政校行企四方协同创新的效果。

（二）建立多权力中心的特色专业建设公共治理机构

根据利益相关者理论，对特色专业学院建设的 4 个利益相关者：政府、学校、行业、企业实施多元化管理主体的合作过程，从而建立起调节 4 个利益相关者利益关系的新机制，形成一种联合 4 个利益相关者利益的有力机制。从公共治理理论出发，对于特色专业学院合作体制机制的治理而言，在治理的主体上强调合作的多管理主体，应突破政校行企合作组织治理的范围，特色专业学院的主体可以由来自政府、学校、行业、企业等不同领域、不同层级的组织或个人组成；在治理目标上，以互补、互信、互利、相互依存为基础，通过持续不断地协调政校行企各方利益，求同存异，最终实现经济社会发展和公共利益的最大化；在治理方式上，提倡"建设—培养／服务—实施"等多层级、"政府—学校—行业—企业"等多权力中心的网络化管理，把政府与学校及行业企业等合作组织的关系由传统的单向直线控制关系转变为指导、平等合作的关系，使行业企业能够参与到特色专业学院的管理和决策中。政校行企 4 个利益相关者在不同建设内容上扮演不同角色，如在实践教学基地建设中，校内基地可由学校实施主导权，校外基地由企业实施主导权，人才培养方案由校行企组成的专业指导委员会制定。实施层多权力中心的政校行企共建网络组织模型结构。

（三）建立贯通一体的特色专业学院校企合作文化

企业与职业院校不同的社会功能决定了其价值取向、文化内涵各有自己特殊的属性。职业院校校园文化是一种教育文化，其目标是利用各类社会资源培养高素质的劳动者和技术技能型人才；而企业文化则是一种经营文化，其目标是为社会提供优质服务的同时追求企业利益的最大化。从某种意义上讲，职业院校校园文化是一种使命文化，而企业文化则是一种责任文化，通过企业文化进课堂、进社团、进教学活动，以及进学生宿舍等模式，使企业文化与职业院校校园文化融合起来将更有利于职业院校为企业、为社会培养更多更好的高素质人才。

校园文化和企业文化的交流和融合，需要深入把握职业院校校园文化的特征，积极吸收优秀企业的文化精髓，以校企合作共育人才为目标、学校教学活动为载体、师生教风学风建设为重点，以制度文化、物质文化、精神文化建设为切入点全面展开。依托深厚行业背景而发展的特色专业学院，需要大力发挥专业与产业对接、师生与员工对接的优势，将优秀企业的竞争意识、创新意识、敬业精神、团队精神融入人才培养中，使学院的教学活动与企业的生产过程相对接，将企业的安全意识、质量文化、竞争文化、诚信文化融入具体教学案例中，在具体的教学活动中宣传企业的创业史、展示企业的竞争优势、传颂企业的精髓文化，用企业的核心价值观与优秀企业文化培养学生的职业操守和职业道德，使学生尽快地融入企业文化、适应企业职业工作要求，形成校企文化贯通一体的特色专业学院特色校园文化，大力提升学生的就业竞争力，提高学生的就业质量。

以专业群为载体建设的特色专业学院，在建设思路上，将携手行业、企业、中职学校全面参与建设方案确定、教学内容实施，充分体现职业教育的校企合作特色；在教育教学改革上，积极探索实践现代学徒制试点，深化产教融合，将教育制度与劳动制度有效地结合，营造人人皆可成才、人人尽展其才的良好环境；在建设模式上体现以重点专业为龙头、相关专业为支撑的政校行企协同建设；在建设内容上，将从体制机制、教学团队建设、人才培养模式及校园文化等方面，围绕"特色"做文章，以特色专业学院的建设促进特色专业及特色专业群内其他专业的发展，凸显学校办学特色，实现专业、教学团队及校企各方的协同发展，提升专业整体竞争力。通过特色专业学院的建设和示范引领，全面推进高等职业教育特色化发展，提升高职教育对产业发展的促进和带动作用，全面提高人才培养质量。

第三节　产教融合之路：现代产业学院

党的十九大报告提出"深化产教融合、校企合作"的国家战略。同年 12 月，国务院办公厅发布落实党的十九大报告的具体文件《关于深化产教融合的若干意见》（国办发〔2017〕95 号）指出"深化产教融合，促进教育链、人才链与产业链、创新链有机衔接，……引导职业教育资源逐步向产业和人口集聚区集中，校企合作设立产业学院"，明确了职业教育对接产业需求、校企合作提升人才培养质量的目标和方向。

党的二十大报告指出，要统筹职业教育、高等教育、继续教育协同创新，推进职普融通、产教融合、科教融汇，优化职业教育类型定位。这对职业教育的发展提出了高要求，职业教育高质量发展离不开高质量职业教育教师队伍。进一步确定了深化产教融合为现代职业技术教育的必由之路，产业学院建设是实现产教融合的重要载体，是中国进入新时代推动产业转型升级的新举措。开展融入产业聚集开发区、实施职业教育产业学院治理体系建设，对推动产教融合、提高人才培养质量和社会服务水平具有重要意义。

产业学院是以提升高校服务特定产业能力为目标，整合高校、政府、行业、企业资源，建立以应用型人才培养为主，兼有学生创业就业、技术创新、科技服务、继续教育等多功能的、多主体深度融合的新型实体性办学机构。产业学院从早期建设发展至今，不断开拓新功能，扩大服务范围。通过梳理文献，可将产业学院主要的功能概括为以下几个方面：一是促进高校专业建设与产业紧密对接，创新协同育人培养方式，提高学生的就业能力，改善实践教学环境，培养应用型师资队伍；二是服务区域经济、科技建设，促进产教融合；三是服务企业，进行员工培训、技术创新并提供对口人才。调查显示，广东高职院校的产业学院已经投入运行，通过产业学院把生产链和专业群结合在一起，校企共同开发课程、共同育人。从产业学院功能定位上看，其具有服务区域产业、汇聚各方资源，促进产业园区产业转型升级实现高质量发展，促进教育链、人才链与产业链、创新链有机衔接的重要价值。广东高职院校在政府的主导下，借助地域优势，对接经济开发区产业发展需求与地方政府、行业、大型企业等共建产业学院，兼顾学校、企业、学生、教师以及企业投资方、家长、政府、行业等各方利益，开展产业学院的研究与实践。截至2020年，广东各高职院积极借鉴英国"产业大学"建设模式，全省建成切合中国国情、独具特色的产业学院超过200个，覆盖20多个产业领域。

一、产业学院研究综述

从《国家中长期教育改革与发展规划纲要（2010——2020）》出台，到各项关于指导和推动政行校企合作的国家相关政策，表明产教深度融合已经上升为国家教育改革与人才资源开发的基本制度安排。产业学院作为运行实体，随着国家相关教育改革政策的不断推演，其在政行校企合作培养人才过程中逐渐成为多功能集合体，其构成要素、运行机制与功能定位成为研究者深入探索的聚焦点。从知网检索结果来看，到2020年以"产业学院"为"主要主题名"共发表学术论文168篇，其中2017年12月以前发表论文达32篇，之后呈增长态势，2018年发表24篇，2019年发表35篇，2020年发表77篇。通过整理这些文献发现，诸多学者对产业学院提出了不同的定义。一是功能性的定义，立足于人才培养的中心目标，产业学院为政府、高校、行业、企业等各主体，以及区域经济发展带来利益与效用。较早的有学者徐秋儿在2007年发文将产业学院定义为高校为提升人才培养质量、促进工学结合而进行的一种积极探索，是在与企业深度合作基础上建立的以教学为主体的实践教学基地，强调了产业学院在提高企业生产能力与效益以及培养素质技能型人才方面发挥的作用。在此基础上，2015 年，学者李宝银发文，进一步丰富了产业学院的功能范围并将产业学院限定在高校组织机构当中，即"直接服务于产业和社会发展需要，高校与行业、企业、地方政府等用人单位或组织融合资金、专业、平台、基地、人才、管理等多种合作资源及要素，以行业专门人才培养、企业员工培训、科技研发、文化传承等为共同目标指向而构建的全程融入行业、企业元素的二级学院或以二级学院机制运作的办学机构"。二是组织性定义，将关注的重点聚焦于产业学院本身的组织结构和运行机制方面，是关于产业学院本身是什么的定义。学者朱为鸿在 2018年发文认为，产业学院是"以资源共享与合作共赢为目标，依托高校建立的具有健全的独立运行机制，服务于某个行业企业的新型办学机构"，突出了产业学院的独立运行机制、独特的治理结构，并且提出了产业学院分为实体组织与虚拟组织两种办机构，丰富了产业学院的内涵界定。此外，高职院校还有一些学者对产业学院进行狭义性定义，其中中山职业技术学院万伟平对产业学院建设实践进行了较为深刻的研究。他认为，基于区域经济转型和产业升级需要，依托学校重点专业群和特色专业群，与专业镇（区）政府、企业、行业合作，以镇区产业链的人才需求为出发点，有效整合政府的行政资源、行业的信息资源、企业的生产资源、校内的教学科研资源，在专业镇产业园区创建了产业学院。产业学院建设紧紧抓住专业镇的产业特色，将教育资源、办学空间延伸至镇区，将专业办到产业园区，集学历教育、社会培训、技术研发与服务等功能于一体，在企业门口培养高级技术技能人才和提供多种服务，为校企合作办学、合作育人、合作就业、合作发展提供了有效实践平台，为解决学生顶岗实习、就业和兼职教师聘任与管理等问题提供了有效途径。这种合作办学模式也是提高职业院校技能人才培养质量、提升职业教育服务产业能力的一种有益尝试。

综合学者的观点，将产业学院看作不同主体为了实现各自利益而组成的共生体，基于构成主体的不同作用方式而形成各类运行模式，为紧密对接区域经济发展与地方产业发挥功能，促进政校行企各方资源深度融合，推动多方共建共赢。这些学院是教育实体机构，在进行学历教育的同时，还履行技术研发、员工培训等社会服务职能，这些学院和某一产业或行业高度契合，故称之为"产业学院"。

二、产业学院模式发展概述

从词源追溯，产业学院最早出现于 1998 年英国教育与就业部策划的产业大学，主要目的是利用现代化的网络技术向企业和个人提供开放式的远程学习方式，提高企业的生产力与个人的就业能力。类似于我国高校中的网络教育学院或者广播电视大学，将各利益群体聚集在一起，包括学校、公司、图书馆、零售业、培训与企业理事等，刺激相关部门与组织机构开发各类学习产品，相对普通教育机构而言，其提供的教育产品更为丰富，服务群体更为广泛，基于此，诸多学者将其作为研究我国产业学院的开端和起源。但究其本质，产业大学指向终身教育理念，并且逐渐向着商业机构性质运行发展，而我国产业学院作为新生事物，还尚未脱离其教育"胚胎"的诸多痕迹，虽在服务地方产业发展、对接区域经济共生、提供企业所需产品等方面与产业大学有诸多共同点，但我国的产业学院植根于不同类别高校与在中国特色社会主义市场经济的大背景之下，其目的在于培养适应产业发展、促进产业发展需求的高质量人才。

不同的协同育人主体、投资方式和运行管理机制造就了类别多样的产业学院，按照层次、内容、体制等作为划分依据，产业学院展现多类型运行模式。学者李宝银依据不同合作主体在2015年发文提出：校企综合型、校企订单型、校行合作型、校地合作型、校会联合型五种产业学院组建方式，是对2007年以来零星出现的产业学院研究的理论性总结，成为研究产业学院分类发展的重要文献，具有节点性意义；学者朱为鸿等人在2018年则发文从产业学院的功能（资源共享型、产业引领型、共同发展型）、合作要素（集成式、连锁式、多点集成式）、高校类型（高职院校、地方本科院校、研究型高校）等进行产业学院多维度类型划分，归纳出产业学院的不同组合类型和运行模式。综上所述，相关学者对于产业学院类型划分主要包括以下几种方式：一是按照办学层次分为研究型高校、本科产业学院及高职产业学院，第三种在文献中所占比重较大，这几类产业学院的不同定位与运行机制造就产业学院迥异的发展方式。二是基于产业学院的构成主体分类。政府由于参与主体不同可以分为省市层面、县级政府、乡镇政府，镇政府与高职院校有着较为天然的合作优势，因此"专业镇"式产业学院建设实践较为丰富；高校这一主体分为学校、二级学院、专业群、专业四种主要类别，其中老牌产业学院以挂牌于高校原有二级学院较常见；企业这一主体可划分为单个企业、多个企业、龙头企业、产业园区，其中龙头企业和高校龙头专业的"强强联合"常见于有丰富校企合作历史的高校，而近几年成立的新兴产业学院则直接迁至产业园区，具有主动寻求与企业、研究机构等合作的地理优势。三是基于不同领域、产业或专业的分类。建设产业学院的主要领域有旅游类、文化服装类、艺术设计类、农业类、畜牧类、文化艺术类、财务会计类、经济贸易类、机械设计类、食品工业类、电子信息类、计算机类等。四是基于组建的动力来源不同。一种是外发式主导的政府资助类型，例如县域、镇域式产业学院中，政府对产业学院的资金来源、场地设置、专业设置起主导作用；另一种是内发式主导的产业学院，例如由龙头企业资助的应用型本科高校所设置的产业学院，是高校与企业自发合作而组建。这种分类方式是基于不同所有制（是否具有独立法人地位）而进行划分。一类是混合所有制产业学院，由公有资本、产业资本、集体资本、私有资本、外资中两种或两种以上进行投资办学，以服务特定产业为主旨，市场在专业设置与资源配置中占据主导作用；另一类是学校为办学主体，企业参与学院建设与运行，但产业学院仍保持高校二级学院的运行方式。

本科院校建设产业学院，多以"新工科"为背景，立足工程教育自身特点，在相关理论支撑下实施新工科类产业学院运作模式、人才培养、功能创新等内容建设。学者焦以璇在2018年以东莞理工学院为例探讨了4种产业学院建立与运行模式，归纳出9个特色产业学院所形成的产教协同育人新模式；学者李伟等人发文以佛山科技学院为例探讨了"3+1"工科人才培养模式；学者范立南在2018年发文对新工科背景下多方协同进行产业学院的发展机制进行了研究。另外普通本科高校向应用型高校转变的背景下，将产业学院作为其转型建设主要平台。学者李宝银等人在2017年发文提出，产业学院是应用型本科院校转型发展深入探索的结果和关键环节，并从建立组织机构与管理机制、明确建设目标与培养定位、构建育人模式与课程体系等方面阐明应用型本科院校产业学院的建设任务和内容。学者孙柏璋在2018年发文提出，产业学院是应用型本科高校转型发展与行业企业参与高校办学相结合的新型载体。

高职院校为深化产教融合校企合作，积极推进产业学院建设。根据知网文献检索主要以广东省、福建省、浙江省、江苏省等沿海省市的高职院校为重点，其中以广东省的中山职业技术学院为实践案例进行产业学院研究的文献位于各职业院校首位，是排在第二位学校的4倍，说明广东省中山职业技术学院的"一镇一品"模式在全国已形成特色品牌，但另一方面也表明我国的产业学院仍处于起步探索阶段，其相关的理论研究与实践建设急需加强。

高职院校产业学院的研究与实践多是基于利益相关者多方协同视角，对政校行企等多方协同的合作机制进行研究，如产业学院运行模式、产业学院中各合作主体所承担的职责定位等进行研究。例如，郑琦在2014年以中山职业技术学院为例总结产业学院由中山职业技术学院和产业集聚区政府共同投资创办，形成二元投资启动机制；引入产业企业投入资金或设备形成多元投资主体；签订校企合作协议，以契约精神形成协同育人机制；实施理事会领导下的院长负责制，形成共同治理运行机制。窦小勇在2020年以江苏农牧科技职业学院探索产业学院建设为例，提出以学生为中心、产教融合育人，实现学生优质就业自由创业；学校主动对接产业、调整办学思路、完成教书育人使命；企业全程积极参与、创新合作机制、保障自身合理的利益诉求；政府制定专项政策、完善评价激励机制、引导激励校企良性互动。明确利益相关者各方责权利。蒋新革在2020

年以广州科技贸易职业学院（简称为"学院"）为例，总结产业学院运作模式让企业人员成为学校人才培养的主体，直接实施专业建设和学校人才从计划、招生、培养到考核的全过程，通过政府指导和市场调节，以缔结理事会章程，构建校企利益共同体，形成稳定互惠的协同育人运行机制，促进校企紧密联结，实现产业学院的成功组建与运行。姚奇富基于宁波校企合作实践，于2016年发文提出，由于组织方式和行为方式的不同组合，高职院校与县域发展形成的共生关系模式表现为多种共生状态，对称互惠一体化共生状态是高职院校与县域共生发展良性共生关系，这一形成过程也是深化"县校协同创新"的过程。另一方面，高职院校对产业学院的专业、课程以及教学方面的研究，多以某一高校具体专业为例，对高职产业学院课程与教学现状进行调查分析，并提出改进措施及建议。例如，唐正玲在2016年提出在高职产业学院建设背景下，集系统性、独立性、指向性、开放性等特点于一体的课程群建设方式较大程度上满足了产业学院对明确的产业服务面向、灵敏的市场需求跟进、高效的资源配置与利用、产业服务综合性功能发挥等需求。吴湘频以广州科技贸易职业学院通过校企共建"亚马逊跨境电商产业学院"为例，提出产业学院提供教学及实训场地、设备设施、师生资源，跨境电商行业与企业提供企业产品、平台账户、企业导师等实现资源共享，并通过校企合作开发新课程、形成产业学院课程体系的方式，进行深度产教融合。李燕娥探究了广州城市职业学院高水平专业群建设、企业技术研发和产品升级服务等途径建设推动教育教学高质量发展。此外，还有部分学者对产业学院的师资建设、创新创业建设现状和发展对策进行了分析，例如江门职业技术学院的伍百军在2020年发文，在分析产业学院师资特点和困境的基础上，提出了树立人本理念、组建结构合理的师资队伍等产业学院加强师资管理的四个突破点，以实现高职院校产业学院师资可持续发展。常州工业职业技术学院夏月梅对高职院校创新创业教育教学现状进行了分析，并基于产业学院提出了创新创业教育教学的实践路径：构建分层递进、知行合一的创新创业教育课程体系和实践体系，打造一支过硬的创新创业师资队伍，构建与专业课程相匹配的创新创业课程等。

综上所述，产业学院作为深化产教融合校企合作的新生组织，以个案调查与案例介绍成为主要的研究方式，具体到某一产业学院的实证研究；个案研究占绝大部分，相较于建设实践的介绍，理论研究数量较少且内容多集中于产业学院功能、运行模式、制度逻辑、政策意义、办学体制机制的创新、办学模式、人才培养模式等；经验性的总结较多，但是基于多个院校的综合性宏观性论证和抽象比较少；对产业学院的整体逻辑和规律探究不多；关乎产业学院建设所遵循的共性规律缺乏相应的理论探究。产业学院研究与实践质量有待继续加强，特别是对实践过程中不断出现的热点和难点，要坚持以促进产业学院高质量发展为出发点，结合当前经济社会发展现状，对产业学院的组建、管理与运行等进行研究与实践探讨。

三、产业学院模式建设实践

检索我国产业学院建设历程与现状，可以将产业学院建设分为三个阶段。

一是萌芽起步阶段，大致可以从早期 2003 年知网上第一次出现产业学院报道开始，到 2013 年广东中山职业技术学院与中山市产业镇联合建立四个产业学院。这一阶段产业学院概念在我国尚处于雏形，是基于实践经验的产业学院刚刚起步阶段，主要在长三角与珠三角区域经济发展较快的浙江省与广东省开展，主要探索以地方高职院校与地方企业集团合作，建立二级办学机构，对应企业需求开展人才适应性人才培养。二是探索成长阶段，自 2013 年到 2017 年阶段。这一阶段本科院校及高职院校纷纷开展产业学院建设研究与实践，多是高等院校主动与政府、企业、行业合作，积极开展基于实践经验基础的产业学院办学模式机制保障、产权构成、育人模式等深层次问题探索实践，仍然局限于长三角和珠三角经济发达的浙江与广东区域。三是蓬勃发展阶段，是以党的十九大召开为标志。党的十九大报告提出"深化产教融合、校企合作"，从国家战略明确职业教育发展定位，全面推动产教融合路径探索建设。同年，国务院《关于深化产教融合的若干意见》对职业教育未来发展的路径给出清晰指示，明确校企联合设立产业学院，落实产业链、教育链、人才链与创新链的有效衔接。2020 年 8 月，教育部办公厅、工业和信息化部办公厅联合印发《现代产业学院建设指南（试行）》，明确提出以区域产业发展急需为牵引，面向行业特色鲜明、与产业联系紧密的高校，重点是应用型高校，建设一批现代产业学院。国家系列文件的出台，在全国形成产业学院建设的大好氛围及积极发展态势，全面促使了产业学院进入蓬勃发展的新阶段。

广东积极响应对接国家方针政策，围绕广东战略性产业集群发展需求，2018 年出台《广东省人民政府办公厅关于深化产教融合的实施意见》，明确要求及时出台支持产业学院建设的政策措施，推动新工科建设再发展、再深化，培养适应和引领现代产业发展的高素质应用型、复合型、创新型人才，支撑广东在全面建设社会主义现代化国家新征程中走在全国前列。同年，广州市出台《"广州市产教融合示范区"建设方案（2018—2020 年）》，明确组建若干产业学院的工作任务，推动市属高等院校积极探索大力开展产业学院建设。

（一）广东省本科院校产业学院试点成效

广东本科院校已有 130 多个产业学院挂牌，并分两批次、高标准遴选出 26 个省级示范性产业学院。广东现代产业学院建设经验被教育部收录为全国本科教育优秀案例，被誉为新工科建设的"广东方案"。

1. 华南理工大学微电子学院

该学院成立于 2018 年，遵循一切服务于产业的基本方针，坚持从产业中来，到产业中去，面向粤港澳大湾区电子信息技术发展需求，采用"双院同岗"的建设模式，实现微电子学院在产学深度融合、人才培养架构、师资队伍建设、大湾区微电子关键技术服务平台等方面的示范性和引领性，为实现国家集成电路发展战略提供人才保障，培养具有创新能力和实践能力的高素质人才，建设集成电路及微电子领域世界一流水平的创新高地和人才培养基地。2019 年，微电子学院入选广东省首批示范性产业学院。

微电子学院在产学研合作方面，建设校企合作的有效机制，采用面向企业需要的工程应用型人才课程体系与培养架构，开设企业专家讲堂，建设校企合作课程，形成学生、学校、企业三赢模式的人才培养模式。在师资队伍建设中以产学研为桥梁，建立教师与企业专家的互通机制，建成 1/3 的教师是国际化高层次人才引进的学者，1/3 的教师是从知名龙头企业聘请的高级技术专家，1/3 的教师来源于学校培养的现有教师。在构建关键技术服务平台上，联合大湾区龙头企业、相关专业优势高校，建设有集成电路产学研融合协同育人建有 2 个国家级、5 个省级工程中心、研究中心和实验室，覆盖了"设计—制造—封测—整机"集成电路全产业链。为创新团队、创新项目孵化提供软硬件平台及场地支持，发挥大湾区微电子关键技术发展的平台纽带作用。

2. 华南农业大学—温氏集团产业学院

该学院成立于 2016 年，旨在培养畜牧业发展急需的高素质创新人才，温氏集团每年为学院投入 80 万元，并提供场地、设备、人员等支持，实行"独立招生、独立授课、独立教学计划、独立教学大纲"，创立了一套成熟的"六共同"培养模式，包括共同制订和实施人才培养方案、共同使用学术资源、共同承担课程教学、共同实施"学校课程学习＋企业课程学习＋公司实习"三位一体联动机制、共同创立奖教助学制度、共同实施双评价质量监控，合作成效得到社会广泛认可。2019 年，获批广东省首批示范性产业学院。

3. 东莞理工学院粤港机器人学院

该学院成立于 2015 年 9 月，是顺应智能制造对机器人高级应用人才的巨大需求，与东莞松山湖国际机器人产业基地、香港科技大学、广东工业大学联合创办的一所集新工科人才培养、科技研发、社会服务、创新创业等功能于一体的现代产业学院。2019 年，学院入选广东省首批示范性产业学院。

粤港机器人学院立足跨境跨校组建，将机械设计制造及其自动化、自动化、电子信息工程、软件工程等专业交叉融合起来，精选精增特色领域课程，引入案例式、研讨式、理实结合情境式等教学方法，鼓励学生到基地和企业调研、实习，培养学生实际动手能力，建有2个省级、6个校级学生创新中心、研究中心和实验室。在全国大学生RoboCon（RC）机器人大赛总决赛中学生连续三年获得国家一等奖，2018年更是斩获全国季军。

（二）广东省职业院校产业学院试点成效

广东省职业院校产业学院建设起步较早，成效显著，有的高职院校在地方政府支持下对接地方产业融入企业建设产业学院，如中山职业技术学院对接中山市产业镇建设4家产业学院，促进了更深层次的校企合作；有的高职院校引进优质企业到学校共建产业学院，如广东轻工职业技术学院，注重提升服务能力；也有的高职院校主动融入产业园区对接产业链建设产业学院，如广州市属公办院校对接广州市国家经济开发区产业园区建设7家产业学院，助力产业转型升级。广东省高职院校产业学院多年建设实践，形成了"匹配区域产业发展需求是产业学院建设运行的前提，创新职业教育人才培养模式是产业学院的必然追求，以产业为纽带的产教融合是产业学院建设的基本途径"。产业学院有效利用产业园区企业资源，实现"双师型"素质队伍的建设及工匠精神的养成，全面缩短各方的"时空距离"和"心理距离"，实现"精准育人"，为加快建设实体经济、科技创新、现代金融、人力资源协同发展的产业体系夯基强体。

1. 中山职业技术学院产业学院

中山职业技术学院与地方政府合作，在镇区共建了4所校企合作的专业镇产业学院，学校和镇（区）政府是专业镇产业学院的主导力量，第三方办学主体为镇（区）政府的"1+N"，其中"1"为镇（区）行会或龙头企业，"N"为众多参与的中小微企业，大大促进了学校与区域经济的匹配，以及工学结合人才培养模式的创新。中山职业技术学院与镇（区）共建专业镇产业学院的探索实践引起了《中国教育报》《南方日报》及人民网、中国高职高专教育网等各级媒体的广泛关注，多次予以报道。在数年的专业镇产业学院办学实践中，学校产生了一批研究成果，其创新探索实践在客观上为相关专业的教改提供了一种校企合作的新平台、新动能、新模式，在一定程度上破解了新办高职院校校企合作难的局面。

中山职业技术学院深入镇区在校企合作企业里建设的4个专业镇产业学院，分布在最具有产业代表性的小榄镇、古镇镇、沙溪镇和南区街道，在镇（区）政府的有效介入下，逐步构建了长效运行机制，深化了校企合作的层次，提升了学生学习质量。进入产业学院的学生，在协议单位参加顶岗实习，由于政府的有效介入而得到较好的顶岗实习机会及锻炼。参与产业学院建设的企业接纳实习生的成本降低，愿意接纳在产业学院学习过的学生在相应岗位顶岗实习，学生在顶岗实习的待遇水平上有了较大提升。其结果使得企业在学生顶岗实习阶段给予了保障，学生更换单位的比例只有13.2%，远低于全国的平均水平，学校、企业和学生的利益都得到了保障。

2. 广东轻工职业技术学院产业学院

广东轻工职业技术学院联合广东轻工职教集团、广东省教育厅、麦可思教育研究院等加强了对行业企业发展趋势的研究，对接广东省现代服务业、佛山市和南海高端制造业及其未来发展，积极探索校企混合所有办学模式，多管齐下推进"一群一院一联盟"产业学院建设，推动产教共享资源、共建师资、共育人才，为企业提供技术服务和培养创新型技术技能人才，为行业提供在岗人员培训。行业型产业学院往往不局限于某个企业，而是面向行业会员企业，为其提供人才培养和输送、技术服务、员工培训等行业技术技能人力资源提升的整套解决方案。打造了校企互通的师资队伍，创新了育训结合的学徒制人才培养模式，建立了适合"工学结合"的教学管理制度和校企合作机制，为企业培养了一批优秀员工。广东轻工职业技术学院获得国家教学成果二等奖。

广东轻工职业技术学院以服务轻工行业、广东相关产业集群发展为宗旨，立足轻工，面向生活产业，对接现代服务业、先进制造业、高端新型电子信息、生物医药等支柱产业以及节能环保、新能源等优势产业，大刀阔斧进行院（系）设置调整，撤销原有系，建立轻化工技术学院、机电技术学院等多个二级学院，依托二级学院中的优势专业（专业群），瞄准世界500强企业，与各领域的龙头企业合作，大力推动专业的交叉融合发展，打造并形成轻化工技术、机电技术、食品与生物技术等专业群，紧密对接产业群、产业链，实施引企入校、人财事权下放，带动相关专业产教融合的发展，由此打造"专业一产业学院一专业群"紧密对接产业群的良性链条，如依托机电一体化、电气自动化技术等优势专业，与广州达意隆包装机械股份有限公司达成建立达意隆智能装备产业学院，开展现代学徒制及共建国家级工程中心和国家级实验室方面的合作协议；依托食品与生物技术等专业建设SGS测试学院；带动学校建筑装饰材料及检测、工业分析技术、环境监测与治理技术等专业的加入与发展等，通过优势专业（群）对接产业群，先后成立化妆品学院、雷诺钟表学院、SGS测试学院、白天鹅学院等10个产业学院，促进跨界深度融合，增强了办学活力，逐步改造专业教学及人才培养、供应的整个链条。

3. 广州科技贸易职业学院产业学院

学院积极探索产教融合建设路径，推动产业学院的建设，2018年依托广州市教育局与广州市开发区共建"产教融合示范区"的契机，主动融入开发区产业园区实时开展"动漫游戏产业学院、开发区科学城产业学院"建设。其依托"将产业学院建在产业园区，将专业群建在产业链上"建设理念，采取"四元协同、五创并举"建设模式，实施"两对接两访问三落实"建设举措，构建"四实"治理体系，建立"两制三育一体系"教学组织，形成"1+X"育训融合培养模式，2020年获得企业2000余万元设备投入，取得了2个连番2个突破2个首创的良好效果。其一，产业学院规模从2018年最初的11个专业789名学生到2019年24个专业1200名，再到2020年2400余名学生，在开发区就业学生比例由5%到15%，再到30%，实现年年翻番；其二，与开发区企业合作建立研究所实施技术创新获得广东省科技进步一等奖，首次实现广东省高职院校在此奖项上零的突破，智能制造技术开发与应用获全国高职院校优秀案例20强；其三，与开发区企业首创开展省级无人机技能竞赛且连续两年获得省赛第一名，联合大湾区百家职校与企业首创成立"大湾区现代产业学院联盟"。

为加快现代职业教育体系建设，2017年，广州市面向黄埔开发区启动"广州市高等职业教育产教融合示范区建设项目"，布局建设若干紧密对接开发区支柱产业和优势企业需求的产业学院，深化产教融合、校企合作，更好地发挥广州市属公办高职院校服务地方经济社会发展的作用。2018年5月，广州科技贸易职业学院立足高起点高质量建产业学院，经过对广州市黄埔开发区行业企业调研，依据自有专业特点，坚持有所为有所不为原则，决定对接开发区科学城的产业布局、按照全产业链的思路建设开发区科学城产业学院。遵循利益相关者理论，构建了受章程约束的政府、学校、企业及社会专家等利益相关者参加的"理事会"共同治理组织构架及内部机制，对接科学城产业链上游产品创意设计行业设置艺术设计类专业群、对接产业链中游产品制作行业设置智能制作专业群、对接产业链下游产品的营销服务行业设置商贸管理类专业群，企业人员成为学校人才培养的主体，将产业学院建设成产业园与学校二元主体建设、二级学院与企业二元管理、企业师傅与学校专任教师二元教学以及学生与员工二元身份衔接的四维二元相融合校企产学研育人基地，直接实施专业建设和从计划、招生、培养到考核的全过程，构建"两制三育一体系"改革教学组织模式，大力开展现代学徒制、学分制改革，促进学生素质教育、创新教育、技术教育"三育"能力提升，构建政校行企多方、多元人才培养质量评价体系，形成同步运转、相互支撑的运行机制，极大地丰富了产教融合内涵；通过政府指导和市场调节，促进校企紧密联结，实现产业学院的成功组建与运行，全面提高产教融合成效。广州科技贸易职业技术学院现代产业学院的建设实践，得到了国家发改委、社科院及兄弟省份的关注并组团到产教融合示范区及产学院开展调研及交流，在全国产生了较好的示范效果，产业学院是校企合作、产教融合的重要模式。在产业学院建设过程中，匹配区域产业发展需求是产业学院建设运行的前提，创新职业教育人才培养模式是产业学院的必然追求，以产业为纽带的产教融合是产业学院建设基本途径。产业学院有效利用产业园区企业资源，实现"双师型"素质队伍的建设及工匠精神的养成，全面缩短各方的"时空距离"和"心理距离"，实现"精准育人"。创新教育组织形态建设产业学院，形成政府、企业、学校、行业、社会协同推进的工作格局，为加快建设实体经济、科技创新、现代金融、人力资源协同发展的产业体系，增强了产业核心竞争力，提高了人才培养质量。在对高等职业教育发展进程梳理的基础上，对比分析高等职业院校探索产教融合、校企合作的路径，"双师型"工作室共育路径、特色学院特色路径及产业学院融合路径等不同类型产教融合发展路径，基于利益相关者理论形成新时代高职深化产教融合的产业学院建设路径，为高等职业技术教育提供有益经验。

第四章 高职院校现代产业学院治理体系建设

高职教育产教融合路径随着我国产业发展对人才需求的变化而不断演进，并在职业教育现代化的过程中遵循职业教育的内在规律升级演进。现代产业学院是职业教育产教融合的现代组织形态，与其他的产教融合路径相比不仅表现在外在组织结构上的差异，更多地表现在其内在的治理体系及由此决定的运行机制的不同。

第一节 治理体系综述

一、治理体系内涵

党的十八届三中全会《中共中央关于全面深化改革若干重大问题的决定》提出："全面深化改革的总目标是完善和发展中国特色社会主义制度，推进国家治理体系和治理能力现代化"，习近平总书记重要讲话中对此有较全面论述：国家治理体系和治理能力，是一个国家制度和制度执行能力的集中体现，国家治理体系是在党领导下管理国家的制度体系，包括经济、政治、文化、社会、生态文明和党的建设等各领域的体制机制、法律法规安排，是一整套紧密相连、相互协调的国家制度；国家治理能力则是运用国家制度管理社会各方面事务的能力，包括改革发展稳定、内政外交、国防、治党治国治军等各个方面；这二者是一个内外联系的整体，互相影响，治理体系安排并落实好了，治理能力一定会得到提高，治理能力提高了，治理体系又会进一步完善，并充分发挥效能。所以说国家治理体系是源头，由其派生出各级社会组织及机构的治理体系并决定各级组织与机构的治理水平。现代产业学院是一个产教融合型的组织，其治理体系及其治理水平皆源自国家及社会的治理体系及治理水平的现代化。

（一）"治理"的内涵

治理的概念是由美国学者在20世纪80年代较为系统地提出和慢慢发展起来的，主要是针对政府的统治行为权及社会管理权，并由此产生的对国家与社会有效统治与管理而形成的国家统治与管理模式。长期以来，我国虽然没有形成"国家治理体系"相关理论体系，可是国家治理的具体要求实践、具体政策及具体实施还是存在的。传统的国家治理是分散的、非系统的、非制度化的，而且是以首长个人意志统治和行政命令性、强制性为主要特征的，以发起运动、执行活动和召开会议等形式为主要载体。在治理体系现代化的过程中，无论是哪一种治国行为或哪一个党派上台执政治理，都希望自己的行政与国家治理有良好的水平，国家治理体系的现代化就是要打破传统习惯，打破人治思维方式，形成以制度化、体系化、系统化为其外在表现，以法治化、法治中国为其核心内容的，逐步破除运动式、活动式、会议式的治理范式的治国理政的总的制度体系。

（二）"治理体系"现代化

就目前国家与社会发展的趋势来看，治理这一概念经历了从传统的统治、管理到治理等名称不断演化的过程，并且随着我国整体现代化而渐进到治理体系的阶段，进而这个词成了国家与社会全面深化改革的思维体系和制度体系中的中心概念，并预示着在推进我国社会主义制度现代化，推进国家治理体系和治理能力现代化方面，将实现具有革命性的变革，从而把中国带入全面发展的新阶段。"所谓治理体系现代化，是指发展中国家为了获得发达国家工业社会所具有的一些特点，而经历的文化与社会变迁及包容一切的全球化过程。近代以来，由于许多国家都以西欧及北美等国家近现代以来形成的价值为目标，寻求以工业化为新出路，因此它常与西方化的内涵相近。"我国治理体系现代化，就是要推动并建设具有中国特色的社会主义制度趋于稳定并成熟，为党的建设、国家的执政、社会事业发展及社会稳定和谐、人民幸福生活、国家繁荣昌盛及长期有效发展提供一整套理论完备、体系稳定、运行有效的制度体系与保障要求。这要求在经济建设方面进一步完善社会主义基本经济运行制度和经济财富分配制度，完善社会主义市场经济体制及国家经济发展与世界经济的关系；要求在政治建设方面持续安全稳妥地推进政治体制改革，全面完善人民代表大会制度，健全中国特色社会主义民主协商制度，全面建设基层民主制度，建立中国特色社会主义法律制度体系及实现以法治国；要求在文化建设方面深化中国特色社会主义文化的体制与内涵，确立社会主义文化引领，实现文化强国的目的；要求在社会建设方面围绕构建中国特色社会主义和谐治理体系，加快形成党委领导、政府主体、社会参与、公众分担、法治保障的社会治理体系，并强化社会领域公平制度的建设，完善社会保障制度；要求在生态文明建设方面加强生态文明制度建设与生态文明措施的实施；要求在党的建设方面强化党管一切的制度设计，加强党员干部联系群众的路线安排，深化党内民主改革，保障党员民主权利，改革党的代表大会制度，实现党内选举制度，推进党内干部人事制度改革及权利监督制度改革等。

二、产业学院治理体系内涵

产业学院以服务区域经济社会发展中特定产业能力为目标，并通过提升服务能力来提高产业学院的人才培养水平与综合实力。由此，产业学院是聚合政府、高校、行业、企业及社会各项资源的建设平台，建立以技术技能实践型人才培养为主，兼有学生创新创业、高质量就业、技术创新与研发、科技发展与服务、社会培训与继续教育等多功能的、多治理主体深度融合的实体性办学组织。它具有学校与企业的共建双主体、教育单位与企业性质的双重组织性质、教育社会性与企业经济性的双重价值取向、行政管理与市场管理双轨运行机制的特征。产业学院是产业发展的最前沿，是职业院校、行业企业在产业的叠交地带，是学生在技术技能型人才培养过程中的学徒阶段。产业学院的治理要实现教育和产业融合、学校和企业融合、工作和学习融合，实现协同育人、复合育人、文化育人，构建"共设专业、共建基地、共培团队、共享资源、共创成果、共育人才"的"六共"多元治理主体的协同育人运行体系。

（一）产业学院治理体系理论基础

产业学院治理体系建设的理论基础是依托斯坦福大学研究所在 1963 年由美国学者弗里曼提出的利益相关者理论。弗里曼认为："利益相关者是指那些可以影响组织目标实现的任何个人和群体，或者是在组织目标实现过程中影响的任何个人和群体。"产业学院是政府、高职院校、行业、企业及社会专家等利益相关者参与的体现各方利益的多元办学组织。不同利益相关者对人才培养及教育质量的理解不同，因此，不同利益相关者对产业学院的运行与治理有着不一致的利益关注点。不同的利益相关者建设相关的运行与治理机构并参与治理，形成了多元治理主体构成的相互关联的网络，最终寻求并实现利益共生点。

产业学院在建设过程以及利益分配过程中所涉利益相关主体主要有政府、行业、企业、学校、学生（学徒）、教师、师傅等。在产业学院运行与治理过程中，最大化实现产业学院利益相关主体的目标一致是推动利益相关方开展合作的动力源泉。产业学院作为产教融合最现代的组织形态是各利益相关主体基于自身的利益在特定工作场景中相互博弈并共建的结果，是各相关主体利益的暂时妥协与均衡，当外在环境及内生要素发生变化时，其中某个主体对原妥协结果有不满足时，产业学院各主体就会重新构建它们之间的利益关系，以实现利益协调与重新分配。学校输出的结果，包括合作的研究项目及合作培养的人才等是否符合企业的要求，因此重要利益关系决定了校企合作成败的关键。企业是理性的经济人，以追求成本节约、资本增值为目的，因而忽视企业追求利润目的的合作是不可长久的、没有生命力的，产业学院的长久持续发展，须把保障企业自身利益放在第一位。企业在保障自身利益的同时，势必会想方设法保障学生或学徒的利益，学生（学徒）在产业学院中的学习不同于在其他普通学校的学习，他们更多地依靠企业的岗位与技术，在工作中学习、在学习中工作，并从中获益，这无形中促进了校企精准合作，达到精准育人的效果。因此，学校实现了培养社会需要的人才之教育使命，行业企业也获得了事业发展的持续人力资源与技术创新等重大资源，政府也实现了促进经济社会全面发展的伟大目标。

（二）产业学院治理体系现代化内涵

产业学院治理体系是在产业学院进行共建共治的治理过程中逐渐形成的一种基本结构，它强调治理主体的多元性以及多元治理主体间的平等性、民主性及协同性。产业学院的治理体系包括外部的治理体系和内部的治理体系，是外部、内部治理体系的有机结合体。从外部层面看，外部治理体系的关系结构是政府、社会、市场和产业学院自身等治理主体在对产业学院进行共建共治过程中逐渐形成的，核心的治理关系是政府与产业之间的关系；从内部层面看，产业内部治理体系的关系结构是学术组织、行政组织、教师、学生以及行政管理人员等治理主体或在对产业学院进行共建共治共享过程中逐渐形成的，核心的治理关系是产业学院内部各组织各机构之间的关系。

产业学院治理体系现代化是过程与结果的统一。当看作过程时，实现产业学院治理体系现代化不是一蹴而就的，而是一个逐步完成、慢慢实现的过程，是一个按事物发展之循环上升永无止境的过程；当看成结果时，因为产业学院治理体系现代化特征具有某个阶段的相对性和某个时期的先进性与现代性，在某个特定的产业学院发展阶段和特定的时空范围内，它就会表现为某种特定的相对先进而可描述的治理体系现状。产业学院治理体系现代化，从过程上是要追求产业学院内、外部治理体系自身，以及内、外部治理体系之间体系不断优化、效率不断提升的过程，更是追求产业学院内部外部各要素更好地能维护和保障产业学院多元治理主体达成各自最优目标的过程；产业学院治理体系现代化，从结果上就是要求产业学院追求其外部内部治理体系自身，以及相互之间运行与输出相对优化与高效的静态结果，这也是产业学院治理体系能够维护和保障产业学院多元治理主体各方利益与目标实现均衡的结果。

（三）产业学院治理体系现代化建设

产业学院治理体系现代化建设需要与时俱进，从建设先进性、科学性、民主性、和谐性、文化性、均衡性，以及进入信息化时代的相关方面统筹考虑。

1. 治理理念的先进性要求

产业学院需要实行多元主体共同建设共同治理。共建共治是一种公共的治理理念，也是实现产业学院治理体系现代化的一条重要路径。多元治理是一种围绕目标、识别治理系统中各主体关联性的系统思维，是符合职业教育发展规律的系统思维。共建共治理念也是一种协商治理理念，即按照产业各主体的权利与义务构建整体的权利与义务架构，多元治理利益主体明确各自的权利、义务与责任，形成一个责任、权利与义务明确的治理系统。产业学院是学校、政府、行业、企业、学生、家长等利益相关者交集的组织，要秉持高度开放多元参与的产业学院治理理念，在这个多元共建共治的混合体系里面协调，努力寻找各方利益最大化，遵循"资源汇聚、搭建平台、理性协商、共同决策、有序执行"的逻辑关系构建产业学院治理体系现代化的路径。

2. 治理体系的科学性要求

产业学院治理体系要遵守守常与变革、坚持与创新的基本逻辑，既要有系统性的变革和创新，又要有体系的基本原则、价值理念和先进做法的追求，遵循"稳中求变，变中突破"的逻辑法则，建立多利益相关主体深度协同、全面配合的工作机制，推动产业学院治理体系科学有效、全面发展。产业学院是职业院校和行业企业之间的交叉地带，是从学校的学生到产业学院的学徒再到企业高素质高创新技术技能人才培养全过程的公有领地，产业学院在此领地内要妥善处理好决策权力、管理权力、学术权力、民主权力等权力之间的分配关系与使用边界，协调各治理主体方的地位和功能，形成相互补充、协调、制衡的局面，最终形成科学化的内部治理机制，即理事会领导、院长负责、教授治学、共建共管的产业学院的内部治理机制。

3. 治理过程的民主性要求

如前所述，产业学院具有学校与企业的双元主体特征、教育单位与企业性质的双重组织特征、教育社会性与企业经济性的双重价值取向特征、行政管理与市场管理的双重管理机制特征。这决定了产业学院在内部治理过程中，必须关注多元治理主体的利益诉求、尊重多元主体的合法权利与行为动力、充分调动各自的内在动力、释放各自的全部活力，使他们主动参与产业学院的人才培养工作，提高人才培养质量及产业学院的社会服务能力。

4. 治理文化的和谐性要求

治理文化指的是产业学院多元治理主体借助一定的手段对产业学院内部进行治理，共同确定产业学院精神追求、价值目标、价值观念与管理理念等文化要素，达到共建共治共享的一种文化认同与墨守，治理文化的基本要求是和谐。产业学院多元治理主体必然出现多元治理文化，多元治理文化存在差异与矛盾，必然会碰撞，这要求产业学院文化在此过程中完成融合最终达到和谐统一，并在产业学院内部共生共长。产业学院文化是学校、企业等思想与精神的共同融合后的新观念、新价值、新制度、新物质，具有稳定性、恒一性、传导性等特征，在产业学院日常治理过程中将多元治理主体的价值观、理念、思想、精神等渗透到治理措施与治理政策中去，借用产业学院各管理节点形成具体化、物质化、制度化的文化体系与内涵。治理文化的现代化深深地影响着产业学院内部治理体系建设，引领着治理体系的建设，两者相互依存、相互交融、相互影响。治理文化的和谐性要求培育出和谐的治理文化，为治理体系建设营造健康的生态环境。围绕产教融合的人才培养理念确定与之相匹配的治理文化内容，创新产业学院治理文化，培育出产业学院新的工匠文化，创新产业学院校企文化，创新产业学院生态文化，推动产业学院内部治理体系工作的顺利开展，实现治理现代化的最佳效果。

5.治理结构的均衡性要求

治理结构是产业学院内部治理体系现代化建设的核心要素，有着举足轻重的作用。产业学院是一个典型的利益共同体组织，多元主体间利益息息相关，多元治理主体间的利益诉求是不同的，甚至是冲突的，要谋求产业学院各主体的利益共生点并非易事。为此，在产业学院治理结构的设计与建设上，要去除产业学院行政化要素，抛弃传统的行政级别观念，实施企业扁平化管理结构；协调产业学院外部资源的聚集过程中各主体的决策权力、管理权力及执行权力之间的合理结构，同时实现产业学院内部各机构各组织各人员之间的权力与利益的相互均衡，建立起系统的和谐有效的产业学院治理结构，推进多元主体治理，实现共同治理。

6.治理过程信息化要求

产业学院要按照共同认可的办学理念和产教融合发展的战略规划，结合区域经济及社会发展的实际情况，规划产业学院的建设，对接和辐射周边产业，形成与企业的就近合作、学生就近就业的模式。在此过程中，要将各类产业学院聚集的资源按信息管理优化原则，用最现代的信息化管理平台处理人才培养过程与人才就业结果之间的资源对接，使产业学院管理高效，使产业学院的规划建设将企业用人需求与学校的专业群建设相结合，同时学校根据信息化管理要求及时动态地调整专业建设和人才培养方案等。

三、产业学院治理体系现代化实现路径

现代产业学院治理体系现代化实现路径可以遵循"资源汇聚、搭建平台、理性协商、共同决策、有序执行"的共建共治逻辑展开。

（一）汇聚社会各方资源

资源指产业学院各主体按各自优势在共建产业学院过程中介入的各种产业学院建设

因素，是各种能够物化的社会能量。政府、企业、行业组织、职业院校以不同的资源要素禀赋，按照一定比率实现相互之间的转化，以便确定各主体在产业学院共建共治秩序中的位置。产业学院治理体系有外部和内部之分，对于外部治理，利益相关者被分为政治资源、文化资源和经济资源三种资源。其中，政府相关管理部门代表的是政治资源，当然政府不可能在其中独揽全部的治理责任；职业院校与培训组织代表的是文化资源，赋予职业教育与培训的实施者身份；企业和行业组织代表的是经济与社会资源，其进入教育治理体系是由职业教育与产业紧密联系的属性所决定。对于产业学院内部治理，利益相关者被分为政治资源、行政资源和学术资源这三种资源，代表政府的党委领导是政治资源；以校长为中心的行政部门是行政资源；从事技术技能型人才培养的教师群体是学术资源。以上各方资源是产业学院建设的基础，也是产业学院共建共治的内容，将以上资源聚拢并产生符合各主体的利益目标就是产业学院治理体系现代化的出发点，也是归宿点。

（二）搭建共建共治平台

搭建平台即创设共建共治平台。从治理的不同层次来看，人与人之间的沟通与对话是产业学院有效治理的核心构成。从外部系统与内部系统来看，外部治理平台主要包括以下几种类型：一是产业学院联席会议、产业学院联盟等。不同政府部门以及企业、行业组织代表一起共同制定产业学院发展的政策法规等，构成了产业学院治理的外部治理平台。二是产业学院与行业的组织平台，如产业学院行业标准平台等。行业组织通过此平台进行人才需求预测、职业标准制订以及专业群建设、专业设置、教学组织活动与教材建设等，参与指导职业教育实践活动。三是职教集团（联盟）借助行业性、区域性职教集团（联盟）平台去实现产教深度融合与校企合作。内部治理平台主要包括：一是产业学院设立的理事会，理事会中成员中大多数成员要来自学校、企业、行业和社区，理事会成员有来自人才培养单位，也有来自用人单位。这些成员组成的理事会是产业学院治理的核心，是产业学院治理的决策机构。二是产业学院的院务办公机构，通常由产业学院院长主持并执行理事会的决议，是重要的执行平台。三是来自学校、行业、企业等职业教育的理论与实践专家组成的专家委员会，在此平台上专家们共同研讨，为专业群建设、专业建设和课程建设等提供重要建议与意见。专家们的献言献策，突出了产业学院治理体系的共建共治特性。

（三）构建理性协商平台

理性协商是基于共建产业学院外部与内部平台基础上共同商议与研讨，这是产业学院实现共建共治的必然步骤。共建共治的治理体系需要通过对话平台让多方协商讨论，将各主体的个性想法进行表达并将其传达到其他主体，从而达到信息共享，改变信息不完全的局面，进而改变各利益主体的单方面利益诉求从而达成利益的基本共识。各利益相关者平等协商的关键点在于明确各主体的资源与权利边界，清楚自身的职责和角色，同时也必须要清楚其他利益主体的资源与权利边界，他人的职责和角色。各种利益主体都在治理体系内找准自己的位置，这些位置是由单个利益主体在争夺各种权力或资源分配中所处的地位决定的，同时进入治理体系的各主体被要求接受共同的价值理念与精神追求，在协商与明确的规则下展开有效的工作。

（四）创建民主决策生态

民主决策是在各主体协商的基础上完成的，这是产业学院治理体系建设中的重要环节。民主决策中要关注三点：第一，决策权限。通过民主协商，确定各治理主体的权限边界，在民主决策过程中以各主体的资源优势决定其在自身所属空间内权限的大小。第二，民主决策的目的是将协商的过程变为规则形成这个重要结果。在共建共治的治理过程中，经过民主决策，原来讨论出来的共识、建议变成了刚性的、强制性的政策、决议及制度。第三，民主决策要注重程序公开透明，这是产业学院治理体系有效运行的保障。民主决策需要按照规定的基本运行程序实施，需要各方认真遵循决策环节的程序，此时多元共建共治精神在产业学院民主决策中得以体现，是产业学院治理体系现代化的重要表征。

产业学院治理体系现代化是要将治理过程中协商及民主决策后先进的、高效率的、具有现代意义的规则、制度等得到有效执行，并对产业学院的良性发展产生意义。规则与制度是一种理性的观念存在，具有不以人的意志为转移的客观实在性，这就决定了协商治理的过程具有一定自主性与独立性，依据自身内在逻辑来转化来自外部的影响。在规则与制度体系内，通过协调各利益主体，将原来各自的子系统按照一定的联系规则进行再分解、再创造性的整合。各种利益主体形成一个完整利益链条链，通过它们之间相互依赖的关系不断地转变，从而改变它们自身以及整个链条链的外形，逐渐显现出共建共治的治理体系的真内涵。产业学院的共同的价值、文化、规则、理念等最后都要通过共建共治的现代化治理体系有序地执行，以实现将各利益主体融合为产业学院治理的命运共同体，通过各利益主体的利益融合、文化融合及价值融合，推动产业学院治理体系的现代化。[①]

---

① 肖凤翔、贾旻：《协商治理：现代职业教育治理体系现代化的路径探析》，载《中国职业技术教育》2016年第3期，第5-10页.

第二节　现代产业学院治理体系发展概述

职业教育治理体系和治理能力现代化是国家治理体系和治理能力现代化总目标在职业教育领域的延伸，产业学院治理体系现代化是职业教育治理体系和治理能力现代化的重要组成部分。现代职业教育治理体系如何构建、表现为何种类型，既是职业教育治理体系研究必须重视的理论问题，也是影响职业教育治理体系和治理能力现代化改革成效的关键所在，对以上问题的追问有必要概述职业教育治理相关问题，其中，概述职业教育现代组织形态即产业学院治理体系在国内外理论研究的现状显得更有意义。

一、产业学院治理体系主要结构

产业学院是职业教育治理体系的重要部分，在目前学界尚未有比较明晰和权威的界定。"体系"一词本是一个物理学的概念，是指一定范围内或同类的事物按照一定的逻辑与秩序按照彼此之间的联系经过组合而成的整体。具体到"治理体系"，职业教育界学者存在诸多的看法：有学者将其看作规范权力运行和维护秩序的一系列制度和程序，强调体系的制度规制性；也有学者将其看作管理体系，是与相关利益主体管理其共同事务相关的互相联系的事物或意识构成的整体，强调体系的结构性。[①]按此分析，产业学院职业教育治理体系本质是产业学院的各利益相关主体围绕着技术技能应用型人才培养这一共同目标达成的结构化利益平衡系统，其本质强调的是一个结构体系，是在正式与非正式制度规则约束下，围绕产业学院各教育资源配置而展开的一系列理念、精神、制度及管理权力的理性协商、民主决策与执行。基于产业学院治理体系是一个结构体系的分析，从产业学院内外部各机构各组织如何分配教育资源并运行各项治理管理权力的角度看，国内外职业教育界将产业学院治理体系基本上分为分层结构、分权结构与共建共治结构三种主要形式。

（一）分层结构治理体系

按照产业学院资源配置权限及其对应的治理逻辑按层级构建起来，分为上层、中层与下层三个层面，形成传统高校常见的三层次治理结构。层级治理体系是我国职业教育治理及产业学院治理的传统的表现形式，但是由于此治理体系没有关注到产业学院建设主体的多元性，对其运行与治理过程中涉及的多方诉求难以周全，且其权力过度集中、

---

① 肖凤翔：《2014年度教育部哲学研究重大课题项目"现代职业教育治理体系与治理能力现代化"开题报告书》，2015年．

官僚化严重及其效率低下等弊端，一直为人们所责备。随着国际国内职业教育的发展，产教整合的大方向要求产业学院建设的现代化。此分层级结构治理体系目前仍多存在于职业教育欠发达的地区，产业与职业教育联接不紧密，与未来产业学院的治理体系发展方向格格不入。

（二）分权结构治理体系

从产业学院的治理权限运行方向上进行构建，其遵循治理权限的分配原则。此结构将产业学院治理体系看作一个大系统，各产业学院利益主体就是若干子系统，各子系统通过在产业学院中设立的机构、组织及各治理平台，表达各自的诉求，实现各自的治理权限。一般认为，在产业学院存在多元子系统与多种不同权力，有政府产业发展方面的领导系统及决策权力，有行业标准、企业岗位标准及人才使用方面的牵引系统及需求权力，有职业院校专业发展、学院整体实力提升等方面的主导系统与人才供给权力等。各子系统之间相互存在一定矛盾与冲突，让产业学院大系统和子系统得以链接、相互渗透、相互适应与共存，各个子系统之间一直处于产业学院内部治理运行过程的协调与平衡中。治理体系从一开始就处于一个动态调整的过程，它们不断趋向均衡而又偏离均衡，这种动态均衡所形成的力量不断推动着产业学院治理体系朝现代化前行。从国内外产业学院治理体系现状看，分权结构治理体系更多地体现在市场化程度较高及契约度较高的我国民办高职院校与其他主体建设的产业学院中。

（三）共建共治结构治理体系

综合分层结构治理体系与分权结构治理体系的构建逻辑，体现治理权限的分配逻辑，也体现治理权限的组织科层，各利益主体在产业学院建设中明确各自的权利和责任，形成共建共治的结构系统。产业学院开展的职业教育从来不是孤立存在的，对技术技能型人才的培养也不是职业教育的学校、企业等产业学院建设个体单独能够完成的。各利益相关者拥有不同资源，在治理体系里妥协、协调、共荣、共生，努力寻找满足各方利益最大化的交集，从而形成结构化的治理体系，它不是一个同质化实体，而是异体存在的最大公约数体系，造成内在规定的治理过程中利益相关者的责任及其边界。

用产业学院治理体系现代化的衡量标准审视分层结构、分权结构与共建共治结构这三种治理体系，从中我们发现共建共治结构是现代职业教育治理体系及产业学院治理体系的理想类型选择。

1. 产业学院共建共治结构治理体系体现了治理体系现代化的结构和谐性标准

首先，共建共治结构治理体系是否反映了公共治理理论的最新成果。由于产业学院治理在职业教育中具有"准公共品"属性，其治理体系现代化进程反映了公共产品的属性且与公共治理理论变化趋势相吻合。其次，共建共治结构治理体系反映了结构主义理论思想及发展趋势。共建共治结构治理体系是一种社会结构，反映出一定历史时期人们对结构的认知规律，符合结构主义理论要求。最后，共建共治结构治理体系的构建呈现了冲突与和谐理论的辩证统一。"矛盾是普遍存在的，各主体的冲突与矛盾因其根源的多因性、双重性与相互关联性而显得更加错综复杂，社会组织不能一味寻求均衡的社会系统，而是需要强制性地协调联合体，这与中国传统文化和而不同的儒家思想不约而合。强调共同建设、共同治理、共同享有产业学院共建共治结构治理体系与我国传统与现实实现了统一，按此治理体系进行产业学院建设与治理定会结出产教融合的硕果。"[1]

2. 产业学院共建共治结构治理体系体现了传承与发展的现代化标准

国家治理体系现代化的衡量标准对此具有喻示意义。俞可平教授认为，从国家治理层面，民主政体的建构与多元共治的机制是现代化国家治理体系最基本的显示指标，依此提出了衡量国家治理体系现代化的5个标准：公共权力运行的制度化和规范化、民主化、法治、效率、协调。用这5个标准来衡量产业学院治理体系现代化：制度化与规范化，既指产业学院建设过程中依据国家及上级政府的文件而制定的正式制度和规则，也指基于产业学院各主体的共同利益和价值的非正式制度安排等，这在产业学院治理体系建设中是放在重要位置的；法治，是要求产业学院治理体系是一种基于法制的民主协商的理性治理，各利益相关者在规则、制度及法律面前人人平等，从而构建起产业学院治理与发展的长效机制；效率，要求各利益相关主体按照一定的程序就职业教育中产业学院治理相关问题达成共识并各自积极实施，其中尊重产业学院议事规则，遵循产业发展规律与职业教育规律高效地开展各项工作；协调，要求产业学院治理体系是一个精神、价值、制度与物质生态系统，需要产业学院各建设方的积极参与、良性互动。产业学院发展具有地域性、成长性、创新性等多项特征，产业学院治理体系现代化的标准，既要包含前期进入现代化治理行列的发达国家起示范作用的指标内容，又要包含我国产业学院治理体系构建过程中的本土性与成长性、创新性特征，体现着新时代职业教育中产业学院治理不断演进的丰富内涵。

3. 产业学院共建共治结构治理体系体现了现代化治理体系的科学内涵

共建共治式治理体系在实践活动中表现为各利益主体协商治理，而协商治理的理论来源于协商民主。"20世纪90年代初，西方政治学界兴起了协商民主，学者们将其界定为民主的决策体制或者是理性的决策形式。deliberative原意是深思熟虑的、慎重的、

---

① 肖凤翔、贾旻：《协商治理：现代职业教育治理体系现代化的路径探析》，载《中国职业技术教育》2016年第3期，第5-10页.

审议的，具有一种公民理性参与的特征，在理性讨论和协商中做出具有集体约束力的决策，形成了协商治理这种新型治理范式。"协商治理一般通过自由平等的对话方式，让各利益相关者充分表达理性诉求，形成利益化最大化的交集，从而产生产业学院各项治理决定。"协商治理已经成为全球意义的典型治理范式，在美国的大学治理中已多有成功经验，为大学发展建构良好的组织架构，为美国成为高等教育强国提供制度保证。"从治理体系现代化的科学内涵看：首先，共建共治是一种新型的公共治理范式，是实现产业学院治理体系现代化的一条重要路径选择。协商民主为产业学院共建共治治理体系提供了合法性，展示了治理的有效性基础。其次，借助共建共治治理体系，现代产业学院治理体系由此构建了一种关于实践的结构理论，解决了结构与行动对立的二元论问题，为治理提供了一个总体性的可操作远景，象征着产业学院治理体系的未来发展。再次，共建共治治理体系是矛盾不断解决又不断产生再不断解决这样一个螺旋上升的循环过程，通过共建共治，可以协调当前产业学院发展所面临整体性与分散化资源配置的基本矛盾，协调解决政府、院校、企业、行业组织、社会公民等利益主体基于其所拥有资源而产生的不同权力需求乃至冲突，从而更好地服务技术技能型人才培养目标的实现。最后，共建共治治理体系深刻体现着科学标准兼顾的优越性。共建共治治理体系从民主逻辑出发，行业、企业、社会公民等不再是单纯的顾客或者是被服务者，而是主权者，是产业学院决策的制定者、参与者与监督者、执行者；共建共治发生在由正式制度与非正式制度共同组成的制度框架体系内，兼顾了制度的刚性与灵活性，产业学院在治理过程中各利益相关主体、治理事项是不确定的、是与时俱进的、是依据治理事项或决策层级的变化而变化的，这就意味着除了坚守刚性制度，还需要柔性的、生成约定的一系列非正式的制度；产业学院共建共治治理体系围绕着技术技能型人才培养这个中心任务，借助民主协商平台，统一各利益相关者诉求，形成公共理性的统一，提高治理的行政效率和经济效益；政府、院校、企业、行业组织、社会公民等利益相关方参与、互动，形成协调共治的职业教育命运共同体。多元利益主体的共建共治协调了职业院校与企业、政府与行业组织在治理体系中的关系，企业和行业组织不再是消极的旁观者，并游离于职业教育改革和发展过程之外，而变成产业学院与职业教育的积极建设者。①

产业学院共建共治治理结构是现代职业教育治理体系及产业学院治理体系的理想类型，代表了未来产业学院的现代化方向。在现实运作过程中，产业化程度较高的经济发达地区较多地应用了这一种治理结构，通过产业学院外部治理体系的建设如产业学院联盟的构建，带动产业学院内部治理体系的建设如产业学院理事会等构建，形成产业学院

---

① 肖凤翔、贾旻：《协商治理：现代职业教育治理体系现代化的路径探析》，载《中国职业技术教育》2016年第3期，第5-10页．

内涵丰富的治理体系格局。

二、英国"产业大学"治理体系

产业学院与英国的"产业大学"相关，此概念是 1996 年由英国独立的民间研究机构公共政策研究所在其发表的《产业大学：创建全国学习网》报告书中首次提出的，次年英国财政大臣戈登·布朗将"产业大学"这一新概念运用于政府工作报告中，在教育界和企业界引起了较大反响。1998 年，英国政府发表了《学习的时代：一个新的不列颠的复兴计划》绿皮书，提出了创建"产业大学"的构想，英国的"教育与就业部"进而拟定了《英国的产业大学——使人人都参与终身学习》，对产业大学的设立进行了全面而具体的规划。至此，英国的产业大学开始由理论转化为现实，由机构的试点研究转化为政府的全国推广。实际上，英国的产业大学是"由公共部门和私人部门共同创造的，通过现代化的网络和通信技术，向社会提供高质量的学习产品及服务的开放式远程学习组织，是学习者和学习产品之间的中介机构"。它具有如下鲜明的特征：其一，教育供给的整体性。产业大学将教育作为一种产业，利用现代化信息与通信手段将各教育机构联系起来，建立了完备的教育供给体系。在产业大学中，学习产品和教育服务的供给者既可以是大学院校，也可以是图书馆，甚至是各类私营培训机构。其二，教育对象的职业性。产业大学的受众以成人和职业群体为主，其学习的范围从基本的职业综合素质培养到职业技能训练等环节都有职业属性的安排。产业大学旨在通过与职业对接的知识传授和实践练习，提高劳动者的就业能力与职业素养，提升企业的竞争力。其三，教育资本的混合性。产业大学的资本，前期主要由政府公共部门提供，建成后的产业大学积极与社会资本开展合作。由此可见，产业大学既非公立亦非私立，而是具有混合所有制特征的新型教育组织机构。其四，教育资源的市场性。产业大学运用市场营销策略按市场规律拉动市场中潜在的学习需求，再根据市场学习需求有针对性地开发学习课程和学习服务。这种遵循市场导向合理配置教育资源的运作方式，不仅保证了教育资源的有效利用，也使产业大学与教育产业链上的各参与主体依据市场需要结成了战略合作伙伴。[①]

英国产业大学是英国政府及民众在终身教育理念下，为促进成年人继续学习，尤其是继续提高职业技能水平而搭建的推行开放教育和远程学习的组织。在创办产业大学之前，英国政府出台了一系列与终生教育和终生学习相关的政策法规，如《学习时代》绿皮书、《学习成功》白皮书、《学习与技能法》等；英国实施了个人学习账户制，对学习者给予财政上的支持；建立了开放的国家职业资格证书体系；英国政府通过政策法规、财政支持、资格证书等的设立，为产业大学的创办营造了学习型社会的氛围。民间和政

---

① 张艳芳、雷世平：《英国产业大学与我国产业学院的比较及启示》，载《职业教育研究》2020 年第 1 期，第 85-90 页.

府的教育组织机构则通过资源的共享与整合为产业大学的发展提供了持久的智力支撑。因此，英国产业大学是在政府和各教育组织机构共同努力下借助网络信息技术的普及而发展起来的。英国产业大学与我国产业学院在治理运营方面呈现出风格迥异的发展态势，英国产业大学的管理分为总部、管理中心、学习中心三级管理，其组织机构包括首席执行官（负责整个公司的运营情况和协调各部门的工作）、副总裁（负责制定策略和计划及联系各个股东之间的关系），以及财务部、产品和市场部、人力资源开发部、技术部、运营部、商业开发部等各部门。产业大学各职能部门之间各有分工、各司其职，相互协作又相互制约。这样既保证产业大学运营的效率，也方便产业大学的管理。①

三、现代产业学院治理模式发展趋势

由于混合所有制产业学院的投入主体多元，且不同的产权交叉融合，使其治理问题更为复杂。内部治理是混合所有制产业学院改革的核心，主要指产业学院在改革过程中，各利益相关者共同管理产业学院内部事务的诸多方式的总和；它是产业学院内部运行的一种制度架构，包括正式和非正式地引领产业学院发展的各种制度安排。大多数高职院校在探索发展混合所有制产业学院的过程中都建立起董事会（理事会）领导下的院长负责制，且设立了董事会（理事会）、监事会，有的甚至设立了股东会及各委员会，然而这些组织机构作用的发挥不一定充分，各组织机构成员构成的科学性与合理性还需完善，且这些组织机构的运行及各组织机构之间关系的协调需要相应的运行保障机制，董事会（理事会）、监事会的成员主要来自举办方，教师代表几乎没有或是缺乏代表性。另外，混合所有制产业学院办学体制的探索，相关运行保障机制，如人事制度、民主协商制度、财务管理制度、进退出机制、激励约束机制等的建设还有待完善，所以，混合所有制产业学院代表未来产业学院的发展方向，在实践中还有较长的路要走。

首先，混合所有制产业学院内部治理结构的完善不仅仅是成立股东、董事会、监事会，还在于如何处理好这些组织机构、党委及职业校长（院长）等之间的关系。在产业学院内部要形成两级治理架构：一方面，职业校长（院长）与董事会（理事会）之间形成互信关系，并充分发挥监事会的监督作用，实行董事会决策、院长执行、监事会监督"三驾马车"齐头并进的一级治理架构。另一方面，在以产业学院院长为代表的管理团队带领下，下设相应的专业委员会，以实现产业学院层面的二级治理。

其次，混合所有制产业学院内部治理结构的完善还要通过召开董事会（理事会）、院长会、院务会、教职工代表大会、学生代表大会等畅通上下级各部门之间的沟通机制，使得基层的声音能够及时反馈到上级主管部门，并推动上级决策更好地得到贯彻、执行，

---

① 张艳芳、雷世平：《英国产业大学与我国产业学院的比较及启示》，载《职业教育研究》2020年第1期，第85-90页.

这样有助于形成网状的、能够相互制衡的内部治理架构。

最后，混合所有制产业学院运行机制要健全并进一步完善，各产业学院要根据当前混合所有制探索的实际情况及时建立、修订和完善相关章程，如学校章程及董事会（理事会）章程，并以此作为产业学院办学的重要依据。董事会（理事会）章程明确规定成员的数量、构成及其进退出机制、每年召开会议的次数、议事规则、董事会（理事会）的权责、院长聘任的程序及其权责等，各个组织机构严格按照章程规定执行。与此同时，各职能部门制定并完善相应的规章制度，如人事管理制度、财务管理制度、民主协商制度等制度规范。除了"硬"制度，高职院校的一些"软"制度也将得到更多关注，如学院与企业之间互动的产业学院融合文化等。以上相关制度的完善与遵循，也利于促进各组织机构之间关系的协调，从而构建有序、高效的内部治理体系。[①]

第三节　国内产业学院治理体系典型模式

产业学院发端于英国，随着我国教育与产业的融合不断深入，产业学院的建设成为我国产教融合最现代的组织形态。产业学院的建设主体不同，组织机构与运营体系不同，导致国内外出现不同的产业学院治理模式。目前国内在东部沿海地区产业发展取得较好成效与区域职业教育的高质量发展密不可分，其中出现了一大批积极开展产业学院治理体系探索的高职院校，如上海工艺美术职业学院市场营销传播学院，与WPP集团实行"双主体运营模式"创办产业学院办学；中山职业技术学院的采取"专业镇产业学院"模式建设实现"一镇一品一专业"；广东轻工职业技术学院的"优势专业内生模式"面向生活产业创新。

一、上海工艺美术职业学院"双主体运营模式"

上海工艺美术职业学院和WPP集团合作举办的WPP学院，定位在职业教育的市场营销传播学高端，实行双主体办学，建院之初的办学目标是建成世界一流的营销策略规划与创意设计专业教育学院。上海工艺美术职业学院有60年办学历史，WPP集团又是目前全球最大的市场营销传播服务企业集团，双方迅速达成培养行业急需高端人才的共同愿望并建设产业学院。WPP作为企业方面参与产业学院教学体系的构建和教学资源的调配，专业人才培养计划与方案完全按照行业需求制作。WPP学院提出如下教学理念：让"一天教育等同一天执业"，理论与实做结合运用；掌握本土市场特质，引进全球最新资源，中外、校企无缝接轨，均衡发展学生的创意设计、市场营销与项目执行能力；在尊重文

① 陈春梅：《高职院校混合所有制内部治理的发展趋势》，载《中国职业技术教育》2020 年第 19 期，第 49-53 页。

化底蕴的充满活力的学习环境中启发每一位学生的专业精神与正直伦理，培育整合营销传播的新世纪人才。做中学，学中做，操作一个案例如同打一场战役，三年累积下来，每个学生都可能征善战。WPP学院的理念重点就是"实用"一个词。

二、中山职业技术学院"专业镇产业学院模式"

专业镇产业学院模式是高职院校与相关镇政府依托现有重点专业群和特色专业群，在其产业园区合作兴办的，集学历教育、社会培训、技术研发与服务等功能于一体的教育实体机构，同时，也是专业产业紧密对接的、镇校合作的高职教育发展新模式。专业镇是随着我国镇域经济的崛起，由广东学者在20世纪90年代提出的经济发展模式。目前，专业镇已由最初专业化生产的乡镇经济区域逐渐发展到由若干个相互关联的企业高度集聚、主导产业与配套产业协同发展，具有国内外产业明显竞争优势的区域，形成了一种专业化区域生产的组织模式。"一镇一品"是专业镇经济发展的基本特点，即一个专业镇拥有一个或几个优势明显、规模大、市场占有率高的支柱产业。我国专业镇多集中在珠江三角洲和长江三角洲等经济发达的沿海地带。专业镇产业学院起源于广东省中山市，其典型代表是中山职业技术学院在其"一镇一品一专业"的布局基础上，与专业镇政府合作兴办的4个产业学院：依托服装专业群，在沙溪镇全国休闲服装产业基地组建的沙溪纺织服装学院；依托灯饰专业群，在古镇国家火炬计划照明器材设计与制造产业基地组建了古镇灯饰学院；依托电梯专业群，在中山南区国家火炬计划电梯特色产业基地兴办的南区电梯学院；将工商管理类专业与小榄镇制造业和现代服务业结合成立的小榄工商学院。专业镇产业学院成了新型城镇化背景下高职教育发展的新型模式，自2011年成立第一个专业镇产业学院以来，分别服务不同的专业镇支柱产业，引起了社会各界的广泛关注。其治理模式特征如下。

（一）创新投资体制，形成了"镇校企"多元办学的治理格局

产业学院投资体制是指高职办学过程中固定资产投资活动的运行机制和规范投资者责、权、利关系的制度总和，主要包括：投资主体的确立及其行为方式、投资资金的途径、投资利益及管理权限的划分等。"专业镇产业学院"多元投资主体的形成分为两步：第一，高职院校与专业镇政府签订镇校合作办学

协议，双方共同出资，承担产业学院基本建设和首期固定资产投资，形成了产业学院建设启动资金的二元投资体制；第二，在产业学院的运行过程中，在政府主导下，行业、企业、科研院也积极投资或捐赠，购置或更新教育教学过程中的设备、设施以及其他固定资产，形成了产业学院运营资金的镇校企多元投资格局。因此，专业镇产业学院是在

镇政府主导下，由行业、企业、社区、科研院所、其他院校等多方利益主体投资形成的多元办学实体，形成多元治理格局。

（二）创新治理结构，实施董（理）事会领导下的院长负责制

与传统的政府办学校、行业企业办学校、私立学校不同，产业学院是多元合作的办学实体，多元办学主体之间存在主体目标、管理理念、组织文化等认识方面的冲突，出现不易管理、协调难度增大等问题。为实现产业学院的发展目标，提高管理效能和办学水平，专业镇产业学院大胆创新产业学院的管理体制，包括创新产业学院治理体系的组织结构和组织方式，形成规范产业学院各投资主体、各治理部门的职责、利益及其权利义务关系的制度准则，其核心内容是组织结构创新和组织制度创新。专业镇产业学院的治理结构有两种形式，即董事会领导下的院长负责制和理事会领导下的院长负责制，比如小榄工商学院实行的是董事会领导下的院长负责制，南区电梯学院、沙溪纺织服装学院、古镇灯饰学院实行的是理事会领导下的院长负责制。董事会或理事会是社会力量参与产业学院的途径和组织形式。"董事会治理结构管理具有决策力度较大、实际管理效能较强的特点，能保障产业学院办学资金的持续注入和社会需求的有效反馈，而理事会治理结构更多表现为专业领域的决策、咨询与指导等综合职能，各理事会成员之间的联系比较松散。""专业镇产业学院良好地实现了专业与产业、课程与岗位、教室与车间、教师与技师、实习与就业、学生与员工的6个对接，有效践行了'工学结合'的人才培养模式，提升技术技能型人才培养质量，专业镇产业学院校企协同育人的实践经验能为其他职业院校提供一定的借鉴。所以，专业镇产业学院是政校企合作的有效载体，是学院校企深度、紧密、长期合作的实践平台，也是高职院校在发展过程中与本科院校错位发展的理性选择之一。"

三、广东轻工职业技术学院"优势专业内生模式"

广东省轻工职业技术学院以服务广东轻工行业为宗旨，学院围绕轻工产业集群设置院系有轻化工技术学院、机电技术学院、食品与生物技术学院、生态环境技术学院等多个二级学院，依托二级学院中的优势专业（专业群），聚焦世界500强企业，与SGS公司、鼎湖山泉公司、白天鹅酒店、瀚蓝环境公司、华为公司、达意隆公司、雷诺公司等各领域的龙头企业进行校企合作，先后成立化妆品学院、雷诺钟表学院、SGS测试学院、白天鹅学院等多个产业学院。广东轻工职业技术学院各产业学院的专业设置，重点对接现代服务业、先进制造业、新型电子信息、先进生物医药等支柱产业及节能环保、新能源等优势产业，推动专业的交叉融合发展，打造轻化工技术、机电技术、食品与生物技

术等专业群。以优势专业为基础建立产业学院，带动相关专业发展，由此打造专业与产业发展之间的良性发展联接，如依托机电一体化、电气自动化技术等优势专业与广州达意隆包装机械股份有限公司建立达意隆智能装备产业学院，开展现代学徒制及共建国家级工程中心和国家级实验室方面的合作，依托食品与生物技术等专业建设 SGS 测试学院，带动学校建筑装饰材料及检测、工业分析技术、环境监测与治理技术等专业的加入与发展等。同时，在二级学院的框架下，利用其中特色明显、专业实力较强的专业开办二级学院下的三级产业学院。广东省轻工职业技术学院各产业学院实施理事会领导下的院长负责制，构建利益相关各方"人才共育、过程共管、成果共享、责任共担"的紧密型校企合作长效机制。学院创新性地打造"学校层面、二级学院、产业学院"梯级治理权限下沉体系，开展具有实效性、创新性与监控性的动态治理体系。广东省轻工职业技术学院各产业学院开展绩效工资制度改革、建立项目驱动型人才管理模式、实行现代学徒制和弹性学制、制定"三三制"（三性——文明性、创造性、技能性；三会——学会做人、学会做事、学会做好；三育——通识教育、创新教育、专业教育）创新性人才培养方案、建立健全专业人才培养质量监督机制等。[①]

四、中山火炬职业技术学院"院园融合模式"

根据中山市《把推进新型专业镇发展作为中山落实主题主线的主战场》的精神，即新型专业镇发展要在技术、商业模式、产业组织、要素资源和产城融合等方面实施系列的创新工程，推动传统产业向现代产业迈进、由传统产业体系向现代产业体系迈进。[②]中山火炬职业技术学院依托中山火炬开发区，服务于工业园区内的行业、企业，全面深化高职教育改革，高职教育与工业园区深度融合，形成了以"院（学院）园（工业园区）融合"为抓手的高职教育综合改革的中山火炬模式，在服务产业升级、创新人才培养、增强校企合作、技术服务、深化培养改革等方面取得了成效。[③]

中山火炬高技术产业开发区拥有国家健康科技产业基地、中国包装印刷生产基地、国家火炬计划装备制造中山（临海）基地等 8 个国家级基地，还拥有装备制造、节能和新能源、微电子和通信、生物科技四大新兴产业。开发区实行的是园区总（集团）公司管理体制，成立了 10 个总（集团）公司代理执行政府职能。中山火炬职业技术学院坐

① 卢坤建、周红莉、李作为：《产业学院推进产教深度融合的实践探索————以广东轻工职业技术学院为例》，载《职业技术教育》2017 年第 23 期，第 14-17 页.

② 《学院科技服务项目助推专业镇企业转型升级，校企合作研发十种新产品，填补国内生鱼和鱼骨加工产品空白》，见 http://www.zstp.cn/site/news/mynews/2016/0428/12766.html.

③ 王继辉、张杰、赵伦芬、赫崇飞：《以"院园融合"为抓手的高职教育综合改革模式的实践探索——以中山火炬职业技术学院为例》，载《广东技术师范学院学报（社会科学版）》2016 年第 12 期，第 81-84 页.

落在火炬区腹地，拥有独一无二的先天职业教育区位优势和产业优势。在管理体制上，学院成立了"政府—学校—企业"三方参与的董事会，区管委会主任兼任董事长。火炬区 10 个总（集团）公司董事长全部为学校董事会成员，在顶层架构的设计上形成了"院园融合"的治理体制，订立了董事会章程。董事会下设校企合作指导委员会、专业建设指导委员会、就业创业指导委员会、第三方评价委员会 4 个委员会，与学院教学系部、专业（群）对接，各系部根据人才培养和专业建设的学院成立分会，与董事会下设的 4 个委员会对接，将"院园融合"治理架构延伸到课程建设和专业（群）教学层面，形成了基于火炬区"一总公司、一基地、一园区、一产业（群）"的经济发展格局，构建了"学院对接区属总公司、教学系部对接工业园区、专业（群）对接产业（群）"的对应合作关系，实现了发展规划、专业设置、培养模式、人才规格、教学组织、顶岗实习、师资队伍、技术研发、继续教育、文化建设 10 个维度的全面深入合作。

五、广州科技贸易职业学院"对接产业链模式"

按照"把学校建在产业园区、把专业（群）建在产业链上"的理念，立足高起点高质量建设产业学院，经过对广州市开发区行业企业调研，学校依据自有专业特点，按照有所为有所不为原则，对接开发区科学城产业布局、按照全产业链的思路建设开发区科学城产业学院。开发区科学城产业学院对接科学城产业链上游产品创意设计行业设置艺术设计类专业群、对接产业链中游产品制作行业设置智能制作专业群、对接产业链下游产品的营销服务行业设置商务服务类专业群。

第四节　产业学院治理体系探索实践

为深入贯彻党的十九大和十九届二中、三中、四中、五中全会精神，全面落实全国教育大会精神和《中国教育现代化 2035》，培养适应和引领现代产业发展的高素质应用型、复合型、创新型人才，教育部办公厅、工业和信息化部办公厅印发了《现代产业建设指南（试行）》的通知（教高厅函〔2020〕16 号），提出高校要以立德树人为根本任务，以学生发展为中心，突破传统路径依赖，充分发挥产业优势，发挥企业重要教育主体作用，深化产教融合，推动高校探索现代产业学院建设模式，建强优势特色专业，完善人才培养协同机制，全面提高人才培养能力。高校要建设若干与地方政府、行业企业等多主体共建共管共享的现代产业学院。

广州科技贸易职业学院积极探索产教融合、校企合作之路，推动产业学院的建设。2017 年开始，学院积极响应国家关于加强产教融合、校企合作，推进职业教育人才培养模式改革的号召，积极研究并探索现代产业学院的建设之路；2018 年 5 月，广州市教育局与广州市开发区合作共建了"产教融合示范区"，学院申报了广州市产业学院，广州科技贸易职业学院"动漫游戏产业学院"获得立项；2018 年 9 月，学院 11 个专业 733 名学生进驻产教融合示范区，成为了首批进驻"产教融合示范区"建设产业学院的职业院校；2019 年，学院围绕"广州市产教融合示范区"的建设要求，将产业学院建在开发区里，将专业建在产业链上，学院与开发区科学城光宝科技园签订了合作协议；2019 年 8 月正式成立了广州科技贸易职业学院"开发区科学城产业学院"，学院学生近 1200 人进入了该产业学院；2020 年 9 月，学院依托开发区科学城产业学院，通过"两对两访三落实"，构建"两制三育一体系"，即通过各专业对接行业及岗位标准，访问校友及名企，落实合作企业、真实项目、"双师型"团队，大力开展现代学徒制、学分制改革，加大产教融合、校企合作的力度，促进学生素质、创新、技术能力提升，构建多元评价体系，探索现代产业学院的治理体系，全面提升现代产业学院建设内涵，将产业学院建设规模扩大至 2400 人，在现代产业学院建设路径探索及产业学院治理体系建设工作中书写新时代产教融合的奋进之笔。

一、开发区科学城产业学院治理体系建设目标

2019 年 7 月 24 日，习近平总书记主持召开中央全面深化改革委员会第九次会议，审议通过了《国家产教融合建设试点实施方案》（以下简称《实施方案》），并于同年 10 月 10 日公开发布。《实施方案》指出，深化产教融合，促进教育链、人才链与产业链、创新链有机衔接，是推动教育优先发展、人才引领发展、产业创新发展、经济高质量发展相互贯通、相互协同、相互促进的战略性举措。开展国家产教融合建设试点，要坚持以习近平新时代中国特色社会主义思想为指导，深入贯彻全国教育大会精神，坚持新发展理念，坚持发展是第一要务、人才是第一资源、创新是第一动力，把深化产教融合改革作为推进人力人才资源供给侧结构性改革的战略性任务，以制度创新为目标，平台建设为抓手，推动建立城市为节点、行业为支点、企业为重点的改革推进机制，促进教育和产业体系人才、智力、技术、资本、管理等资源要素集聚融合、优势互补，打造支撑高质量发展的新引擎。《实施方案》明确，通过 5 年左右的努力，试点布局 50 个左右产教融合型城市，在全国建设培育 1 万家以上的产教融合型企业，建立产教融合型企业制度和组合式激励政策体系。

从 2019 年起，国家在部分省、自治区、直辖市以及计划单列市，试点建设首批 20 个左右产教融合型城市，广州作为国家教育强市，位列其中。广州作为首批产教融合型试点城市之一，其目标是力争用 3～5 年时间，基本建立具有广州特色的产教融合发展

制度体系和组合式激励政策体系，到 2025 年建设 5 个以上产教融合型行业和 200 家以上的产教融合型企业，基本形成教育和产业统筹融合、良性互动的发展格局，建成立足国家重要中心城市、面向粤港澳大湾区的国家级产教融合型示范城市。在广州市产教融合试点城市实施方案规划中，提出了从 6 个方面着手，规划和解决广州产教融合所面临的问题。这 6 个方面的问题包括：产教资源空间布局缺乏统筹，产教资源布局相对分离；企业主体作用尚未凸显，"引企入教""引教入园"改革有待深化；教育体制改革进入深水区，人才培养模式亟待创新；产教双向对接渠道不顺畅，产教融合服务体系尚不健全；产教融合实训基地建设缺乏企业参与，高层次产教融合创新平台共建机制尚未建立；开放合作优势尚未充分发挥，活力尚未有效激发等。在广州市建设国家产教融合型城市试点方案中，广州市将全力打造"四源一体"的广州市产教融合示范区，统筹广州市产教融合发展资源，引领产教融合重大平台载体项目。

（一）开发区科学城产业学院治理体系建设思路

广州市产教融合示范基地全面服务广州市产业，实现教育链、产业链、创新链与人才链的全链接，积极践行国家产业升级战略与产教融合教育改革使命，意义重大。其建设的总体思路是在广州市政府及发改委的大力支持下，由广州市教育局及广州市开发区牵头，组织市属各高职院校、各企业、相关园区及产教融合服务机构，总体规划，统筹建设，形成较好的产教深度融治理体系创新，按"1+1+N"的模式将广州市产教融合示范基地建设成为国家级产教融合示范基地。在产业学院专业布局与产业对接上，围绕广州市开发区"高端产业"和"产业高端"，面向广州市高新技术产业链，以产品设计类专业群对接产业链上游创意设计行业、智能制造类专业群对接产业链中游产品制作行业、财经商贸类专业群对接产业链下游营销服务行业，实施依链建院、以链成院、园院融合，形成同步运转、相互支撑的运行机制，逐步构建政、校、行、企四方参与，针对产业链上中下游三区域建设对应专业群，构建产业学院政校行企四元协同的利于产教融合的治理模式。

开发区科学城产业学院中的各专业（群）对接广州市重点发展的新一代信息技术、数字创意、时尚创意文化、高端装备与新材料及现代商务服务等产业领域，建立了与之相适应的专业结构体系，产业学院专业与广州市开发区经济发展、产业发展高度契合，各专业依托产业学院建设，积极探索教育和教学改革，建立教育链、产业链、创新链与人才链紧密结合的可持续发展的新型教学机制，形成人才共育、过程共管、责任共担的校企合作治理体系改革模式，高度契合广州市区域产业人才培养（见表 4-1）。

表 4-1 开发区科学城产业学院对接广州区域重点产业情况

专业群	专业名称	专业所属大类	对接区域产业
艺术设计专业群	艺术设计、产品艺术设计	文化艺术大类	时尚创意产业
电气自动化技术专业群	电气自动化技术、机电一体化技术、工业机器人技术	装备制造大类	装备制造产业
信息技术专业群	动漫制作技术专业、云计算技术与应用、移动应用开发	电子信息大类	数字创意产业
市场营销专业群	市场营销、会展策划与管理、电子商务、物流管理	财经商贸大类	商务服务产业

（二）开发区科学城产业学院治理体系总体目标

按照学院"十四五"规划的建设目标，从2020——2025年实现政校行企的多跨度合作模式，引入企业进行技术平台支撑，与开发区产业园区的龙头企业、广东网络科技股份有限公司及北斗导航高新技术股份有限公司等进行校企合作、共同开展产业学院的改革探索与实践，并通过与广州南方人才市场签订的校企共建多方合作协议，依托南方人才市场为对外服务窗口，通过"1+1+N"的模式（一个产教融合基地、一个产教融合公共服务平台、若干个专业产业学院），联合打造成为以广州市为核心的产教融合服务基地，以形成统一规划、资源共享、优势互补、合理布局、和谐发展的可持续体系，打造全国一流的优质产教融合示范基地，并成为广州市国家级产教融合型试点城市的重要支撑成果。

（三）开发区科学城产业学院治理体系具体目标

一是教学资源。按照专业群设置与产业链需求对接、课程内容与职业标准对接、教学过程与生产过程对接的要求，完善学校标准设置，制定相关课程标准及行业培训标准，建成一批在线开放课程、够用的实训基地，提升学校教学管理和教学实践能力。二是"双师型"教学团队。建立校企互聘互用、共建共享师资团队的机制，支持企业技术和管理人才到产业学院任教，建立由学院、企业、行业协会等专家和技术人才资源组成的产业学院教师库，建成一批大师工作室和技术研发平台，建好有效运行机制体制。三是人才培养质量。坚持知行合一、工学结合，全面试点现代学徒制，强化学生实习实训，促进学生整体素质提升。四是服务能力。整合学院的师资，校企共同进行技术研发，为企业生产创造显著的经济效益。五是质量评价。以学习者的职业道德、技术技能水平和就业质量，以及产教融合、校企合作水平为核心，建立现代产业学院质量评价体系、落实督导报告、公报、约谈、限期整改、奖惩等制度。

二、开发区科学城产业学院治理体系建设内容

围绕国家关于实施创新驱动发展和粤港澳大湾区全面建设的重大战略部署，按照省委、省政府关于提升国际湾区核心竞争力的具体举措，面向粤港澳大湾区经济社会发展特别是支柱产业与新兴产业发展的现实需求，遵循产业发展规律、教育发展规律和科技创新规律，以供给侧结构性改革为引领，以现代产业学院职教联盟建设为抓手，优化校企协同发展环境，促使粤港澳大湾区职业院校"汇聚资源、服务产业"，实施产业学院聚集资源而进行平台建设的外在治理体系建设。以促进校企深度融合为主线，建立校企协同发展运行机制、服务和监督考核机制，提升科技、人才供给质量和水平，推动职业院校、行业企业、科研院所、地方政府各方优势互补，完善现代产业学院理事会机构与制度建设，形成共建共治共享内部治理体系。

（一）外在治理体系建设

为贯彻党的十九大关于"深化产教融合、校企合作"精神，落实《国务院办公厅关于深化产教融合的若干意见》（国办发〔2017〕95号）及《国家产教融合建设试点实施方案》（发改社会〔2019〕1558号）等文件的要求，推进人力资源供给侧结构性改革工作部署，广州科技贸易职业学院通过建设职业院校、企业、科研院所、地方政府以及其他社会组织等紧密结合的"现代产业学院协同发展联盟"，制定《粤港澳大湾区现代产业学院职教联盟章程》，发挥行业、企业、学校资源集成优势，优化资源配置和共建共享，深化联盟办学体制机制和人才培养模式改革，更好推动区域经济社会发展步伐，促进校企深度合作，助力粤港澳大湾区经济社会更好更快发展，学院形成联盟工作方案，牵头制定联盟章程，聚集粤港澳大湾区上百家行业企业及职业院校成立"粤港澳大湾区现代产业学院职教联盟"，发挥搭平台聚资源的作用，以促进行业产业转型升级，提升人才培养质量，为粤港澳大湾区经济社会发展做出更大贡献。

1. 三个坚持实现产业学院可持续创新发展

一是坚持产业对接。依托粤港澳大湾区内各职业院校优势专业，突出现代产业学院联盟各成员科技创新和人才集聚优势，强化"产学研培用"体系化设计，推动经济转型升级、培育经济发展新动能，增强服务产业发展的支撑作用，切实增强人才对产业高质量发展的适应性。二是坚持改革驱动。充分发挥政校行企各方办学主体作用，职业院校对照行业企业需求落实"关停并转拓"专业调整，行业企业面向职业院校构建"人才吸

引、技术吸纳、成果转化"的需求导向，政府相关部门深入推进"简政放权、放管结合、优化服务"改革，建立健全分类指导、分类评估、绩效激励制度，加强区域产业、教育、科技资源的统筹和部门之间的协调，推进共同建设、共同管理、共享资源。三是坚持机制创新。创新联盟科学决策机制推动育训结合产业人才队伍培养创新发展，创新利益机制形成产学研用多元合作利益保障生态，创新组织运行机制助推联盟逐步走上自我完善良性发展轨道，创新激励机制支持和鼓励联盟成员在共享共担机制等方面先行先试，创新保障机制促进联盟创新、协调、开放、共享、发展，逐步形成联盟各方主动对接、彼此支持、相互依存、共赢共生的产业学院良好发展态势。

2. 明确目标保障产业学院高质量发展

以粤港澳大湾区产教融合建设成果为基础，借鉴和总结成功产教融合联盟的经验，补齐传统联盟组织松散、机制缺失、管理失效、内容单一、融合不强的短板，补齐现有各产业学院人才培养零散、科技创新能力弱、产业对接不全面、企业与产业服务能力不强等方面的短板，全力打造融合型、创新型、利益机制长效型的产业学院新型联盟，使联盟成为协同创新的探索地、协同育人的实践营、协同发展的示范区。到2023年，联盟建立产业人才数据平台，可发布产业人才需求报告，促进粤港澳大湾区职业教育和产业人才需求精准对接；联盟研制职业教育产教对接谱系图，指导优化职业院校和专业布局，重点服务粤港澳大湾区先进制造业、现代服务业和科技创新产业，将"粤港澳大湾区现代产业学院职教联盟"打造成为全国示范性产教融合型联盟，助力建设广州市、深圳市成为国家级产教融合型城市，推动试点城市建设国家级开放型、共享型、智慧型产教融合实训基地，对粤港澳大湾区内职业院校、大中型企业实现服务全覆盖。

3. 优化联盟架构提升联盟效率

按"政校行企多元主体，共建共治共享共赢"的联盟建设宗旨，地方教育行政管理部门是主导与推进联盟建设的顶层规划主体，联盟决策执行的供给侧具体落地的职业院校是联盟人才培养及产业服务供给主体，联盟决策执行的需求侧具体落实的行业企业是联盟的人才技术及产业服务需求主体。对接区域产业发展需要，结合职业院校、行业企业实力和联盟建设需要，政府相关部门会同职业院校、行业企业等单位，在行业产业发展中推选具有领军地位、在人才培养方面具有优势地位，能够带动联盟向更高层次发展的单位作为联盟责任单位，按照行业特征和产业建设需要遴选符合要求的政校行企各方单位为联盟成员。建立产教融合信息管理系统，为校企双方优势资源搭建信息共享平台，为教师到企业进行技术开发、企业产品转型升级、学校开展生产性教学实践不断积累双方优势资源、促进成果转换、搭建创新创业服务平台开展"1+X"证书合作等提供一站式服务，创新职业教育培养模式。联盟责任单位负责召集和主持由成员单位主要负责人组成相关工作会议，具体负责制定和修改联盟章程，吸收和罢免联盟成员，审议联盟发展规划、工作报告以及相关组织管理制度，决定联盟发展建设的其他事项。联盟设秘书处负责制定和实施联盟发展规划，组织管理制度，编发联盟工作进展信息，建立和维护联盟信息平台，推动联盟工作开展。设立所在领域专家学者组成联盟专家委员会为联盟建设提供决策咨询。广州科技贸易职业学院于 2020 年 12 月 25 日牵头成立"粤港澳大湾区现代产业学院职教联盟"，来自粤港澳大湾区的本科、高职、中职院校代表，行业企业代表等 126 名联盟成员代表参加了会议。"粤港澳大湾区现代产业学院职教联盟"为助力现代产业学院治理体系建设及粤港澳大湾区经济社会发展奠定了基础。

（二）内部治理体系建设

立足广州开发区经济发展，面向粤港澳大湾区产业建设，促进职业教育人才培养模式创新，建立教育链、产业链与人才链、创新链紧密结合的可持续发展的新型教学体制机制，广州科技贸易职业学院主动融入广州开发区开创性建设开发区科学城产业学院。开发区科学城产业学院以产教深度融合为目标，以专业发展为纽带，以高素质、高技能人才培养为核心，积极探索教育和教学改革，充分发挥职业院校、开发区产业园区及行业企业各自的优势，按照利益相关者理论创造性地建立理事会管理模式，充分发挥理事单位各自的优势，优化职业教育资源配置，提高办学水平，实现资源互补、政策共享、连锁培养、科学发展。

1. 产业学院理事会管理机构

本着平等、合作、诚信、共赢准则，遵守国家相关法律和地方有关规定，在政策与发展战略框架内，以平等协商、互惠互利、诚实守信、交流合作、共谋发展为原则制定产业学院理事会章程，明确理事会的指导单位地方政府相关机构，负责产业学院理事会的政策及理论指导。理事会的共建成员单位为开发区相关企业、高职院校，理事会成员由学校及合作企业等成员单位推荐，经理事会相关会议确定，其主要由广州市相关政府机构成员、开发区企业成员、相关高职院校成员及高职教育社会专家构成。产业学院建立理事会领导下的院长负责制，理事会为产业学院的决策管理机构，院长在理事会的领导下全权管理并有效运行产业学院。产业学院理事会领导下的机构有：秘书处（负责理事会日常事务的组织管理）、教产组（负责教学组织、运行与管理及产教融合工作中生产组织与管理）、学工组（负责学生管理工作）、综合组（负责综合协调与管理工作）、创新工作室（负责创新创业项目的组织与管理工作）、创业基地（负责创业的实施与运行管理工作）、活动中心（负责校企优秀文化的融合与活动管理工作）、研发车间（负责技术研究及产品开发等管理工作）。以上机构分工合作，实现产业学院的统筹资源、制定规划、产教实施及人才培养质量诊断等工作的有效开展。理事会成员单位应将扶持产业学院并以培养产业人才作为重要的工作目标；学校应确保产业学院办学所需的基本设施和相关办学资源并能够按照理事会审定的教学计划执行确保教学质量；合作企业应按照协议内容、深化产教融合各项工作，确保产业学院人才培养有效果。合作企业与学校有责任与义务多渠道筹集产业学院办学资源，在产业学院秘书处的统一安排下有序进行产业学院的建设工作，同时也负有利用其自身的学识、资源、社会影响力等为产业学院的发展做出贡献的义务。

2.理事会的利益及长效机制建设

产业学院理事会着力建设保障本机构有效运行的长效机制，理事会成员应根据上章中的权利与义务，本着平等公正的原则，协商并明确成员间的责权利关系，建立责权利对称的长效机制。在产业学院建设过程中，理事会成员以产教融合、校企合作协议为依据，合法合规地进行产教融合各类项目的合作与建设，学校可通过购买企业产教融合项目服务及各类教学资源等方式加强产业学院建设资源，企业可以通过产教融合项目进行员工培训及产业学院学生顶岗实习等安排，使各成员有明确的利益机制。理事会成员通过产业学院的建设工作，积累各项育训成果，并以此为基础，协助企业成员完成产教融合型企业的申报与建设工作，使企业成员享受政府各类政策支持，在理事会成员中学校应实现社会利益，体现教育的社会性，企业可实现经济利益，体现资源的经济性；产业学院各理事成员在合作中各类资源的产权及利益分配，按照合作协议的相应规定执行，实现产业学院体制机制创新，推进产业学院有效运行及可持续发展。广州市开发区科学城产业学院围绕区域经济和产业发展战略，开展"政校行企"协同创新的产业学院理事会长效机制探索，建立了由政校行企多方共同组成的"产业学院理事会"管理制度，制定理事会章程，构建"产业学院理事会领导下的院长负责制"，充分发挥理事单位各自的优势，积极探索教育和教学改革，建立教育链、产业链与人才链、创新链紧密结合的可持续发展新型人才培养机制，形成人才共育、过程共管、责任共担的产业学院管理体制机制改革模式。

3.完善机制激发产业学院创新性

保障产业学院成员可持续发展需要以与时俱进的产业学院章程为依托，坚持"政校行企多元主体，共建共治共享共赢"的建设原则，通过章程明确产业学院建设指导思想、名称、性质、宗旨、任务、组织机构与议事决议执行程序等，明确各成员在协同创新、协同育人、协同发展等方面的合作方式以及事关发展建设的其他重大事项，促进"校园融合"，实现现代产业学院融合发展、创新发展，推动成员自身规范、有序、健康发展。依据供需产教融合信息管理平台，解决由于信息不对称导致的供需失衡问题，实时发布国家及行业企业产业升级、科技创新、人才供需等信息，举办产业学院内成员合作对接会，召开行业产业发展趋势、职业院校办学体制改革、人才培养模式改革、科技创新和组织管理模式改革论坛，形成的成果及时应用于发展建设，实现产业学院更高层次、更高质量的供需平衡、融合发展。基于共建共治共享共赢原则，校企成员根据产业及企业需求，合作共建现代产业学院，共同研发专业标准、岗位规范、质量标准等，合作制定人才培养或职工培训方案，构建产业学院的育训体系，促进人员相互兼职，相互为成员单位提供支持。

三、开发区科学城产业学院治理体系建设成效

开发区科学城产业学院治理体系建设预期成效为：提升产业学院专业群建设水平和人才培养质量，推动产业学院中每个专业开展"1+X"证书立项试点，校企合作开发教材20部，校企合作共建课程60门，申请并获知识产权30件，推动产出产教融合专著2部，申报并获立项省级课题40项；精准服务区域产业，提升区域经济与产业服务能力，年培养产业学院学生3000名，年提供产业人员与社会人员培训6000人次；实现现代产业学院体制与机制创新，为广州市建设国家级产教融合型试点城市提供有力支撑，在全国现代产业学院建设工作中起示范作用。

（一）体制机制创新成效

建立由政校行企多方共同组成的以"理事会"为核心的决策和管理机构，负责创新平台的资源整合、建设和运营决策。指导校企合作开展各项工作，兼顾各方利益，实现体制机制创新，推进平台建设有效运行及可持续发展。理事会由学院领导担任理事长，下设若干名常务理事及副理事长，各企业安排一名高级管理人员出任副理事长或常务理事。面向职业教育创新人才培养模式，充分发挥理事单位各自的优势，积极探索教育和教学改革，建立教育链、产业链与人才链、创新链紧密结合的可持续发展的新型教学机制，形成人才共育、过程共管、责任共担的校企合作体制机制改革模式。

（二）人才培养模式创新成果

1. 协同育人成效

依托广州市教育局与广州市开发区共建"产教融合示范区"的契机，积极开展"政校行企"共同参与的产业学院理事会管理体制探索与实践，推动"产教融合、校企合作"人才培养模式体制改革创新。以体制创新为引领，通过"理事会领导下院长负责制"改革，

充分发挥由企业和学校有关人员共同参与组成的院务委员会的日常管理功能，调动多方力量，形成校企"共设专业、共建基地、共培团队、共享资源、共创成果、共育人才"的"校企双主体"协同育人运行机制。

2. 校企合作人才培养模式创新和突破

深入贯彻"将学校建在工业园区，将专业建在产业链上"的产业学院办学理念，以匹配广州市开发区产业发展与企业需求为建设前提，大胆探索实践，融入开发区产业园区打造开发区科学城现代产业学院，依链建院、以链成院，形成同步运转、相互支撑的运行机制，实现教育链、产业链与人才链、创新链有机衔接。构建"技能＋创新"人才培养模式，项目以试点专业为依托，基于教学企业和工作室平台，以项目为载体，培养创新型高技能人才，包括创新课程体系、教学模式、学分制改革，教学运行管理、教学场所建设模式等。

3. 融入产业园区的技能大赛创新和突破

校企合作共同承办技能大赛，竞赛地点设在开发区相关产业园区，竞赛项目、竞赛规程和竞赛相关技术指标由校企共同制定，竞赛的相关安排和宣传发动由双方共同实施，竞赛组织有序、安排周密，获得了参赛院校高度评价，取得了巨大的成功。

（三）校企科学研究及产业服务成效

1. 对接行业企业需求，开展高端应用技术研究

对接行业企业实际需求，以校企、校行合作项目为依托，开展高端应用技术研究，成为该领域前沿技术研究与推广的高地，实现"产、教、研"有机结合，成为行业企业技术的"助推器"和"孵化器"；计划出版专著2本、校企合作开发教材10本、发表论文5篇、产出发明专利1件、产出软件著作3项；与合作企业开展现代学徒制等人才培养及产业人员社会培训，精准服务区域产业，提升区域经济与产业服务能力，年培养产业学院学生3000名，年提供产业人员与社会人员培训6000人次。

2. 对接粤港澳大湾区建设，助力三地职业教育融合发展

建设粤港澳大湾区是习近平总书记亲自谋划、亲自部署、亲自推动的国家战略，《粤港澳大湾区发展规划纲要》强调"推动教育合作发展"。以广州开发区科学城产业学院为基础和平台，对接粤港澳大湾区的产业推进广州开发区科学城产业学院建设，促进粤港澳三地职业教育融合发展具有重要的意义。一方面，推进粤港澳大湾区职业教育合作项目，对标澳门旅游学院旅游专业的人才培养体系，探索共建广州南沙国际旅游学院，建设特色职业教育园区，培养服务于粤港澳大湾区旅游业发展的复合型技术技能型人才。

另一方面吸纳更多的港澳地区的企业和院校，共建广州开发区科学城产业学院，共同开展产业学院治理体系、"1+X"证书制度、现代学徒制、学分互认、大学生创新创业项目对接研究与实践，促进粤港澳大湾区职业教育融合发展。

3.产业学院社会及经济效益

通过产业学院的建设实践，促进政府、学校、行业协会和企业多方的紧密合作，形成校企"共设专业、共建基地、共培团队、共享资源、共创成果、共育人才"的"校企双主体"协同育人运行机制，提高了各方资源的利用效率，改革探索全新的"产教融合、校企合作"人才培养模式，提高了技术技能人才培养质量，为区域企业培养大量急需对口的专业技术人才。同时，校企合作共同进行技术研发，共同承办技能大赛，即将大量企业真实项目融入教学，提高了人才培养质量，同时充分发挥师生团队和企业技术人员共同攻关的作用，为企业生产创造了显著的经济效益，其中学院与企业依托共同研发成果申报并获得广东省科技进步奖一等奖就是校企合作成果共享的典型案例。

第五章 现代产业学院师资队伍建设

第一节 综述

现代产业学院的建设需要高职院校探索建立管理机制、完善质量监控体系、解决师资紧缺、建立资源共享机制。其中，建设适应区域经济发展的现代产业学院"双师型"团队是落实职业教育"服务国家现代化、助力区域发展新动能、支撑行业走向产业中高端"历史使命的重要抓手，也是产业学院作为新生事物必须认真研究解决的建设难题。

一、职业教育"双师型"队伍建设政策背景

习近平总书记提出高质量发展是"十四五"乃至更长时期我国经济社会发展的主题，对教育的定位是建立高质量的教育体系，对职业教育的目标定位是增强职业教育的适应性。中国职业技术教育学会会长、教育部原副部长鲁昕在"中国发展高层论坛 2021 年会"上强调职业教育着力培养高素质技术技能人才、提高中等收入者比重、提高劳动力受教育年限，为产业转型升级和高质量发展做出了重要贡献。"十三五"以来，中国建成了世界规模最大的职业教育体系，年均向社会输送 1000 万名毕业生，这些毕业生工作在现代制造业、战略性新兴产业、现代服务业等领域，一线新增从业人员 70% 以上来自职业院校的毕业生。

职业教育教师队伍是发展职业教育的第一资源，是支撑新时代国家职业教育改革的关键力量。为贯彻落实《国家职业教育改革实施方案》（国发〔2019〕4 号）和中共中央、国务院《关于全面深化新时代教师队伍建设改革的意见》要求，2019 年 8 月教育部等 4 部门联合印发了《深化新时代职业教育"双师型"教师队伍建设改革实施方案》（教师〔2019〕6 号），明确把教师队伍建设作为基础性工作来抓，支撑职业教育改革发展，落实立德树人根本任务，加强师德师风建设，突出"双师型"教师个体成长和"双师型"教学团队建设相结合，提高教师教育教学能力和专业实践能力，优化专兼职教师队伍结构，大力提升职业院校"双师型"教师队伍建设水平，为实现我国职业教育现代化、培养大批高素质技术技能人才提供有力的师资保障。

从国内最早提出"双师型"概念的研究者来看，可以追溯到时任上海冶金专科学校

仪电系主任的王义澄，他早于1990年就在《中国教育报》发表文章，提出并分析了培养"双师型"教师队伍的做法；此后他又撰文做了实践探索的具体介绍，提出"双师"就是"教师＋工程师"的概念诠释，该"双师"的概念得到了职业教育界的普遍认同。2020年，中共中央、国务院印发了《深化新时代教育评价改革总体方案》，明确了职业院校教师队伍建设的方向，教育部等14部门联合制定的《职业院校全面开展职业培训促进就业创业行动计划》《职业教育提质培优行动计划（2020—2023年）》以及广东省人民政府办公厅《关于印发广东省职业教育"扩容、提质、强服务"三年行动计划（2019—2021年）的通知》（粤府办〔2019〕4号）等文件相继出台。从中央到地方、到行业企业、到各级院校高度重视现代产业学院建设，需要构建积极的现代产业学院评价机制，全面加强"双师型"教师队伍建设，同时借助"双师型"教师队伍建设提升现代产业学院高质量发展。

二、职业院校"双师型"教师队伍建设意义

2020年，中共中央、国务院印发了《深化新时代教育评价改革总体方案》，明确了职业院校教师队伍建设的方向，在第七条健全职业学校评价，强调重点评价职业学校德技并修、产教融合、校企合作、育训结合、学生获取职业资格证书、毕业生就业质量、"双师型"教师队伍建设等情况；在第十条突出教育教学实绩，特别提出引导教师上好每一节课、关爱每一个学生；健全"双师型"教师评价标准，突出教师实践技能水平和专业教学能力。依托现代产业学院，建好建强建优"双师型"教师队伍是职业教育承担历史发展重任、实现高质量发展的根本保障。

（一）"双师型"教学团队建设有利于高职教育内涵式发展

2018年5月3日，习近平总书记在北京大学师生座谈会上指出："人才培养，关键在教师。教师队伍素质直接决定着大学办学能力和水平。建设社会主义现代化强国，需要一大批各方面各领域的优秀人才。这对我们教师队伍能力和水平提出了新的更高的要求。"对以就业为导向的职业教育，高水平"双师型"教学团队建设是新时代职业教育内涵式发展的重要内容，是提升高职院校人才培养质量的关键。"双师型"教师是高职教育的直接参与者、实施者和研究者，而高职教育侧重培养高端技能型人才，这取决于每名教师的业务能力。"双师型"教师是提高高职教育教学质量的关键，是增强高职院校竞争力的核心，是落实职业教育"服务国家现代化、助力区域发展新动能、支撑行业走向产业中高端"历史使命的重要抓手。

（二）"双师型"教师团队建设有利于解决高职院校师资紧张

职业教育定位与为经济建设一线培养高素质技术技能型人才，需要一支有扎实专业知识、丰富实践经验的"专兼结合"的"双师型"教师队伍，分工合作共同完成知识传授、技能提升。职业院校稳定的高水平兼职教师队伍，通过建立兼职教师师资库、提高待遇、搭建沟通交流平台等吸引兼职教师加入，增加企业生产实践和业务经营一线的技术骨干和工程师比例，通过适当的教学方法、教育心理的培训，提高兼职教师教学水平，增强学生的实践动手能力。2019 年，广州科技贸易职业学院与多家高中职院校合作开展高职专业学院试点工作，各试点高职院校依托产业学院向社会各界招收退伍军人、企业在职人员、农民工等，积极探索校校、校企协同育人合作机制，有效扩充高职院校师资队伍的容量。

（三）"双师型"教师团队建设有利于职业教育人才培养质量提升

在职业院校中建设一支"双师型"教师队伍，是落实制定理论与实践相结合的教学计划、编写理论与实践相结合的教材、实施理论联系实践的教学、开展产学研相结合、培养学生克服重理论轻实践的陈腐观念、树立重实践的观念和勇于实践的精神、承担专业理论课和实训课教学任务的任课教师。"双师型"教师坚持理论与实践教学的紧密结合，坚持德育与技能教学的紧密结合，培养德智体美劳全面发展的学生，是培养高素质技能型人才不可或缺的重要内容。通过探索现代产业学院高水平"双师型"团队建设途径和策略，推动增强产业学院的教学、管理水平和综合治理能力，是实现"扩容、提质、强服务"的总要求，是提升人才培养质量的不竭动力，也是实现产业学院更高质量发展的必经之路。

三、现代产业学院"双师型"教师队伍特征

现代产业学院的诞生是职业教育和产业发展相融合的结果，是以提升高校服务特定产业能力为目标，融合高校、政府、行业和企业资源，建立以应用型人才培养为主，兼有学生创业就业、技术创新、科技服务、继续教育等多功能、多主体深度融合的新型实体性办学机构。[①]多元化的办学主体和其独特的管理体系，使得产业学院"双师型"教师队伍具有以下特征。

（一）多元化

现代产业学院是校企深度合作的产物，被定位为合作高校的教学科研与社会服务基地、"双师型"教师培训基地、学生实习实训与创新创业基地，是教师学生授知识、练

---

① 蒋新革：《产教融合视域下产业学院治理体系建设研究》，载《职业技术教育》2020 年第 24 期，第 30-34 页.

本领的实践阵地，同时还是校企双方的品牌辐射重镇。[①]这就要求现代产业学院的师资队伍具有更强的产业技能性和专业实践性，使得包括行业企业的在职员工、产业领域的专业人士和社会各界的专家学者大量补充进师资队伍，丰富产业学院师资队伍的结构。

（二）流动性

受现代产业学院师资来源多元化的影响，加上产业学院的运行主要围绕校企合作项目和任务开展，会因为完成阶段性项目和任务根据"人岗相适"原则有针对性地组合教师团队，使得产业学院教师尤其是兼职教师队伍存在明显的流动性。

（三）双重角色

现代产业学院师资队伍建设是在校企合作、产教融合基础上的新探索和新实践，要求"双师型"教师有教学与顶岗双重角色。教学与顶岗的角色转换要求产业学院的教师既要具有高校教师资格，又要具有从事相关行业的工作经历或职业资格，既要充当课堂理论教学者的角色，又是行业企业顶岗者的角色，既能作为"教书人"驾驭课堂履行教师职责，又能以"企业人"的责任感为顶岗企业创造价值。

（四）创新实践性

现代产业学院对"双师型"教师不断提出新要求：不仅要具备教育教学能力、专业实操能力、科研创新能力，还要及时更新掌握所属行业在生产、经营、技术、管理、服务等方面的最新发展趋势；既要有课堂教学的系统理论基础，又要有实践教学的岗位操作能力；既要具备引导学生参与实践的创新思维和教学创新能力，还要具备开设创业实践课程的专业实操技能和创业精神。

《国家中长期教育改革和发展规划纲要（2010—2020年）》自发布以来，国内高职院校都在"双师型"教师队伍建设上不断探索新发展路径、尝试新培养模式，构建适应高职教育长效发展、适合区域经济持续增长的师资队伍建设体系。

第二节 国内外研究与实践经验

随着社会经济发展的转型升级，高等职业教育逐渐与就业教育、创业教育、全民教育相互融合、相互渗透，现阶段我国高等职业教育已经从单纯的规模性扩张过渡到内涵性提升的新阶段。2006年，我国独立设置的高职院校有1147所，招生人数293万，总

---

① 张连绪、韩娟：《产教融合背景下高职院校产业学院的建设路径》，载《广州城市职业学院学报》2019年第13期，第1-4页.

在校生数 796 万，超过了同期普通本科年招生人数和总在校生数。[①]到 2018 年，广东省共有高等职业院校 88 所，其中，珠三角地区 71 所、占 80.7%，广州地区 46 所、占 52.3%，呈现出高职院校与经济产业集群聚集的一致性。截至 2020 年年底，广东省已经建成切合国情、各具特色的产业学院 200 余所，覆盖 20 多个专业领域。[②]职业教育质量的高低直接影响经济发展，而决定职业教育质量的根本因素是职业教育教师团队的质量。"百年大计，教育为本。教育大计，教师为本"。在 2018 年 9 月 10 日教师节当天召开的全国教育大会上，习近平总书记发表重要讲话，站在党和国家事业发展全局的战略高度，对建设一支宏大的高素质专业化教师队伍寄予了殷切希望，对加强教师队伍建设提出了明确要求："建设社会主义现代化强国，对教师队伍建设提出新的更高要求，也对全党全社会尊师重教提出新的更高要求。"

一、现代产业学院建设政策支持

20 世纪 90 年代，美国推行《由学校到就业法案》，要求学校在职业教育基础上贯彻企业培训的学习计划。澳大利亚特别重视在职业教育中实施以开办小企业为目标的创业教育，采用模块化课程，通过大量的案例启发学生，教会学生分析研究市场、设计创业方案、开展考核评估，激发学生的创业动机。德国实施"职业英才促进项目"，通过重点辅导、出国学习等方式，培养职业领域和劳动世界的"行家里手"。

国务院《关于加快发展现代化职业教育的决定》（国发〔2014〕19 号）、《国家中长期教育改革和发展规划纲要（2010—2020 年）》提出高等职业院校要主动适应经济和社会发展的需要，高等职业教育发展要坚持走产学研结合之路，要积极探索校企合作背景下人才培养的新途径和新方式，积极推行与生产劳动和社会实践相适应的学习新模式，探索校内校外生产性实训基地建设的校企组合新模式。教育部在《2018 年教育部工作重点》中提出启动有中国特色的高水平职业学校建设规划，要求以提高技能人才水平、提升培训质量为主线，培养大国工匠、建设"双师型"团队、深化校企合作、提高信息化水平，引领职业教育向着高质量发展；建设一支以教书育人、立德树人为己任，为社会培养具有"德技双馨、工匠精神"高技能人才的"双师型"教师队伍，在专业教学、课程建设以及专业建设中有着日益突出的重要性。[①]党的十九大报告将"深化产教融合、校企合作"提升到高质量发展高等职业教育事业、实现中华民族伟大复兴关键举措的重要高度，报告指出：要深化教育改革，加快教育现代化，办好人民满意的教育，完善职

① 易峥英：《产教融合背景下高职院校兼职教师队伍建设研究——基于高职院校兼职教师队伍政策演变视角》，载《顺德职业技术学院院报》2019 年第 17 期，第 54-57 页.

② 蒋新革：《产教融合视域下产业学院治理体系建设研究》，载《职业技术教育》2020 年第 24 期，第 30-34 页.

业教育和培训体系；推进产教融合、校企合作，加快一流大学和一流学科建设，实现高等教育内涵式发展。②多举并行，我国正行驶在高等职业院校发展的快车道上。

二、现代产业学院"双师型"团队理论探索

高等职业教育培养社会发展需要的高素质技术技能应用型人才，职业教学必须跳出理论知识的框架限制，研究如何在实践中改变理论教学和生产实际相脱节的现实，将理论教学与生产实践紧密结合，培养与现代经济市场接轨的高素质应用型人才。①在这样的背景要求下，市场引领产业、行业引领企业参与到教学活动中是未来我国职业教育体制改革、职业教育现代化发展的必然趋势。

坚持校企合作与产教融合是深化高等职业教育体制机制改革的重要举措，也是高职院校"双师型"教师队伍建设的有效途径。深度的校企合作、产教融合要让企业实实在在地参与高校的人才培养，让"双师型"教师实实在在地服务于产教融合。推行产教融合双主体，企业高校双向发力、双向整合，引企入校、引校入企，形成校企间的共同利益，促使主体双方愿意接受长期成本投入，进而获得长远收益。

第三节 树立正确的"双师型"教师团队建设理念

一、树立团队管理理念

团队管理理论是在团队管理的过程中所形成的一种思想认识，"双师型"教学团队的管理是参考人力资源中的团队管理理论来进行的，所以在进行"双师型"教学团队的管理时，要树立团队管理的理念，根据学院的自身特点，借鉴其他团队的管理经验，从思想上提高团队的认识，把团队管理理念与团队的建设结合起来，形成有效管理。

人力资源管理起源于 20 世纪 60 年代初。当时的美国著名经济学家舒尔茨教授首次提出了"人力资源"学说。20 世纪 60 年代后，采用将人看作人力资本的人力资源管理代替将人作为事务对待的人事管理已成为一个显著趋势。人力资源管理是以行动、个人、全球及未来为导向，其职能所涉及的已远远不止简单的档案管理、管家和记录工作。实施人力资源管理是实现师资队伍良性发展的重要管理手段。高职院校实施高校教师人力资源管理，可以革除目前普遍在大学施行的劳动人事管理存在的弊端。虽然劳动人事管理在大学已实行多年，但目前看来，已经越来越不能适应当代走入市场经济浪潮的高职院校。通过实施人力资源管理，可逐步弥补之前人事管理带来的重引进轻培养，教师培

---

① 李永荣：《高职院校产教融合现状及存在问题探究》，载《职业技术》2020 年第 19 期，第 11-14 页．

训开发不够及时、周全，科研成果重数量轻质量，缺乏科学规范的教师业绩考核制度等缺陷，还可以建立有效的教师激励制度，改变之前重物质轻精神的管理模式。实施大学教师人力资源管理，是师资队伍建设在管理理念、方式、策略、规范化以及管理切入点上的一次重大改革。它可以带来教师甄选的方式多元化和弹性化、建立起动态的目标管理和绩效评估体系，是教育管理现代化的必由之路。在高职院校实施人力资源管理可以改观民办院校师资队伍不稳定的现状，但必须从民办教育的历史背景出发，结合当前的发展趋势取长补短，详细考察教师流动的原因，从学校管理层做起，彻底改革学校的人事管理制度，真正引入并实施人力资源管理，才能从根本上解决教师流失问题，建立一支高素质的教师队伍。这也是高职院校能在市场竞争中实现可持续发展的关键一步。相反，若只是就眼前问题，就事论事地提出一两项改革措施，以解燃眉之急，是治标不治本的办法。

在人力资源管理中，员工激励是保障管理有效进行并达到目标的必要手段。"激励，可以被定义为一个心理过程，这一过程调动并引导人们做出目标导向的行为。"简单来说，人的某些需求，可通过奖励来满足。奖励分为两种：（1）外在奖励，主要指物质奖励。（2）内在奖励，主要指精神鼓励、成就感和满足感。激励从形式上，主要分为外在激励和内在激励。外在激励主要体现在物质上，是组织直接以物质为奖励与惩罚的结果，多通过规章制度、各类条例、考核评价、奖惩措施等手段实施，有较高的强制性。相比而言，内在激励则更强调精神鼓励，更重视给予员工成就感和满足感。但其奖惩的最终形式还是通过物质来体现。内在激励的最终目的是通过不断在物质和精神上同时给予激励，天长日久，影响员工内心心理，增强员工归属感。两种形式的激励，从发挥效果的时间上来看，外在激励较内在激励发挥效果更快，甚至会产生立竿见影的作用；从发挥效果的持续影响来看，内在激励能够通过较长时间的积淀，影响员工内心，一旦发生作用，则持续时间较长。且从人的需求心理来分析，人在得到了最低生存保障后，精神需求将逐渐占据更为重要的需求地位。1943年，心理学教授马斯洛提出了需要层次理论。他将人的需求由低到高进行排列，依次为：生理的需要，安全的需要，社交的需要，尊重的需要，认知的需要，自我实现的需要。

（1）生理需要：这是人类生存最基本的需要，其中涉及食物、衣服、住所以及舒适和自我保护。

（2）安全需要：包括人身安全和情感安全。人们希望免受暴力和威胁。

（3）社交需要：一旦最基本生理需要和安全需要得到满足，人们便开始寻求社会生活，追求爱情、友情和情感。

（4）尊重需要：当社会需求得到满足后，人们便开始关注诸如自尊心、地位、荣誉、赏识和自信等方面的需求。

（5）自我实现需要：需要的最高层次。自我实现就是自我满足，充分发挥自己的潜能，成就自我。

马斯洛指出从最基本需要到最高层次需要，每一层需要不是完全得到满足才能进入上一层需求，而是在一层需求得到一定程度满足后，即会寻求更高一层需求，而每一层需求在任何时候都不会完全得到满足，互为因果，会随着环境、时间等的改变发生相应变化。弗雷德里克·赫茨伯格提出的双因素理论认为，人对工作的满意与不满意由两种不同因素引起——激励及保健因素；也就是较低层次的需求，如薪水、工作条件、人际关系等。激励因素：即较高层次需要，更偏向于精神层面的满足，比如成就、认可、责任和进步。弗雷德里克·赫茨伯格认为，管理者首先应该消除不满意因素，确保工作条件、薪酬和管理制度都是合理的。在此基础上，再给员工创造一些发挥个人特长的机会，使员工获取成绩，享有成就感，实现自我成长，以此来激励员工。

美国心理学家奥尔德弗（Clayton Alderfer）提出的"生存——关系——成长"理论，简称 ERG 理论。ERG 理论与马斯洛的需要层次理论的内容相似，只是在层次划分上有所区别。除此之外，ERG 理论还提出了"愿望加强"律、"满足前进"律和"受挫回归"律来分别阐释各需求层次本身所包含的变化规律和层与层之间的转变规律。美国心理学家弗鲁姆（Victor H. Vroom）提出的期望理论又称作"效价—手段—期望"理论。该理论可用公式表达为：激励力量 = 期望值 × 效价。期望值是根据个人的经验判断达到目标的把握程度；效价则是所能达到的目标对满足个人需要的价值。即公式表明个人的积极性被调动的大小取决于期望值与效价的乘积。使用期望理论来进行人力资源开发和教师的管理应注意以下几个问题：建立一个适合的目标，以帮助教师调整目标和期望；为帮助教师完成目标，要提供合适的工作环境和有利的工作条件；加强工作绩效管理，支付相应报酬清楚地反映了工作与绩效之间的关系，应明确奖金额度与发放办法；正确认识奖励报酬在教师心目中的效价：由于年龄、性别、社会地位、环境、自身修养追求各不相同，即便在一个职业相同、工作性质相似的群体中，个人对活动目标与价值的认识也是不同的。同一种报酬，对不同的人引起的作用是不一样的，所体验到的效价也是不同的。有的人重视奖金，有的人重视名誉。因此，要将期望和效价两相结合，设定目标，将奖金与福利和教师个人的期望"需要"融合在一起。美国心理学家亚当斯提出的公平理论指出，组织成员的工作积极性不仅受报酬绝对值的影响，更受报酬相对值的影响。这里的相对值，是用自己的收入与投入的比率作为指标进行比较的。

其比较来自两大类：一类是纵向比较，即用自己现在的与自己过去的进行比较。这里又分为组织内自我比较与组织外自我比较。组织内是指在统一组织内对自己的工作与待遇进行比较；组织外是指自己在不同组织中前后工作与待遇进行比较。二是横向比较，即把自己的工作及报酬与同一时期其他人的工作报酬进行比较。这也分为组织内他比和组织外他比。前者指与本组织内其他人的工作及报酬进行比较；后者指与其他组织内的人进行比较。如果比较的结果大致相同，心理就会有公平感，如果存在差异，就有不公平的感觉。两种不同的影响，如果员工觉得公平，则将努力保持原来的承诺和热情。如果觉得不公平，就会产生压力，导致许多员工需要找到方法来对待这种不公平，以期达到自己理想的公平与合理，如发牢骚，改变对工作投入的精力，自动降低工作积极性，降低工作质量，对组织提出加薪要求甚至跳槽等。当然，员工或会因为其他原因，也可能会自动改变参照系，改变比较对象与标准，通过自我调整，来达到新的平衡。

对高职院校的教师施行一定的激励是必要的。但在实施激励措施之前，应注意到，教师是一个特别的群体。这样一个群体，对其所从事的工作，除了为获得最低生活需求外，更多的是一种精神追求。因此，针对这样一个群体，除了应给予足够的物质报酬外，更应该注重对其精神上的尊重与鼓励，使教师对正在从事的工作充满激情，对未来工作乃至职业生涯发展充满期待，师资队伍建设工作也就能自然而然地得到推进了。

二、树立"以人为本"的教育理念

"以人为本"是21世纪以来人们提倡的重要管理理念，其理论来源是人本主义教育理论，主张在教育的过程中，把人放在首位，根据人本身的特性及差异，针对性地因材施教，充分挖掘人的潜力。在"双师型"教学团队的建设中，不管是对教师的教育还是对学生的管理，都要树立"以人为本"的教育理念。在教育培养中，要考虑教师的情况，推动教师发挥自己的潜力。在教学的过程中，要以学生的发展为重，挖掘学生的潜力，提高学生的综合水平。

综观古今中外传统的以人为本思想，可以发现：在其重视人、推崇人、研究人、挖掘人的可贵传统的同时，存在着一些明显的不足和局限性，从而导致其思想只能在一定历史时期针对一定的群体发挥一定程度的积极作用。马克思主义"以人民为本"思想对传统的以人为本思想是一种实质性的超越和革新，从而提升了以人为本理论的高度，扩大了它的适用范围，增强了它的指导意义。

这种超越主要表现在：

第一，强调人的社会性本质。人是作为类与个体而存在的，体现在人性上有普遍人性与具体人性。传统哲学家由于他们在社会历史观上的唯心主义认识论局限和阶级性局限，一般都只是强调普遍人性、一般人性，将人从社会关系中剥离开来，单独去考察"纯粹"的人，认为只有这样才能揭示出人自身的真正本质。马克思主义"以人民为本"思想与此不同。认为现实的人、具体的人，是处在一种社会关系中的人，这是人在区别于其他动物基础上人与人相区别的最本质的方面。人是自然存在物、社会存在物和精神存在物的统一体。作为现实的人、具体的人，我们必须从其所处的经济关系、政治关系、阶级关系、伦理关系、血缘关系、思想关系等各种社会关系中加以综合考察，才能揭示出人之为人的普遍本质。要解开"社会的现实的人"这个谜，就必须紧紧掌握"社会关系总和"这把钥匙，这是理解人及其本质的唯一正确的方法。马克思主义"以人民为本"思想不仅对人的本质给予了科学规定，而且揭示了研究人的本质的科学方法。这是一条全新的研究人的本质的思路，超越了传统以人为本思想。

第二，实践性是人的基本存在方式。传统以人为本思想所考察的人完全是抽象的人，只是作为生物个体的人，完全忽略了人生活于其中的现实世界和社会联系，它把"人"当作一种僵死的概念，并从概念到概念地空谈。马克思主义"以人民为本"思想考察现实的从事实际活动的人，考察制约着人的现实的、历史的和社会性的条件。如前所述，马克思主义"以人民为本"思想的出发点是"现实的人"，因此，马克思主义认为，正是人类实践的深入在不断推动着人类社会的进步和科学的发展，人类才能不断地克服认识和改造自然与社会的盲目性，逐步地从必然性的束缚下解放出来，为人的自由与个性的发展创造充分条件，使人类从必然王国向自由王国飞跃。

第三，人的发展问题。传统以人为本思想在探讨人的发展问题时，没能够揭示人的全面发展的真正的科学含义和人的全面发展的规律。马克思主义"以人民为本"思想则以唯物史观为理论基础，以现实的、从事实际活动的人为出发点，科学界定人的本质从而科学地阐明了人的全面而自由发展的含义及其规律，确立起马克思主义关于人的发展观。马克思主义认为，人的全面而自由发展是指人的全面发展和人的自由发展；人的全面发展是指人的本质的全面丰富和展示，是人对自身本质的全面占有，就是人的自由自觉的活动、活动能力以及社会关系发展的全面性和普遍性；人的自由发展是指联合起来的个人共同控制和支配他们的社会关系，共同驾驭外部世界对个人能力的实际发展所起的推动作用，从而使人得到自觉、自愿、自主的发展。

以人为本即以人为核心与根本，以促进人的全面发展为最终目的，是统一客体的自然属性和社会属性。高校的学生管理落实以人为本就要求学校更好地为同学服务，需要做到：

（1）更加了解学生的性格特点，以便满足学生在学习和生活中的各种需求；

（2）更多地关心、理解和引导学生；

（3）确定学生主体地位，更好地自我管理；

（4）换位思考，成为学生的良师益友；

（5）解决学生学习生活遇到的困难，引导学生在解决问题过程中得到能力的发展和锻炼。以人为本的学生管理模式更多"以学生为中心"，重视学生感受，给学生自治机会，以便更好激发其自我管理能力，降低教师管理难度，增强管理水平。高校学生管理活动，需要采用人本主义，人性化培养学生整体素质，通过参与式管理发现学生诉求，培养学生自治，在实践中培养学生找到问题、分析根本原因、提出解决方案的能力，最终达到提升学生综合素质的目的。以人为本的管理制度改革和创新推动了高等职业院校学生管理思维模式的发展，管理制度由"单向性"的学校制定，向学生参与的"双向性"转变，学生管理者的思维也从权利思维向服务思维转型。

三、树立现代教育理论

教育是一个大系统，除了学校教育外，还有社会教育、家庭教育、自我教育。教育不仅是青少年、儿童的事，而且是每个人从生到死持续不断的过程。

现代教学观强调教与学的辩证统一，教学是师生之间交流信息的互动过程。教学不仅在于传授知识，它应使学生在认知、感情、动作技能三个方面都得到发展；教学应从传统的教学观改变为发展观，教学不能停留在封闭地传授知识技能上，而是强调在知识技能的基础上开发学生智力，强调开放式教学。只有使教师的主导作用和学生的主体作用都得到发挥，才能取得成功的教学。

学生既是教学的对象，又是学习活动的主体。在教学过程中，学生是主体和客体的统一。相对教师来说，他是客体；作为受教育者，他应按照教师的要求去学习知识、发展能力、培养品德、锻炼身体；从掌握知识来说，学生是主体，是学习的主人，应充分发挥自己的能动作用。

全日制学校、面授学校、实行班级授课制的学校、有墙的学校，是正规学校；业余学校、远距离教学学校、实行个别化教学学校、无墙的空中学校，也可以是正规学校。现代学校观打破了以往单一的、面对面的集体授课方式，而发展为个别化教学、小组交互学习和集体交互学习等各种教学组织形式的合理选择与结合使用。现代社会所需的人才是创造型、复合型的人才，不是模仿型、单一型的人才。这种人才的基本特征是：既全面发展，又有个性特长。传统的教育思想不能符合社会发展的要求，现代的教育思想要求教育彻底改变"学校即教育"的狭隘教育观，强调学习社会化，社会化学习的大教育观。应在现代教育教学思想的指导下，开发出满足现代教育思想要求的校园网教学资源，进而培养出符合现代信息社会要求的创造型、复合型人才，以满足信息社会的要求。在现代教育理论中，行为主义学习理论，尤其是斯金纳的强化学说所提供的软件设计原则、交互环节和模式对计算机辅助教学的发展有着重要的贡献，对练习型、操作型和游戏型软件的设计具有较高的理论指导意义。然而，行为主义是在动物行为变化的基础上来解释人的学习，仅仅揭示了人类学习过程中的生理机制而忽视了人类学习的心理机制研究，远远不能揭示人类学习的复杂性和多面性。所以它在指导教学和软件设计方面存在着局限性。

认知学习理论认为学习的产生是与环境相互作用的结果，而不是环境引起的行为反应。在教育软件设计中，人们开始注意学习者的内部心理过程，强调学习者的心理特征与认知规律：不再把学习看作是学习者对外部刺激被动地作出的适应性反应；而是把学习看作是学习者根据自己的态度、需要、兴趣、爱好，利用自己的原有认知结构，对当前外部刺激所提供的信息主动作出的、有选择的信息加工过程。认知理论提出的软件设计原则，对处理认知学习内容，尤其是概念和命题的学习给予了极大帮助。

建构主义学习理论是认知学习理论的一个分支。建构主义学习理论的基本观点认为，知识不是通过教师传授得到，而是学习者在一定的情境即社会文化背景下，借助其他人（包括教师和学习伙伴）的帮助，利用必要的学习资料，通过意义建构的方式而获得。由于个体的认知发展与学习过程密切相关，因此利用建构主义可以比较好地说明人类学习过程的认知规律。

从行为主义到建构主义经历了学习理论发展的若干阶段。当然这并不意味着学习理论的发展完全是以后者替代前者。在各类教学实践中，无论哪一种学习理论都有一定的指导意义。对于基于校园网的网络资源建设，其目的是为教师和学生提供教与学的平台环境和资源，它既要让教师实现对学生的指导和管理，又要能够为学生的意义建构提供自主的或协作的环境，所以校园网教学资源建设主要应当以强调学习者内部认知发展的认知主义和建构主义理论为指导。

高等职业教育是高等教育的重要组成部分，也是未来高等教育一个转型的方向，经过几十年的发展，逐步形成现代办学理念、教学理念。但在实际的教学中，教师不能只依靠个人，而是要学会合作，发挥集体的优势。特别是非常注重实践性的职业教育，没有一项任务是可以由单位教师独立完成的，都需要集体的合作与协调才能够取得效果。比如：在教学团队中教师通过合作、交流，为共同的目标努力，肯定会取得比个人单独教学更为理想的效果。"双师型"教学团队就是为了实现这一目标而提出的团队建设理论，是新时期职业教育质量提高的根本保证。

第四节 "双师型"教师团队建设的策略

通过以上对职业技术学院"双师型"队伍的分析，发现了学院在"双师型"教学团队的建设中存在着一些问题，下面根据职业技术学院的特点，提出一些完善学院"双师型"教学团队建设的策略。

一、完善"双师型"教师团队的运作模式，提高教师素质

随着高职教育改革的不断深入，高职院校面临着一系列的新问题，现有的一些成绩还不能解决学院存在的一些缺陷，如何使学院的教学更适应时代的发展，促进"双师型"教学团队建设还需要进一步地探索。以团队建设与管理理论加强"双师型"教学团队的高效运转：在原有"双师型"运作模式的基础上，运用团队建设与管理理论对"双师型"教学团队进行加强与创新，比如在团队建设中渗透团队精神与企业文化、激励理论、柔性管理理论，使"双师型"团队具有文化内涵，促进团队高效地运转，在教学中发挥巨大的作用；完善"双师型"教学团队"产学研"结构：通过校企合作、工学结合的方式，进一步完善"双师型"教学团队专兼结合、产学研结合的结构。校企合作、工学结合是高职院校为适应企业、行业的用人需求而推出的新的人才培养模式，职业技术学院要通过一系列的措施来保证"双师型"教学团队结构的科学化、合理化。

第一，制定教师到企业进行锻炼的制度。职业技术学院在人才培养的同时，有计划地把教师安排到企业中挂职锻炼，让教师熟悉企业生产与管理流程，提高他们的专业实践能力，积累企业实践经验，把握行业最新的发展动态，全面提高教师的实践素质。比如，学院的建筑设计专业的骨干教师与学科带头人应该每年有 2—3 个月的时间深入建筑工地现场进行锻炼，了解建筑设计行业发展的方向，并把这种方式形成制度。建筑设计专业的学生在进行"工学"结合的同时，教师也提高了自己的教学水平和实践能力。这种教学也在一些职业学院进行了推广，取得了较好的效果。第二，对团队内的骨干教师进行"双师"素质的培训。为了提高职业院校的师资整体水平，我国在高职院校已经设立了很多骨干教师培训基地。对于参与培训的教师来说，通过在基地理论与实践相结合的学习，获得了素质与能力提升。第三，引入高技能人才。职业技术学院通过提高外聘教师的待遇、营造良好的教学环境等措施吸引了一批高素质技术人才参与到"双师型"教学团队当中。未来还要继续优化技能人才聘用模式，把行业中高水平、高技能的人才引入教师团队中来，这些人有较扎实的专业技术能力，又有丰富的实践经验，他们成为

"双师型"教学团队中的一员后，可以进一步提高"双师型"教学团队的实践水平，弥补专业教师存在的不足。第四，与企业实行共享，聘请企业、行业专家参与到"双师型"教学团队当中，实现"产学研"的结合。企业专家、科研机构的人员对行业非常了解，对新工艺、实践程序有较强的实践经验，因此高职院校可以通过建立校企"互通、互融、共建、共管"的长效机制，聘用一批来自企业的技术专家到学院充实到团队当中，逐步实现专业技能核心课程为主的授课机制，兼职教师的数量与专业教师的数量比例应该达到1：1，通过学校、企业和科研机构的合作与交流，形成三者紧密合作的关系，促进多方的共赢，打造一支稳定的"双师型"教师队伍。

二、培养专业带头人，提高"双师型"教师团队建设的质量

高水平的团队必须要有领军人物，"双师型"教学团队要培养自己的学科带头人，在这些学科带头人的带领下，使"双师型"教学团队的质量得到不断提高。"双师型"教师不但要有较强的专业素质和企业实践经验，还要有一定的科研能力和管理能力。学校要选拔一批理论知识扎实、科研能力强、教学经验丰富的骨干教师进行重点培养，通过到企业培训、锻炼，掌握最新的行业技术与工艺，并在教学与实践中不断积累各方面的经验，使其成为一名合格的专业带头人。同时，学校方面一定要营造一个良好的成长环境，加强校企合作、工学结合、工教结合，完善"产学研"结合的培养模式，让更多的骨干教师到企业进行实践锻炼，提高双师素质。

三、完善"双师型"教师团队管理制度

完善教学团队中的教师评聘制度。"双师型"教学团队的评聘要有一定的制度作为保证，这样才会使团队建设更加的规范化。第一，要完善教师的准入制度。为了能够打造高素质的"双师型"教师团队，引入高素质的人才是必不可少的措施。但是，企业、行业高素质的人才一般却缺少教学经验，不一定适应教学工作。由此，应该探索符合高职院校教育特点的教师准入制度，完善高职院校教师的准入制度。比如，引进人才除考察学历、职称的要求外，增加企业工作经历或教育教学经历等，并通过实践考核环节，全方位地考核人才，确定是否符合"双师型"教学团队的要求。因此，高职院校需要一套严格的人才引入方案，除了要热爱高职教育、学历合格之外，还要有行业、企业一线的工作经验。而在人才引入之后，还要提高高技能人才的待遇，与专业教师一样，享受生活、科研上的补贴，使他们能够安心工作。第二，进一步完善骨干教师的选拔与培养制度。"双师型"骨干教师是教学团队的中坚力量，是教学团队的核心。"双师型"骨干教师的素质与水平反映出一个团队的素质与水平，因此，应该完善"双师型"骨干教

师的选拔制度，让更多的年轻、有较强实践经验的人才进入到"双师型"骨干教师队伍当中来。在"双师型"教师的培养方面，要选拔一批有潜力的教师到国内外一流高职院校进行进修与学习、访学、学术交流等，开阔他们的视野，通过加强与考核青年教师的教学改革和科研工作，提高他们的综合素质；还可以以老教师带新教师的方法，提高新教师的业务能力、专业水平和综合素质，促进"双师型"团队的综合能力的提高。

完善"双师型"教学团队的激励机制。激励机制在"双师型"教学团队的建设中具有重要作用，要通过创造良好的生活条件和工作环境来提高"双师"素质教师的经济待遇与地位，想方设法留住人才。第一，完善分配机制。实行"按岗定薪、以绩定酬、优绩优酬"的人才方案，打破传统的按资格取酬的方式，让有能力、高水平的人才能够获得与之劳动相符的薪酬。同时，要把"双师型"教师与普通教师区分开来，和岗位、工作量、贡献度挂钩，实行更为科学合理的薪酬方案。通过实行竞聘上岗使教师能够竞聘到自己合适的岗位，发挥自己的才能。从目前高职院校的管理实践来看，一些院校的"双师型"教师并没有特别的待遇，这也就影响了"双师型"教师的工作热情，必须要对政策进行调整，改变这种不合理的现象，真正做到"按劳分配""按贡献分配"。第二，院校的其他政策也要向"双师型"教师倾斜。高职院校一定要摒弃平均主义的思想，在经费、福利、政策方面都要向"双师型"教师倾斜，让优秀的人才脱颖而出，做到一流人才一流业绩、一流待遇。从分配制度上激发"双师"素质教师的积极性。比如：增加教师的科研机会，鼓励教师积极参与科研活动，提高科研能力。对于"双师型"教师，其科研分值要高于非"双师型"教师，提高他们参与科研活动的动力，最终提高团队整体的科研水平。

完善"双师型"教学团队的考核评价制度。在"双师型"教学团队的建设中，要完善"双师型"素质教师的绩效考核办法，完善和调整不同类别、不同层次教师的考核指标、权重，力求更为客观、科学地反映教师的工作业绩，对考核不合格的人员要淘汰出团队。

第一，制定合理的"双师型"教学团队建设绩效考核指标权重。目前，多数高职院校都采取多项指标综合考评的方式，对教师的业绩进行衡量，比如工作态度、专业调研、学生工作、科研工作、学习进修、技术服务、企业贡献等，根据各项的重要程度赋予一定的权重。但随着社会的发展和职业教育方向的变化，这些权重应该动态化，进行不断地调整，使其更为客观公平地反映职业院校"双师型"教师团队建设的需求。比如在当前情况下，培训、实践等工作就要赋予更高的权重，以此来带动教师不断提高的积极性。

第二，设计合理的"双师型"教学团队建设的薪酬分配。在多数职业院校中，教师的薪酬一般分为固定工资、课节费、岗位津贴等。固定工资是国家按着教师职称、教龄等进行发放的项目；课时费是根据教师上课的数量、职称进行计算；岗位津贴则根据教师的岗位性质来进行发放。岗位津贴是院校有权进行调整的一项，也是能够体现院校分配思想的一项。

第三，提倡多元化的教学评价。除了通过多种考核方案对教师的业绩进行考核之外，更要重视教师素质在考核中的重要地位，以培养学生的质量来衡量教师素质具有很强的科学性。学院可以通过学生评价、教师自评、互评等一系列的考评方式，并对这些方式进行细化，合理分配各指标的权重，更全面地评价教师的教学能力和教学效果。

四、促进"双师型"教师团队的战斗力和凝聚力

教学团队日常所承担的各类教学、科研任务，必须依靠团队的力量才能完成。所以团队的成员必须团结合作，充分发挥各人的特长，取长补短，相互合作。因此，促进"双师型"教学团队的战斗力和凝聚力，打造高效的教学团队非常重要。而高效团队的形成是一个长期的过程，包括学校的校风、学校的学风、教师的价值观、学校规章制度等多个方面的密切配合。为了进一步促进"双师型"教学团队的整体发展，高职院校应该根据自己的特色、特点与优势，从精神方面、文化方面、制度方面进行全面的提高，并借鉴企业品牌建设的相关经验，学习和借鉴先进的人才培养模式、先进的实训基地，建立自己的团队品牌。首先应该为每位团队成员设置远景规划，让教师们意识到团队建设是为自己的未来着想，学院为其创造了良好的条件，本人应该主动地融入团队，增加对团队的认同感。其次，增设成员之间面对面沟通的机会，比如召开一些研讨会、教研会等，让每个人都有发表意见的机会。第三，让团队每个成员都要明白，自己是团队中不可缺少的一部分，大家只有共同努力才能使团队建设取得更大的成绩。另外，团队之间的合作也是非常必要的，应该加强团队之间的交流与沟通，这样可以吸收和借鉴别的团队的先进经验，从而促进团队的更好发展。

第五节 "双师型"教师团队建设的路径

一、以更新观念为先导，明确指导思想

师资队伍建设是学校最基本的教学建设。加强"双师型"专业师资队伍建设，首先要更新观念，明确指导思想。不论是院校还是教师，能否积极参与"双师型"专业师资队伍建设、积极促进教师专业发展，关键是看其观念是否得当，指导思想是否科学。

（一）强调专业发展，转变传统歧视观念

我国著名教育家顾明远先生曾说："社会职业有一条铁的规律，即只有专业化，才有社会地位，才能受到社会的尊重。如果一种职业是人人可担任的，则在社会上是没有地位的。教师如果没有社会地位，教师的职业不被社会尊重，那么这个社会的教育大厦就会倒塌，这个社会也不会进步。"实现高等职业院校"双师型"教师专业化发展是提高高职专业教师社会地位和职业声望的根本之道。只有坚持"双师型"教师的专业化发展才能凸显"双师型"教师职业的专业水准和专业技术含量，才能吸引更多优秀人才加入高职专业师资队伍，才能提高我国高等职业教育的质量和水平，打造高质量的职业教育品牌。十七大报告中，再次强调了我国高等职业教育的基础性地位，指出我国要走具有中国特色的工业化道路，必须要解决人力资源开发不充分、职业技术型人员不足的问题。因此，我们必须转变传统"重知轻能"的思想，消除对高等职业教育的歧视，用终身教育的思想、全面发展的理论深化对高等职业教育的认识，明晰本质，丰富内涵，坚定不移地走专业化发展之路。同时，政府部门也要为高职教育的发展创建良好的外部环境。一方面，通过媒体、会议、政策等渠道宣传高等职业教育在我国国民教育体系中的重要地位，扩大优秀的高技能应用型人才的典型示范效应，将高职教育的相关政策落到实处，广泛树立"能力重于学历"的观念，弘扬"三百六十行，行行出状元"的职业风尚，为高职教育的发展营造良好的舆论氛围；另一方面，各级政府应从经济发展的现实需求出发，将发展职业教育纳入当地经济发展规划中，建立健全各项政策制度，合理配置教育资源，逐步提高生产一线技能人才尤其是高技能人才的经济收入，尽快破除鄙视高等职业教育的陈腐观念，引领高等职业教育步入良性发展轨道。

（二）突出能力本位

加快队伍建设进程能力本位是当代中国发展的核心文化理念，是一种人生价值取向。传统思维中，人才总是与学历、文凭紧密相连。人们也常说，如今是学历社会。此种说法不无道理，在传统思维的惯性心理影响下，现实中的就业招聘、职称评定、福利待遇等各个方面都与学历紧密挂钩。然而学历和文凭只能是代表着曾在何处受过何种教育、学过何种课程、专业知识掌握如何。在高等教育大众化的今天，这样的一纸文凭的价值将会不断贬值，整个社会将逐步完成从资格概念到能力概念的转变。高等职业教育培养的是高级技能型人才，坚持能力本位价值观，以专业技能的传授为重，更应该将以能力为导向的原则贯彻到高等职业教育的方方面面。因此，在"双师型"专业师资队伍建设中，要牢固树立能力本位的思想，确立岗位能力教育与培养的核心地位，以专业技能为考量的准绳，以能力为评聘的关键，在强调教师应提高学历的同时，要更加注重通晓行业技

术标准和熟练技术操作。当然，要真正将能力本位的思想纳入高等职业教育体系是需要一段相当长的时期的。在这一过程中，高等职业院校师资队伍建设必须坚持"三结合"和"三并重"。所谓"三结合"即校本培养与校外引进相结合、专职教师与兼职教师相结合、学校与企业相结合；所谓"三并重"是指学历提升与专业培训并重、理论与实践并重、教学能力与专业技能并重。只有做到这两个坚持，我国高等职业院校的"双师型"专业师资队伍建设才能实现能力本位，才能真正步入科学、健康、可持续发展的快车道。

（三）秉承以人为本，实现科学全面发展

以人为本以实现人的全面发展为目标，强调以人为出发点和中心，是科学发展观的核心内容。新的发展机遇，破解新的发展难题，关键就是要以科学发展观为指导，切实将各项事业转入到以人为本、全面协调、可持续发展的轨道。因此，"双师型"专业师资队伍建设必须秉持以人为本的理念，将队伍建设视为全面、协调、可持续的发展过程，努力实现协调发展、科学发展、全面发展。具体说来，"双师型"专业师资队伍建设要以满足教师个体现状与发展的需求为出发点，以教师基本素质培养为重点，努力突出六个"性"，即突出导向性，重视职业道德和综合职业能力的培养；突出计划性，视高职院校师资队伍的建设为一个长期的、系统的工程，建设过程中要有整体规划，对高职教师的发展也要有计划有安排，"哪疼医哪"着实不是明智之举；突出主体性，以教师的个体特征和发展需求为出发点，培养培训的形式、内容、途径等应尊重教师的个人意愿与实际，确保教师的话语权；突出实践性，以职业实践为发展关键，注重教师专业技能的培训与发展；突出多样性，重视教育的个性发展；突出层次性，即注重学科带头人、骨干教师等的培养，着力师资队伍的梯队建设。

二、以内涵发展为突破，加强制度建设

要加快高职院校"双师型"教师团队建设，制度的顶层设置至关重要。因此，必须要出台一系列具有高等职业教育特色、适合高等职业院校自身发展、有利于"双师型"专业师资建设的政策文件，完善高职师资队伍的制度建设，为"双师型"教师团队建设提供政策支持和保障。

（一）明确"双师型"教师内涵，找准"双师"角色定位

"双师型"教师团队建设是高职院校专业师资提升素质水平，彰显高职特色的重要方向，是提升高职教育教学质量的必然要求。准确理解和把握"双师型"教师的内涵，对构建"双师型"教师资格认证体系、创新培养模式、优化队伍素质与结构都有着十分重要的意义。那么到底如何界定"双师型"教师这一概念呢？目前学术界对此看法不一，

综合起来有"双职称说""双能说""双证说""双证＋双能说""双师素质说""一证一职说"以及"双元说"等七种。经辨析，本研究认为，"双师型"教师是指具有一定的专业学历和实践工作背景的，集理论课教学与实际操作训练素养于一身的复合型高职专业师资。具体地说，这一概念起码包括以下三方面含义：首先，"双师型"教师是一种复合型人才，不是叠加型人才。所谓"叠加型"人才，即是身份的一种罗列，表现在"双师型"教师上，就是教师和工程师两种身份的叠加，是教师资格证和专业技术职务证书的相加，这是低层次的人才素养形式。"双师型"教师应是更高层次的人才，是教育教学素养和实践操作指导素养的复合与综合。

其次，以系统论的观点来认识，"双师型"教师的素质是一个结构性的有机整体，是其所必备的内外品质的综合。它不仅包括职业道德素质、知识素质、教育教学能力、教学研究能力、创新素质等一般性教师素质，更重要的是，还应具备熟练的专业职业技能、丰富的实践经历经验、理论与实践结合及其教育转换能力、职业指导与创业教育能力、课程开发能力等特殊性素质。

第三，兼职教师是"双师型"教师团队的重要组成部分。换言之，"双师型"教师不仅包括高职院校的专任教师，还包括从校外企业、行业聘请的兼职教师。

（二）建立资格认证制度，提升"双师"社会地位

职业资格是职业人员能力和水平的象征，是社会职业成熟程度的重要标志，更是职业社会地位和社会认可度的必然要求。《中华人民共和国职业教育法》规定："实施职业教育应当根据实际需要，同国家制定的职业分类和职业等级标准相适应，实行学历文凭、培训证书和职业资格证书制度。"而事实上，我国"双师型"教师至今尚未有严格规范的职业准入、职业资格证书制度。这与职业教育较为发达的国家相比，差距凸显。在德国，职业教育教师是一种专业化程度极高的职业，其职业教育教师资格证书必须经由长达7—8年的专业培养、通过两次国家级考试方能获得；在美国，"职业技术教育教师证书制"要求职业教育教师必须取得学士学位，并在相关职业领域工作1—2年；韩国的职业教育教师资格证书则分为三个等级，每一等级都有具体的认定标准，具有较强的操作性和规范性，其认证制度更为严格。为此，我国结合高职教育专业师资现状，借鉴国外先进经验，建立和规范"双师型"教师资格认证制度势在必行。首先，搭建"双师型"教师职业技能水平鉴定平台。为把好"双师型"教师团队的入口关，可由相关教育行政主管部门共同组织发起，成立职业技能鉴定委员会，采取考试等形式对"双师型"教师所应具备的综合能力素质进行客观的测量、考核和鉴定。考核过程中，应坚持两大原则：一是综合考察原则，即基于职业技能水平的考核活动应涉及学历、思想政治理论

与实践、教育学、心理学、职业教育学等基本科目、职业专业技能水平、社会实际工作经历、应用技术研究成果等多方面的考察，从而对参考人员作出综合客观的评价与鉴定；二是分层量化原则，即职业技能鉴定委员会可在组织专家、学者、各高职院校资深教师，充分论证，广泛征求意见，深入探讨研究的基础上，制定出"双师型"教师技能水平认证体系，通过量化标准对"双师型"教师进行定层定等，并发放相应等级证书。这些证书不仅将作为各高职院校"双师型"教师岗位聘用的必备条件，还将与教师自身的职称晋升直接挂钩。其次，运行"双师型"教师资格证书制度。为提升"双师型"教师的社会地位和社会认可度，确保高等职业教育教学质量，相关行政主管部门应结合我国高职"双师型"专业师资队伍的建设现况，积极探索和运行"双师型"教师的资格证书制度，出台"高等职业院校专业教师的任职规定""高等职业院校'双师型'教师考核办法""高等职业院校'双师型'教师资格认证制度"等制度和措施，完善"双师型"教师从业资格的认定，实现"双师型"教师持证上岗。第三，建立"双师型"教师资格水平监控保障机制。要提升高等职业院校教师的专业素质和职业地位，仅有相关资格认定制度是远远不够的，还需要建立"双师型"教师资格水平监控保障机制，定期对已获得职业资格证书的教师进行考评考察，以充分保障职业资格证书与教师从业能力的等值性，保证职业资格证书在岗位聘用、职务聘任、职称晋升和工资待遇等方面的基础作用，增强社会认可度，从而真正有利于高职院校"双师型"教师的职业成长，有利于高等职业院校师资队伍的专业建设，有利于高等职业教育的深化发展。

（三）构建职称晋升标准，确保正确发展导向

实践证明，普通高等教育偏重理论科研的职称晋升机制并不适合高等职业教育"双师型"教师的评审。高等职业教育与普通高等教育是两种不同类型的教育，其教师职称评定标准理应有所区别。因此，高等职业教育应单独构建体现高职教师工作特色、适应"双师型"教师发展的职称晋升标准。一方面，要降低理论科研水平的考核比重，将技术实践能力、经历和开发应用能力均纳入评审体系，并作为重要考评指标，强调教师的专业技能水平的提升，突出学生职业能力的培养；另一方面，在"双师型"教师内部，根据"双师型"教师资格的等级分布评定职称，且可与普通院校的职称划分相对应。总之，高等职业教育独立的职称评定制度要使高职教师的一切职务评聘工作有利于高职教师的专业化发展，有利于"双师型"教师团队的建设，从而确保高职院校"双师型"教师的正确导向。

（四）打造人才激励体系，吸引优质师资人才

激励机制的打造是"双师型"教师团队建设的保障，对增强"双师型"教师职业吸

引力，提高"双师型"教师职业地位有着举足轻重的作用。高等职业院校要走以政策吸引人、以政策留人的发展路线，在管理条例、考核评聘、职称晋升、岗位津贴、住房等各个方面对"双师型"教师有所倾斜，给予特殊政策。尤其是德国职业教育发展的重要经验告诉我们，充分提高高等职业院校"双师型"教师的地位和待遇是增强其职业吸引力，使高职教师职业成为人们心向往之职业的社会条件。在德国，职业学校教师作为国家公职人员，与政府官员享有同等的社会地位，能够免缴劳动保险费，不受解雇威胁，其工资待遇最高的可达到大学教授的工资水平，是一般工人工资的1.5至2倍，这还不包括其享受的各种补贴，以及在夜校或企业担任兼职的收入。这样的薪酬待遇使得德国的职业教育教师成为热门职业，充分保证了职业教育教师的整体数量和质量上的最优化。而我国高职教育要想形成如此好的发展局面还有很漫长的路要走，当务之急就是要建立起科学的薪酬管理体系，以吸引和稳定"双师型"专业师资人才。该体系的构建可遵循按劳分配与按能分配相结合的分配原则，重技能、重实绩、重贡献，在整体水平有所提升的基础上，奖优奖先进，真正使"双师型"教师的付出与回报相称，以此增强行业吸引力，凝聚职业向心力，促使更多的高职教师自觉自愿以"双师型"教师为努力方向，以成长为"双师型"教师而感到满足与自豪。

（五）健全绩效考评模式，激发队伍内在活力

根据《中华人民共和国教师法》和《中华人民共和国高等教育法》中的相关规定，高等学校必须对其教师进行考核，其考核结果将作为聘任、晋升、奖惩的重要依据。可以说，这样的考核评价与每位教师的职业生涯发展都息息相关。为了促进"双师型"教师和专业师资队伍的整体水平实现全面、协调、可持续发展与提高，建立健全高职"双师型"教师考核评价模式显得尤为关键。

其一，要形成符合"双师型"教师特色的考核评价体系。以教学为重，以"双师"素质为亮点，充分体现高职教育的实践性、应用性。

其二，要以自我评价为基础。按照严格的计划，定期或不定期地全面对自身的教学和素质发展等各个方面进行检查，查漏补缺，以此避免管理人员碍于情面而影响评价的真实性，回避管理人员听课等造成教师紧张的心理因素，真正做到对自己的发展状况了如指掌。

其三，要以学生评价为主体。学生是教师教学活动的直接受动者。学生评价应是"双师型"教师评价模式中的核心部分。在评价过程中可多组织学生参加座谈，然后形成对教师的综合评价意见，避免部分教师对学生的否定意见不予接受。

其四，要以行业评价为参照。就如澳大利亚的行业培训顾问委员会每年都对学校的

教学质量进行定期评估一样，要借用行业专家的眼光和评审标准来对"双师型"教师的专业水准、实践技能水平进行综合考察。

最后，要及时给予评价结果反馈。在综合所有考核评价结果的基础上，院校应给予教师及时的反馈，帮助教师认清问题，明确发展目标，适时调整和完善个人职业生涯发展规划。

三、以强化专业技能为重点，健全培养机制

面对现代化科学技术的迅猛发展，高职教育的教育教学要紧跟时代步伐，要实现"双师型"教师团队现代化，实现高职教师的专业化发展，以能力提升为本位，建立健全高职"双师型"教师团队培养体制，就显得尤为重要。

（一）规范培养规划，完善师资培养管理体系

我国对高职"双师型"教师的培养仍缺乏整体规划，没有形成规范化的培养"双师型"教师团队制度。德国的职业教育教师专业化程度高的原因之一就在于其以法律、政策等方式规定了"双师型"教师团队培训制度，对参加培养培训的持续性和系统性做了严格的要求。而我国的"双师型"教师培训"项目"虽多，但整体性和系统性不强，培养制度建设需要完善。一方面，可以在结合我国具体实际的基础上，参照发达国家的职教教师培养制度制定出一套系统的高职"双师型"教师发展培养规划，从理论知识的掌握到实践技能的习得，从职前培养到职后的继续教育，乃至到培训时间的需求，例如规定职教教师每年必须参加一次培训，每两年必须顶岗实习一个月等；另一方面，"双师型"教师团队每一位高职专业教师都应根据其自身素质水平制订贴近自身实际的培养提升规划，并与院校培养规划相结合，进一步明确职业发展轨迹，增强培养实效，实现高职"双师型"教师团队教师自我实现和职业发展预期的最大满足。

（二）充实培养内容，完善师资培养目标体系

随着我国高等职业教育逐步由规模建设向内涵建设过渡，高职教师也正实现由"双师型"教师团队单一型、封闭型、专业型向综合型、开放型和复合型角色转变。不论是社会还是高等职业教育本身对高职"双师型"教师的素质能力要求都越来越高。在"双师型"教师的培养培训过程中，培养什么、培训什么的问题也随之受到更多的关注。德国"双师型"教师团队的"双元制"职业教育是以"实践为导向"，故其职业教师培养就坚持理论与实践"双师型"教师团队相结合，突出职业实践能力的综合培养。那么，根据我国高等职业教育的特点和"双师型"教师的基本素质要求，"双师型"教师应接受系统的职业专业理论知识和"双师型"教师团队技能培养，在培养培训内容选择上应

包括师范性、职业性、实践性和开发应用性内容。"双师型"教师团队其中，师范性内容即教育教学及师范生技能类课程，强调教育教学素质的培养；职业性内容则是相关职业的专业课程内容，关注职业岗位的专项性；实践性内容是指"双师型"教师团队参加生产、服务等一线工作的实习、见习内容，是在生产现场的工作经验要求；而"双师型"教师团队开发应用性内容更强调创新性思维和发散性思维的培养和训练，以帮助"双师型"教师将专业知识、技能和技术融会贯通，相互渗透、转化，奠定开发创新的能力基础。

如今信息爆炸的时代悄然而至，正如福特公司的首席专家罗斯所言："对你的职业生涯而言，知识就像鲜奶，纸盒子贴着有效期。工程技术的有效期大约是'双师型'教师团队年限，如果时间到了，你还不更新所有的知识，你的职业生涯很快就会腐掉。"因此，"双师型"教师需要主动把握各种培养培训机会，适时参加岗位实训，及时吸收新的知识、技术，拓宽知识面，强化职业技能水平，以适应职业工作岗位的发展需求。

（三）创新培养模式，完善师资培养支撑体系

苏联教育家马卡连柯指出："教育者的技巧，并不是一门什么需要天才的艺术，但它是需要学习才能掌握的专业。"故而，高等职业院校"双师型"教师必须通过系统培养来扎实专业基础，提高业务能力，实现专业发展。以美国的社区学院为例，它实施教师"弹性多元进修计划"，对职业教育教师展开多样化的培养，具体包括研讨会、参观访问、夜校、视导服务、编订课程、专业组织举办"双师型"教师团队会议、休假进修以及出国进修等等。相比之下，我国的高职师资培训模式略显单一，必须进一步拓宽渠道，创新模式，为"双师型"教师培养培训提供更多的机会，搭更为广阔的发展平台。结合我国高等职业院校"双师型"专业师资队伍建设的现状，可以尝试实施四大培养工程：

立足专业建设，实施院校培养工程。"双师型"教师的培养是一项长期的系统工程，需要有专门的职前培养渠道，实行专业化培养。譬如，英国的高等职业教育教师首先必须在大学期间通过系统的、"双师型"教师团队专门的学习获取相应的职业教育教师资格证书，然后再到职业学校参加教学实习，"双师型"教师团队去企业单位参加一线岗位工作，获得教学、行业技术、管理技能和经验。实践证明，这些专门培养渠道培养出来的职业教育教师更能胜任职业教育教学。结合我国高等职业教育发展实况，可以尝试在高校开设专门的职业教育师范专业，联合相关企事业单位和高职院校，共同实施以高等学校为主体的高职专业师资职前院校培养工程。该种培养可实行本科与教育专业硕士连读的方式。在本科阶段"双师型"教师团队的四年中，学生主要学习教育理论、师范技能、职业教育的基本理论知识、教学论，并参加一定的教育实践；其后的专业硕士学习阶段，学生选择具体的专业方向，利用一年半的时间集中学习所选专业的理论知识，

并参加企事业单位的顶岗实习，最后半年则前往高职院校进行教学见习和实习。需要强调的是，学生在企事业单位顶岗和高职院校实习两个环节所占学分应等于或高于其在校就读所有课程的总学分，以此突出专业技能和教学技能的重要性。

依托校企合作，实行行业培养工程。"双师型"教师团队面向企业、面向生产，是高职教师提高自身"双师"素质的根本出路。德国采取"双师型"教师团队的"双元制"模式就是一元为高职院校，一元为企业；瑞士采取"三元"模式，其中三元分别是政府、高职院校和企业。

其共同之处在于都有企业的广泛参与，且这种参与不仅体现在职业院校的学生培养上，更体现在职业教育专业教师的培养和发展上。因此，我国"双师型"教师的培养培训必须建立起深层次的校企合作机制，努力形成行业、企业广泛参与的良好师资培养机制。首先，要自主开发和嫁接企事业单位实践基地。一方面，高等职业院校可以与全国或当地比较知名的企事业单位建立联合机制，在生产一线挂牌，将企事业单位发展成为学校定点实践基地，安排教师分批分专业实训，实现长期合作；另一方面，有条件的高职院校可以仿照医科大学办附属医院的模式，附设相应企业，统一由校方管理，这样不仅可以有计划地安排本校专业教师前往企业实习锻炼，也可以从企业聘请优秀技术人员担任兼职教师，有效保证专业教师实践锻炼机会的同时，还促进了兼职教师队伍的稳定、持续发展。其次，要建立专业教师顶岗实践制度。

高等职业院校可与企业达成长期协议，由企业空余一些工作岗位给高职专业教师，由高职院校计划性地安排本校相关专业教师轮流顶岗，接受培训。这将真正有助于高职专业教师将理论付诸实践，在全真的实践环境中切实锻炼，提升技术实践能力，提高"双师"素质。第三，鼓励和支持"双师型"教师参与企业、科研机构技术开发和专业实训室建设。"双师型"教师除了要有扎实的理论知识、熟练的技术能力，还要有一定的技术开发和推广能力。为此，高职专业教师完全可以尝试着参与企事业单位和科研机构的科研开发项目，参与企业的专业实训室建设工作，承揽企业的科研项目，在帮助企业解决实际问题的同时提高自身的科研和技术开发能力，深化校企合作，实现企业、教师与高职院校的同步"三赢"。

锻造特色品牌，实施校本培养工程。所谓校本培训是指在教育行政部门和有关业务部门的规划与指导下，以教师任职学校为基本培训单位，以提高教师教育教学能力为主要目标，把培训与教育教学、科研活动紧密结合起来的一种继续教育形式。它能够最大限度地发挥高职院校自身的资源利用率，广泛调动高职专业教师的积极性和主动性，有目的有计划地提升教师素质、提高教学质量。

第一，实行"以老带新、以优带新"制度化。这种方式是多数学校在培养新教师和青年教师时常用的方法，利用本校现有的优秀"双师型"教师指导培训青年教师，开展分类赛课评比等活动，鼓励推动新教师、青年教师快速成长。

第二，提倡因材施教，针对性开展专业教师培训。高职院校要遵循教师成长发展的规律，根据自身的教学资源特点和专业师资队伍发展规划，对本校教师分层分类分阶段进行培训。比如，根据不同的教师群体特点，安排不同系列的"项目"、专题对本校专业教师实施培训等。

第三，鼓励专业教师开发校本课程。校本课程是学校根据本校的教育哲学，通过与外部力量的合作，采用选择、改编、新编教学材料或设计学习活动的方式，并在校内实施以及建立内部评价机制的各种专业活动。专业教师参与到校本课程的开发中去，一方面可以促使其发挥自主能动性，努力采取一切教育手段，将职业专业的文化知识和技能传授给学生，另一方面也促使其培养自身教育素质，系统梳理自身知识结构，努力钻研专业理论，并自觉走向生产现场，实施教育实践，参与教育科研，从而不断提高教育教学质量，增强教育教学自信。

拓展培训空间，实施跨国培养工程。教育的"另一种合作方式是给教师提供到别国工作的机会。教师可以到外国进行一些跟上时代的高深研究，从事某项特定的研究项目或钻研某种专门的学科。这种方式可以充实教师的训练，提高他们的能力"。国外的职业技术教育发展历史悠久，不论是在其办学体制还是在师资培养方面都走在我国前列，其丰富的经验值得我们学习和借鉴。例如，德国"双元制"职业教育对教师培养以严格化的控制来实现高质量，美国较早就制定了职业教育资格认证制度，实行达标教育，等等。

可以说，国际化培养是高职专业师资面向世界的重要途径，是其职业培养平台的一种提升。因此，教育行政部门和高等职业院校可直接派遣专业教师到国外参加培训；可以与国外一些职业大学联系，达成长期的合作项目，定期组织互换教师，"走出去"和"引进来"并驾齐驱；也可以是直接与企业联系，参观国外在生产技术上具有代表性和先进性的企事业单位等等，形式多样，目的明确。随着这一国际合作空间的开拓，我国高职专业教师将走出国门，真正接触到国外发达国家的职业教育，汲取先进的职业教育理念，掌握世界领先的职业技术、技能，从而有效开阔眼界、拓展思路、拓宽知识面，实现快速发展。

当然，上述四大高职教师培养工程应是一个密不可分的有机整体，相互联系，相辅相成。它们的有效实施共同对高职院校专业教师提升职业素养，跻身"双师"之列，成为"技高"之师发挥积极作用。

（四）狠抓基地建设，完善师资培养网络体系

我国高职院校专业师资队伍整体素质不高、"双师型"教师不足等问题已是不争的事实，根据教育部的相关规划要求，高职"双师型"教师队伍的发展任务十分艰巨。虽然各高职院校纷纷利用校内的各种资源为专业教师的发展提供一切可能的条件和机会，但多数学校设备陈旧，难以满足专业教师对高新技术、对先进理论的需求。为此，教育部已在全国各省市有条件的地方建起了一系列国家级和省级高职高专师资培养培训基地，承担对现有高职专业教师职前、职后的集中培训。然而，这些覆盖了多个省市的培养培训基地并没有成为高职专业教师修炼"内功"的向往之所，国家精心策划与规划的高职师资培训网络也并没有得到充分的开发与利用。要改善这一现状，进一步加强基地建设是必然选择。

首先，基地建设要努力实现社会化发展。要改变目前基地建设以学校为主体的状况，将培养培训的中心逐步转向社会，转向相对应专业的企事业单位，与社会各界形成一定的联系机制，共同把脉高职"双师型"教师的发展现状，找准专业师资培训的突破口，为培训教师提供实践提升的见习和实习机会，从而切实提高高职教师参加基地培训的实效性。

其次，基地建设需要不断推陈出新。要紧密结合高等职业教育和社会职业发展赋予"双师型"教师的新使命、新任务、新要求，尊重受训教师意愿，灵活把握培训内容和培训方式，不断推出符合时代发展需求的、具有吸引力的培训项目，最大限度地满足受训教师的自身发展需求和愿望。

第三，基地建设要始终保持代表性和先进性。基地所拥有的各项生产技术、实训设备都应在全国至少是本地区具有代表性和先进性，专业培训师的聘用也应具有一定的权威性。第四，基地建设要通力实现网络化。各基地之间要充分利用互联网等先进技术，增加基地间的沟通、培训师生间的交流，形成高职"双师型"专业师资培养培训网络，使得专业师资培养更具开放性、灵活性。

（五）拓宽经费渠道，完善师资培养保障体系

经费是"双师型"教师团队建设持续快速发展的重要物质基础。培养经费不足已严重影响"双师型"教师培养培训工作的顺利展开。我们不妨看看澳大利亚的职业教育投资体制，它在政府拨款为主的前提下，走政府、企业、行业和个人多元化投资主体的路线。目前，澳大利亚 TAFE 学院的经费来源主要分为四类，即证书课程计划专项经费（占总经费来源的 60% 左右，其中 80% 为政府投资，学院个人或用人企业支付 20%）、用户选择培训项目（占总经费来源的 20%）、培训招标项目（占总经费来源的 10%）以及完

全商业运作的培训项目（占总经费来源的 10%，完全由学院按照市场机制获得）。这样的多元化发展投资主体，无疑为职业教育的经费筹集带来了活力。因此，我国除了各级政府在教育经费划拨的过程中充分重视高等职业教育，增加对高职教育的投资外，各高等职业院校也可尝试设立专业"双师型"教师培养专项基金。基金用以支持专业教师参加培训、进修，鼓励教师考取职业技能资格证书，奖励优秀骨干"双师型"教师，从而保障"双师型"教师团队建设工作顺利开展，避免高职院校以资金紧张为由拖沓专业教师培养培训工作。基金的资金可以以国家拨款为主，以高职院校为企业提供有偿服务为辅，同时可号召各企事业单位或个人进行捐款等。在对"双师型"教师团队建设的评估中，该项基金的建立和运行情况应纳入考量。

四、以建设教学团队为抓手，优化队伍结构

目前我国高职院校"双师型"教师团队的水平既没有达到教育部规定的双师比例占 50% 的基本数量要求，也没有能充分满足高职教育发展的质量要求。因此，教育行政部门和高等职业院校要刻不容缓地制定政策、采取措施，优化队伍结构，促进"双师型"教师团队建设。

（一）依托教学团队，建设人才梯队

构建高效、有序的"双师型"教师团队是学校建设的战略性基础工程，对现阶段高职专业教师自我完善提高，优化师资队伍结构具有重要意义。一般说来，专业教学团队的特征主要体现在四个方面：其一，团队师资来源多元。它包括优秀"双师型"骨干教师、高职专业教师、兼职教师、高等院校毕业后到校任教的新教师等等，且共通之处在于他们都在努力使自己符合"双师型"教师标准。其二，团队成员构成互补。即他们各有特长，既有专业理论扎实的专任教师，又有实践经验丰富的兼职教师，还有具有较强创新意识的青年教师等，这样的优势整合与互补，尤其在承接某些项目时，有助于一部分骨干型教师脱颖而出，有助于积极引导团队青年教师增强自我发展的意识，引导他们在学历提高、上岗培训、业务水平提高等方面，用"新信息、新理论、新知识、新技术、新技能、新方法"充实自己、塑造自己、锻炼自己。其三，团队整体目标一致。即要提升团队的整体工作效率和教学水平，培养适应社会经济发展需要的一线应用型人才，这一共同愿景的确立将激发起团队成员自我发展、自我提升的积极性，凝聚团队的向心力。其四，团队发展持续和谐。团队加强理论学习探讨，提升实践技能，能较快地形成传、帮、带的学习风气，发挥老教师、骨干教师的指导性作用，使中青年教师在更新知识、拓展技能、提升教学能力等方面具有更突出的特征和专业特色，从而打造一支可持续发展的"双

师型"专业教学梯队。

因此，各高职院校可根据学校专业师资的现实状况，将建立"双师型"专业教学团队纳入"双师型"教师团队建设规划，酌情制定相关的团队建设与管理办法，广泛调动专业教师的积极主动性，以加快建设和发展"双师型"教师人才梯队。当然，建设"双师型"教师团队并不是一蹴而就的，也少有前人成功的典范可以借鉴，需要高职院校的不断探索与实践，进而使之逐步走向规范化、制度化和科学化的发展轨道，以适应高等职业教育的快速发展和现实需求。

（二）发展兼职队伍，广开师资才源

兼职教师是高职"双师型"教师团队的重要组成部分，是沟通教育与职业、学校与企业的重要渠道。数据资料显示，英国的职业教育师资中，兼职教师占63%，澳大利亚TAFE机构中兼职教师数量达到了2/3，发达国家的经验告诉我们，加快兼职教师队伍建设应是我国高职院校专业师资队伍建设"广开才源"的重要途径。

1. 依托校企合作，创建人才储备

企事业单位是"双师"素质教师的"藏龙卧虎"之地。要改善当前我国高职院校专业师资队伍兼职教师比例小、质量不高的现状，必须要走出去，引进来，依托企事业单位，主动创建高职院校兼职教师的人才储备库。首先，政府部门应出台相关扶持性政策。一方面，可落实一定的专项资会或编制，用于兼职教师的课时报酬及队伍发展，以吸引社会人才投身高等职业教育事业；另一方面，明确企事业单位向高职院校提供兼职教师的责任和义务，鼓励并帮助社会上各行业的优秀人才任教高职。其次，高等职业院校要广开门路，广纳贤才。要改变师资来源以高校毕业生为主的传统做法，以1/3—2/3的比例要求聘请兼职教师，实施吸纳社会、行业优秀人才的优惠政策；要建立外聘教师信息网，扩大兼职教师的选择范围，择优录取；要根据院校的实际情况，设立特聘教授岗位，将企事业单位的技术权威人士引入学校的专业师资队伍，实现专业师资队伍知识技术与经济发展同步，甚至超前，并以此不断激发专业教师自觉提升业务水平的热情和动力。当然，一旦兼职教师任教，就要保证具有相对的稳定性，以减少教师之间、师生之间的磨合期，确保高等职业教育的教育质量。

2. 健全管理机制，强化岗位管理，严格把关

高职院校兼职师资队伍的管理是充分发挥兼职教师作用、提升教育教学质量的重要保证。以澳大利亚的TAFE机构为例，其兼职教师均来自企业生产、服务行业的一线，必须具有本科以上学历，受过相关行业的教育专业培训。他们受聘后与学院签订短期工作合同，且合同期内必须全天在学校工作。如此严格的管理制度一定程度上值得我们借

鉴。第一，在选聘上，强调兼职教师的高质量。兼职教师应有本科以上学历，有丰富的一线实践经验。他们必须参加教师岗位培训学习，考核合格获得执教资格后，方能任教。第二，在管理上，注重严把关、重考核。学校要淡化兼职教师的"身份"管理，强化岗位管理，建立起合理的用人机制和科学的分配制度。即使难以如澳大利亚的兼职教师那样全天在学校工作，但也不能将兼职教师视同临时的兼课教师，院校应当对他们的工作时间、工作内容都有所规范，而且对他们的教育教学工作进行定期考核评议。第三，在使用上，突出实现人文关怀。高等职业院校的领导要加强与兼职教师沟通交流，尊重和重视兼职教师从事教学工作的各种想法，真诚相待，人性管理，凝聚兼职教师队伍的向心力，调动兼职教师积极主动性，使兼职教师主动为教学工作服务，为提高教学质量努力，为高职教育的发展出谋划策。

（三）规范师资流动，推进持续发展

关乎高等职业院校"双师型"教师的流动，在合理范围内的，有利于人尽其才，才尽其用，有利于专业师资队伍整体素质的提高，活力和生命力的增强；不合理的，则造成人才流失，高职也沦为个人职业生涯发展的跳板，不利于"双师型"教师团队的持续、健康发展。不少学者对当前高职院校留不住人的现象做了诸多分析，大多认为其经济收入是教师流动的主要原因。实际上，研究资料表明，教师将"受人尊重，工作、学习、生活较为自主"和"追求较高的社会地位"作为首选，"追求高收入"仅第三位，其最关注的还是自身的心理环境和成长环境。因此，规范"双师型"教师流动要从以下四个方面着手：首先，要引入现代教师管理制度。一方面将社会竞争机制纳入教师管理，在"双师型"教师的录用、晋升、评价等各个环节坚持公平、公开、民主，体现"优胜劣汰"的理念；另一方面规范完善"双师型"教师的交流、辞职、辞退制度，促进教师队伍的新陈代谢，保持教师队伍持续发展的生命力。其次，要以社会激励机制为动力，强化高职教师的考核、竞争、奖惩、薪酬等制度，提高"双师型"教师的社会地位，增强"双师型"教师岗位的吸引力。第三，完善教师劳动力市场，加强政府对教师劳动力市场的宏观调控，健全劳动力市场的运行和服务体系，改善当前教师流动的无序状态，为"双师型"教师团队建设搭建稳定和谐的发展平台。第四，启动地区教育合作项目，以骨干高职院校为中心，打破地区、行业界限，实行同类学校或同类专业联合办学，优化专业师资配置，实现资源共享机制，改善"双师型"教师地域分布不平衡的状况。总之，高职院校"双师型"专业师资队伍的建设是一项长期的、复杂的社会系统工程。这要求我们以辩证的眼光看待它，一方面，我们不能把"双师型"教师团队建设过分理想化、简单化，而要正视队伍建设存在的不足；另一方面，我们也要认识到"双师型"专业师资队伍建设的独特性和可行性，从而看到队伍建设的希望所在。

第六章 高校产教融合改进路径

资源是人类行为动力的基础。人类的各类活动无一例外要以资源为支撑,人类发展的历程从某种程度上也是石器、土地、青铜、铁器、煤、石油、电力、海洋等资源开发、利用和争夺的历程。资源是诠释组织建立、运行和发展的钥匙,氏族、军队、教会、政府、企业、学校等各类组织皆是资源分散与集聚的结果。可以说,资源不仅是人类及其组织存在和发展的基础,也是解释人类及其组织的行为的关键。应用型高校作为一个有机体,是由教师、学生、学校管理人员、实训设备、经费等资源聚合而成的,同时它还和有机体外部的政府、行业企业、社区、其他高校进行着资源交换。充足的资源,是应用型高校深化产教融合的根基和前提。现实来看,应用型高校匮乏的经费、学科专业、师资、场地设备等资源,不利于其通过整合内部资源和吸收外部资源深化产教融合,极大地制约了应用型高校产教融合动力。

第一节 经费方面

经费是货币或钱的同义词,它直接从源头上决定着资源的多寡。自从人类通过贸易来增进相互间的福利开始,货币就作为一般等价物成为各种资源交换的媒介,人类通过持有货币可以购买能满足自己需要的资源,同时也可以将自己的资源兑换成货币储存起来或借贷出去。近现代社会以来,经费逐渐在个人和组织的生存和发展中扮演着越来越重要的角色,个人或组织一旦没了经费,就会丧失在现代社会生存的砝码。同样,没有足够的经费支持,应用型高校产教融合动力好似无源之水,无法流长。

一、应用型高校办学经费有限

应用型高校办学规模小,服务社会的能力差,办学经费主要源于地方政府,办学经费有限,很难为深化产教融合提供充足的动力。2016 年,部属高校的经费预算达到上百亿,一些规模较小的人文社科类部属高校的经费预算也达到了十亿左右。地方重点院校的经费预算一般在七八亿,也有达到十亿的,应用型高校的经费预算基本不超过七亿,通常为在两三亿。经费从源头上决定着高校可以调动的人力、物力、技术等资源,应用型高校"囊中羞涩"的现实,直接导致其在深化产教融合的过程中被处处掣肘。

二、产教融合缺乏教育专项经费支持

《指导意见》在高校转型的"配套政策和推进机制"中鲜明地指出，加大对高校转型试点的经费支持。各地可结合现实状况，完善相关财政政策，对改革试点统筹给予倾斜支持，加大对产业发展急需、技术性强、办学成本高和艰苦行业相关专业的支持力度。建立以结果为导向的绩效评价体系，中央财政根据改革试点进展和相关评估评价结果，通过中央财政支持地方高校发展等专项资金，适时对改革成效显著的省（区、市）给予奖励。然而调查发现，很多应用型高校并没有获得相关的教育财政专项经费。有消息指出，河南省、山东省分别安排了二亿和一亿的高校转型发展专项经费，广西省将筹措建设经费八亿多，启动高校转型发展应用技术大学试点工作。调研的多数应用型高校并没有获得政府的专项经费。理论上讲，实践型人力资源的培养可能比学术型人才和技术技能型人才的培养更耗费资源，因而需要更多的经费支持。应用型高校多属于省市级政府举办的高校，其教育经费本就有限，现要推进其深化产教融合，缺少经费的保障。

《指导意见》指出，鼓励应用型高校健全多元投入机制，积极争取行业企业和社会各界支持，优化调整经费支出结构，向教育教学改革、实验实训实习和"双师双能型"教师队伍建设等方面倾斜。许多应用型高校也通过项目立项等形式设立了专项经费，但这些经费数额有限，无法为应用型高校深化产教融合提供有效支撑。

应用型高校的二级学院是深化产教融合的改革试点和实施主体。深化产教融合，要求二级学院在学科专业调整、课程开发、教学改革、实验实训实习基地建设、"双师双能型"教师队伍建设等方面实施综合的系统改革。不幸的是，经费的不足使许多在改革之初意气风发的二级学院，在真正推进改革的时候往往步履蹒跚、半折心始。

三、企业没享受到减免税收优惠

在推进校企合作方面，许多学者提出以减免税收的方式鼓励企业主动与高校合作。2007 年，国务院发布的《中华人民共和国企业所得税法实施条例》第五十三条规定：企业发生的公益性捐赠支出，不超过年度利润总额 12% 的部分，准予扣除。公益性捐赠是指企业通过公益性社会团体或者县级以上人民政府及其部门，用于《中华人民共和国公益事业捐赠法》规定的公益事业（包括教育、科学、文化、卫生和体育事业）的捐赠。然而调查发现，多数企业不知道或没有享受到减免税收优惠，应用型高校的学校管理人员也不了解减免税收政策，因而无法以此切入点激励企业参与校企合作。出现这种情况的原因，一方面可能由于一些企业不了解减免税收政策或者笔者访谈的企业人员不了解公司的财务或减免税收情况；另一方面可能因为减免税收政策在具体的操作和实施层面宣传不到位或者存在一些运作困难。

第二节 学科专业方面

学科是知识分门别类的结果，学科的细化和交叉形成了专业。专业的设置与变更，主要受到两方面的影响：一是产业细化或职业发展变化；二是科学发展的综合与分化。以一个学科为基础可以设置若干个专业，一个专业可能需要两个或多个学科为支撑。我国普通高等教育的 13 大学科门类下设有 110 个一级学科，一级学科之下还有层级式的二级学科、专业和研究方向。学科建设水平决定着学科发展水平，学科建设可以为学科发展提供高水平的师资队伍、教学与研究的基地、包含学科发展最新成果的课程教学内容等。

一、应用型高校学科少

学科数量和实力是应用型高校深化产教融合（主要是校企合作方面）的基础。高等学校是以高深知识的创新、传播和应用来服务社会的，建立在知识创新和应用基础上的科研技术水平（或产品研发能力）是校企合作的重要资本。地方院校（包括地方重点院校和应用型高校）平均获得的企事业单位委托经费非常有限，仅分别为部委院校和教育部直属院校的 5.8% 和 4%。从高校和企业在人才培养和项目研发方面的合作看，相比于应用型高校，研究型大学利用其在学科、技术、设备、政策等方面的优势，获得了大型企业尤其是从事战略性新兴产业的大型企业的兴趣和支持。可以说，一所高校的学科数量越多、实力越强，其科研技术水平和产品研发能力越高，越能为企业和社会提供好的服务，越能在校企合作市场上占据优势。根据目前的评价体制，如果某个一级学科具有博士学位授予权，则说明其学科实力较强。据此，可从高校的学科设置及其具有的一级学科博士学位授予权数量，大致估计其科研技术水平。相比于研究型大学，应用型高校主要以本科为主，拥有少量硕士点，学科实力和科研技术能力较弱，很难得到大型企业的橄榄枝。从高校获得的企事业单位委托经费来看，2015 年，"985" "211" 及省部共建高校平均获得的企事业单位委托经费为 32658.8 万元，而其他本科高等学校（多数是应用型高校）和高等专科学校平均获得的企事业单位委托经费仅分别为 2073.5 万元和 42.1 万元。这种以技术交换为支撑的校企互利合作，不仅能吸引大企业加盟，而且能切实推进产教融合，促进大学和企业在人才定制培养、学生实习实践、共建研发平台与合作研究、设立教育发展基金等方面开展长期深入的合作。不仅如此，研究型大学和许多大型企业建立了合作关系，几乎垄断了区域校企合作的高端市场，这增加了应用型高校和大型企业建立合作关系的市场准入难度。

二、师范类应用型高校重视人文学科

学科和专业是高等教育培养人才的重要载体，应用型高校深化产教融合有必要依据产业发展需求调整学科方向和专业设置，"建立密切对接产业链、创新链的专业体系"。但是，基于知识分化与产业细化的学科专业和基于经济分散与集聚的产业之间并不是严格对应的，很多专业尤其是人文社会学科专业（如哲学、文学、社会学、史学等）和产业之间联系相对疏离和模糊，甚至横亘着不小的鸿沟。这表明，应用型高校的学科专业设置越偏重人文社科学科，越没有和产业融合的空间，其深化产教融合动力也越小。

在中国应用技术大学（学院）联盟单位中，师范类学院包括长江师范学院、重庆第二师范学院、大庆师范学院、韩山师范学院、黔南民族师范学院、曲靖师范学院、天水师范学院、周口师范学院、吉林工程技术师范学院、天津职业技术师范大学等十多所院校，约占联盟单位的10%以上。受历史因素影响，这些师范类应用型高校的学科专业设置偏重人文社科，深化产教融合的动力先天不足。我国的高等院校目前是以依据学科专业划分的二级学院为建制，二级学院（在学校架构中通常被划归为与党政职能部门相区别的教学单位）的设置基本上表达了学校的学科专业设置情况。正是基于此，可以选取人文社科类的教学单位（二级学院）占高校总教学单位的比例这一指标，大致衡量应用型高校的学科专业设置情况。通过调研发现，曲靖师范学院的19个教学单位中，继续教育学院主要承担全校的成人高等学历教育及各类非学历培训等办学任务，教师（教育）发展研究院和教师教学发展中心属于研究机构和教师培训单位，故将这3个单位排除出教学单位的行列。城市学院的专业设置主要有工程造价、房地产开发与管理、地理科学、酒店管理、工程管理、人文地理与城乡规划，故将其归属于人文社科类的教学单位。国际学院主要招收工商管理、会计、酒店管理、国际商务的学生，故将其归属于人文社科类的教学单位。据此可以计算出，曲靖师范学院的16个教学单位中，人文社科类的教学单位有11个（包括人文学院、法律与公共管理学院、法律与公共管理学院、外国语学院、教师教育学院、体育学院、音乐舞蹈学院、美术学院、马克思主义学院、城市学院、国际学院），占总教学单位的比例高达68.75%。通过调研发现，重庆第二师范学院的教师教育学院的主要职能是培养、培训小学教育师资，现设有小学教育、初等教育及体育教育等本、专科专业，故将其归属于人文社科类教学单位。据此可以计算出，重庆第二师范学院的9个教学单位中，人文社科类的教学单位有7个（包括教师教育学院、学前教育学院、文学与传媒系、外国语言文学系、经济与工商管理系、旅游与服务管理系、美术系），占总教学单位的比例高达77.78%。通过调研发现，大庆师范学院的继续教育学院主要提供管理人员培训和高校成人学历教育，故将其排除出教学单位的行列。据此可以计算出，大庆师范学院的 13 个教学单位中，人文社科类的教学单位有 9 个（包括教师教育学院、文学院、外国语学院、经济管理学院、法学院、音乐与舞蹈学院、美术与设计学院、体育学院、思想政治理论课教研部），占总教学单位的比例高达 69.23%。通过调研发现，国际教育学院包括国际学院、动画学院、软件职业技术学院，设有软件工程、动画、艺术设计和计算机应用技术等理工类专业。正是基于此，将国际教育学院划归为非人文社科类教学单位。黄淮学院的 16 个教学单位中，人文社科类的教学单位有 6 个（马克思主义学院、文化传媒学院、经济与管理学院、体育学院、外国语学院、音乐学院），占总教学单位的比例只有 37.5%。常熟理工学院的 14 个教学单位中，人文社科类的教学单位有 5 个（人文学院、外国语学院、经济与管理学院、马克思主义学院、体育部），占总教学单位的比例只有 35.71%。重庆科技学院的 13 个教学单位中，人文社科类的教学单位有 5 个（工商管理学院、法政与经贸学院、外国语学院、人文艺术学院、体育部），占总教学单位的比例只有 38.46%。综上，从人文社科类教学单位占总教学单位的比例看，理工类应用型高校一般不超过 40%，而师范类应用型高校大都接近甚至超过 70%。一般而言，理工类学科专业比人文社科类学科专业容易进行产教融合。师范类应用型高校偏重人文社科类的学科专业设置，导致其深化产教融合的限制较多、困难较大，产教融合的动力和水平较低。相反，学科专业设置偏向于理工类的应用型高校，深化产教融合的动力较为充足，产教融合的水平多居全国前列。

三、研究型大学的制约

研究型大学通常是在某一国家或地区比较有影响力的中心大学，它们是知识的创造者和国际知识系统的重要组成部分，获得了大部分研究经费，培养了绝大多数博士研究生，是公认的学术领袖。研究型大学不仅支配着处于边缘地位的应用型高校的发展，而且给应用型高校深化产教融合设置了诸多挑战，这种挑战在应用型高校的学科专业调整方面表现得尤为明显。一方面，研究型大学垄断了高端实践型人力资源的培养，掐灭了应用型高校在更高层次深化产教融合的动力。根据目前的人才培养体系，如果把应用型高校培养的人才定位于区别与高职高专的高层次实践型人力资源，那么专业学位的硕士和博士研究生可谓是高端实践型人力资源。专业学位是培养高端（硕士和博士研究生）实践型人力资源的主要通道。根据 1998 年教育部颁布的《普通高等学校本科专业目录》和 2011 年国务院学位管理协会与教育部颁布的《学位授予和人才培养学科目录（2011年）》，我国普通高等教育有 13 大学科门类，门类下设有相应的一级学科。1993 年，中共中央国务院印发的《中国教育改革和发展纲要》提出，"在培养教学、科研岗位所需人才的同时，大力培养经济建设和社会发展所需的应用性人才。鼓励有实践经验的优秀在职人员采用多种形式攻读硕士、博士学位"。截至 2016 年 6 月，我国全日制博士研究生专业学位类别有教育博士、兽医博士、临床医学博士、口腔医学博士、工程博士 5 种，全日制硕士研究生专业学位类别共 39 种，全日制学士专业学位类别 1 种——建筑学学士。1996 年，国务院学位管理协会第十四次会议审议通过的《专业学位设置审批暂行办法》规定："专业学位作为具有职业背景的一种学位，为培养特定职业高层次专门人才而设置。"而且，相对于本、专科层次，在研究生层次深化产教融合更有意义，遭受的阻力也相对较小。因为，本科层次比较强调通识，注重人的多学科学习和多方面发展，专业划分也比较粗略，专业和产业甚至职业之间的连接松散。研究生层次更强调学生在某一领域或某一专业的专研，专业划分较细，高校在专业划分上的自主权和灵活性也较强，也更容易实现职业教育和产业发展的融合。然而，我国的高端实践型人力资源已经被研究型大学垄断，应用型高校在资源和制度上均没有培养高端实践型人力资源的条件和资格，这无形中掐灭了应用型高校在更高层次深化产教融合的动力。调查发现，应用型高校根本没有培养博士专业学位的资格，只有少量的（一般不超过 3 个）硕士专业学位授权点，和研究型大学形成了鲜明反差。以重庆市为例，重庆市 6 所应用型高校中只有重庆三峡学院和重庆科技学院有不超过两个类别的专业硕士招生资格，其招生类别为教育硕士、农业推广硕士和工程硕士。反观研究型大学，重庆大学拥有专业学位 19 种（含建筑学学士、高级管理人员工商管理硕士、2 个工程博士领域、26 个工程硕士领域），西南大学拥有 1 种专业博士学位，21 种专业硕士学位。另一方面，很多学科本身就是应用型的，研究型大学在这些应用型学科专业上的强势，弱化了应用型高校深化产教融合的动力。人类认识世界和改造世界的过程，要经过理论、理论的实践性转化、实践应用三个具体阶段。与每一阶段相对应，人才类型可以划分为：学术型人才、工程型人才、技术技能型人才。据此，知识也可被分为理论知识、应用知识和技术技能。学科是知识制度化的分类与整合，除理论知识外，学科内部天然内含着应用知识和技术技能。从大学学科的发展看，中世纪大学所开设的文、法、医、神四个学科都有很强的应用特点。工业革命之后整体生态科学技术的迅猛发展，大大提高了大学内部应用知识和技术技能的比例，这不仅使医学、法学等强应用学科遗传至今，而且使工学、农学、艺术学、管理学等强应用特性学科充实到大学之中。

我国 13 个学科门类中，经济学、法学、工学、农学、医学、管理学、艺术学、军事学都有着很强的应用特性，一些学科门类下设的一级学科还对理论和应用做了区分。比如，经济学有两个一级学科——理论经济学和应用经济学。夸张地讲，凡知识皆有价值，任何知识都可以运用和应用到实际的生产生活之中。比如，很多人批判教育学只重视构建乌托邦式的理论，不注重应用，但其实他们忽略了教育学不仅研究教育更研究如何解释和改变教育，我国多数师范类院校的教育学科都在培养教师而非培养教育学者。一个更为重要的事实是，非应用型高校和应用型高校的边界变得越来越模糊，很多大学相继成立了应用技术学院，这些应用技术学院有的已经独立为专门学院，有的仍旧仅是大学的二级学院。比如，重庆邮电大学移通学院、重庆大学城市科技学院、苏州大学应用技术学院现已发展为独立学院，中国矿业大学、吉林大学、西南大学、重庆理工大学、西南科技大学、西安工程大学、大连海洋大学、南京林业大学等上百所大学仍以二级学院的形式设有应用技术学院。可见，中国的大学基本上都设置有应用型的学科专业，本是好事。但如果放到应用型高校深化产教融合的语境下，则会出现一些负面效应，即研究型大学的应用型学科强势反而弱了应用型高校深化产教融合培养实践型人力资源的动力。

无论是从高等教育分层分类的思想，还是国家政策的导向，抑或是地方普通本科高校发展的困境看，着力发展应用型本科教育似乎是地方本科院校摆脱发展困境的唯一出路。但是，现实的情况是，大学并没有夸张到一心培养学术型人才的地步，大学的基因中内含着应用的要素，应用型教育和应用学科专业在现代大学中占据着很大的比例，也有着不凡的规模和地位。在地方普通本科高校向应用型转变的过程中，研究型大学强势的应用学科专业，在继续支配和影响应用型高校的学科专业发展的同时，也为应用型高校这一命题的成立和应用型高校深化产教融合的动力戴上了一套"隐形的枷锁"。

第三节 师资方面

教育是教师培养学生的活动，没有好的师资，实践型人力资源的培养就好比没有专职园丁看管打理的果园，不可能结出人们预期的硕果。《指导意见》指出，加强"双师双能型"教师队伍建设。"双师双能型"教师是在以往"双师型"教师基础上对教师素养要求的进一步提升。"双师型"教师主要指"双证"或"双职称"教师，这类教师既具有专业技术人员、工艺师等技术职务，又取得教师资格并从事教育教学工作。"双能型"教师则要求教师既具备理论知识的传授能力，又具备实践教学能力。应用型高校深化产教融合迫切需要"双师双能型"师资的保障，但是应用型高校在短期内很难招买或培养出"双师双能型"教师，这进一步削弱了应用型高校深化产教融合的动力。

一、师资力量不足

应用型高校的师资相当薄弱,远逊于地方重点高校和部属高校。应用型高校的教职工数量、专任教师数量、高级职称教师数量、正高级教师占专任教师的比例、最高学历为博士的教师数量及其占专任教师的比例、享受国务院津贴专家的数量均低于地方重点高校,更别说部属高校。其中,高级职称教师包括高校中的教授、教授级高级专业技术人员、教授级高级经济师等,副高职称教师包括副教授、高级实验师、高级专业技术人员、高级经济师等,最高学历为博士的教师不包括正在攻读博士学位的专任教师。此外,应用型高校拥有的两院院士、"万人计划"入选者、"千人计划"入选者、"青年千人计划"入选者、"外专千人计划"入选者、国务院学位管理协会学科评议组成员、"973"项目首席科学家、长江学者、"百千万人才工程""国家杰出青年基金"获得者等国家高层次人才屈指可数,远低于地方重点高校和部属高校。应用型高校薄弱的师资力量,直接造成其在学科实力、科研能力、声誉和教学产教融合的水平方面弱于地方重点高校和部属高校,无法诱使行业企业的主动合作,也不利于提高应用型技术技能型人才的培养产教融合的水平。问卷调查统计结果也显示,85.9%的学校管理人员和78.4%的教师认为其所在学校的师资力量不能为学校深化产教融合提供支撑。

二、专职教师实践能力不足

应用型高校专职教师的实践教学能力亟待提高。调查发现,应用型高校招聘的青年教师基本上都是校园里走出的硕士和博士,他们科研能力强,但几乎没有在企业待过,不了解一线的实践知识的传授情况,教师的实践教学能力很差。许多45岁以上的教师年轻时曾在行业企业工作过,改革开放后他们逐渐通过进修、读大学成为高校教师,有一定的实践经验,但这些实践经验显然已落伍于时代。许多教师教了十几年书,自己却从没进过工厂。《指导意见》指出,应用型高校要积极引进行业公认专才,聘请企业优秀专业技术人才、管理人才和高技能人才,有计划地选送教师到企业接受培训、挂职工作和实践锻炼,加强"双师双能型"教师队伍建设。调查发现,应用型高校实际拥有的真正的"双师双能型"教师可谓少之又少,许多应用型高校的二级学院"双师双能型"教师的数量通常不超过5名。虽然一些应用型高校号称其"双师双能型"教师占到学校总教师数量的1/3以上,但实际上真正能既讲好理论课又上好实验实践课的教师可谓凤毛麟角。

三、优秀行业企业师资难引进

由于提供的教师工资待遇较低,应用型高校根本无法引进行业企业的优秀师资。调查发现，重庆市应用型高校的讲师／助教的月收入平均在 4000～6000 元（不计课时费），除去"五险一金"之后，每个月实际到手的可支配收入约在 5000 元。重庆市应用型高校的副教授月收入平均可达 7500～8500 元。民办应用型高校的教师待遇还要低于公立应用型高校。相比较而言，重庆市中级专业技术人员的月收入平均在 8000～10000 元，企业给专业技术人员提供的平均工资远高出应用型高校。从人才培养的角度而言，应用型高校希望引进的企业师资往往是大型企业中的中年高级专业技术人员，这个年龄段的专业技术人员既有一定的理论和实践积累，也能掌握到本领域的核心技术和前沿问题，能更好地将产业需求和生产的尖端技术介绍给应用型高校的教师和学生，深化产教融合。但是，这个阶段的专业技术人员往往又是企业的"顶梁柱"，企业给他们提供的工资往往高于平均工资，通常在 20000 元以上。在如此悬殊的工资待遇下，应用型高校当然吸引不到优秀的企业师资。而且学校并不敢贸然给企业师资提供较好的待遇，因为这容易引发整个高校内部薪酬分配的不公平，引起其他教师的不满。更为严重的是，一些应用型高校给企业师资提供的工资是非常低的，有时甚至还不如学校的讲师／助教，这导致其很难从行业企业引进优秀的高级专业技术人员。应用型高校引进高级专业技术人员的待遇远低于博士（进校后一般在一两年内成为讲师）和教授。

四、教师培训阻力大

教师培训是提高应用型高校教师实践教学能力的重要途径。目前，可操作的教师培训方式有三种：教师到企业挂职学习；教师到国外应用技术大学考察学习；教师到国内较好的应用型高校轮岗实训。但是，资金不足、教师培训意愿不高、评价制度、观念等现实条件的束缚给应用型高校的教师培训带来一系列阻力。尤其是教师培训增加了教师的工作量，在薪酬没有相应增加的情况下，多数教师习惯于过去的以讲授课本知识为主的教学方式，并认为按照现有的教学方式照样可以完成教学工作，所以不愿意去企业参加培训。

五、外聘兼职教师不实用

在校内教师实践教学能力不强和优秀的行业企业师资难引进的情况下，应用型高校只好外聘一些兼职教师来弥补"双师双能型"教师的不足。兼职教师主要在企业工作，学校只能要求他们定期或不定期地以讲座、报告、教授少量实践课程的方式参与教学工作，并提供一定的报酬。在如此零散的教学方式下，学生的收获非常微弱。

第四节 实训设施

教育教学的场地设备是影响教育产教融合的水平的重要因素。应用型高校深化产教融合，需要实训实践基地、实验（试验）室和教育教学设备的支撑。《指导意见》指出，加强实验、实训、实习环节，实训实习的课时占专业教学总课时的比例达到 30% 以上。按照所服务行业先进技术水平，采取企业投资或捐赠、政府购买、学校自筹、融资等多种方式加快实验实训实习基地建设。调查发现，应用型高校有关实训实践实验的场地设备相当匮乏，81.6% 的学校管理人员和 87.5% 的教师认为学校的场地设备不能够为学校深化产教融合提供良好的条件。"巧妇难为无米之炊"，应用型高校连"炊具"的供给都不足，又何谈深化产教融合？

一、校内就业前实践的专门基地数量有限

就业前实践的专门基地也称实训中心，是学生实习（实践）和培训的主要场所，既包括学校自己筹办建立的校内就业前实践的专门基地，也包括学校和企业合作建立的校外就业前实践的专门基地。就业前实践的专门基地是提高实践型人力资源实践能力和职业素养的重要场所，一般为真实或仿真度较高的生产车间或场所，配备有一系列可供学生操作的设备和仪器。调查发展，应用型高校的校内就业前实践的专门基地较少，一所高校通常不超过 5 个。这是因为就业前实践的专门基地占地面积大，仪器配备数量多，很多基地必须装备一些完整的操作系统而非一两套仪器，需要投入大量的经费，一般的应用型高校很难有此财力。

应用型高校的校外就业前实践的专门基地较多，只要和企业建立合作关系，企业基本可以成为学生的就业前实践的专门基地，尽管一些企业只允许学生在企业的特定部门或车间实习。较之校内的就业前实践的专门基地，教师和学生在校外就业前实践的专门基地进行教学的交易费用很大。其原因在于，学生到企业实训的交通费、住宿费花销较大，学校和学生都不愿意承担这笔花销。因为，一则学生缴纳了学费，按规定已经缴纳了参加实训等人才培养的费用，不应该再缴纳其他费用；二则应用型高校的学费收入和办学经费本就紧张，整体生态不愿拿太多的钱支持学生到校外实训，况且高校的学费还被政府规制着。此外，高校和行业企业的沟通成本也不小，尤其是一旦学生出了安全问题，双方极容易出现"扯皮"现象。

二、实验室条件和运行维护缺乏资金

实验（试验）室，也称实验教学中心，是理工类学科培养人才的重要载体，也是应用型技术技能型人才培养的重要教学设备。实验室是应用型高校在校内培养人才的重要场所，其经费来源渠道一般为学校自筹、政府专项财政支持和企业募捐等。

应用型高校实验室的经费投入有限。受办学经费的限制，应用型高校很难自筹经费建设大型实验室。以重庆三峡学院为例，其计算机实验教学中心、三峡库区水环境演变与污染防治实验室的建设经费，很大部分源自"中央与地方共建高校基础实验室项目"。

应用型高校实验室的数量少，条件一般，多数实验室处于基本可以支持人才培养的水平。应用型高校几乎没有国家级重点实验室，省级重点实验室数量一般不超过5个，实验室的条件还相对简陋。应用型高校实验室的运行和维护经费有限。实验室的运行和维护包括购置教学设施和实验教学软件，改造实验室环境，安排专门的管理人员。受经费限制，应用型高校很少更换教学设备和实验教学软件，很多实验室建成后几乎没有装修过。由于实验室管理人员没有编制、工资低、工作时间长（很多实验室是24小时开放），且要具备一定的专业知识（如化学实验室管理员行必须掌握一定的化学知识），学校很难招聘到好的实验室管理人员。为此，不少应用型高校只好安排教师轮流值班或者高年级学生轮流值日，维持实验室的运行。

三、实践教学设备购买困难

众所周知，大学的一些教学设备非常昂贵，一台仪器、一块材料、一些药剂的价格可能动辄上万。应用型高校经费有限，教育教学设备本就不足。雪上加霜的是，应用型高校深化产教融合培养实践型人力资源，需要购买大量的生产一线的教学设备。实践型人力资源的培养需要让一批又一批的学生长期反复实践学习，校企合作不兴也反过来要求学校购买较多的实践教学设备，这两方面的现实越发加剧了应用型高校教学设备的紧缺。

《指导意见》建议，按照所服务行业先进技术水平，采取企业投资或捐赠、政府购买、学校自筹、融资等多种方式加快实验实训实习基地建设。捐赠说白了是希望应用型高校激发企业的善心去"空手套白狼"。企业是有善心，但是，企业更需要利益或好处，没有现实利益的激励，企业的善心既相当有限，也无法持续。

第七章 产教融合对高校转型的助推价值

第一节 高校产教融合支持系统建立的动因

一、产教融合立法层面

2014 年，国务院发布《国务院关于加快发展现代职业教育的决定》，全面加快现代职业教育的发展。该决定明确表示，加快现代职业教育体系建设，逐渐深化校企合作、产教融合，目标是培育数以亿计的高素质人才和技术技能人才。该文件的颁布表明国家大力支持产教融合的发展，在制定和实施产教融合的促进政策方面，国家做出了一定的努力。然而，现实状况是我国还没有颁布专门的针对产教融合的法律和法规，虽然现有的法律、法规和政策在一些方面显示国家支持产教融合的态度，但是国家和地方政府暂未公布相关优惠政策、执行文件和法律和法规，也未发布相关税收、资本等方面的支持，使我们的国家进行产教融合具有自发性和民间性。

产教融合发展未受到政策保障，有以下四方面：

第一，企业、高校、行业协会代表的非高等职业学校参与校企合作、产教融合的责任和义务不是很明显，缺乏参与产教融合中的企业、高校、行业协会各自的权利、必要的监管和法律和法规的约束，未充分保护多方的利益。

第二，政府没有颁布奖惩机制，不设定具体标准，没有对产教融合进行监督检查，没有合理地设计各种各样的奖励和惩罚措施。没有建立荣誉奖项，实施校企合作效果较好的高校、当地企业、研究机构、当地社区、个人、行业组织，也没有一定的赞誉和资金奖励，对违反产教融合法律和法规、政策的参与主体没有明确的规定加以惩罚和处置。

第三，有关学生权益的问题不能确定，对到企业实习的学生给予相关的报酬、补贴，以及在实习过程中遇到人身伤害如何处理，都没有确切的规定。

第四，政府缺乏部门对于支持产教融合方面缺乏自觉性。同时，产教融合过程中缺乏《中华人民共和国企业法》《中华人民共和国税收法》方面的法律和法规。产教融合法规制定的迟缓，导致参与主体的法律责任和权利不规范，无法可依。

目前，中国制定并出台了若干有关产教融合方面的政策，但这些政策都不健全、不完善。在高校与企业开展产教融合的过程中，大部分的合作和方案都依靠口头协议，而非正式的合同协议。假设任意一方发生撕毁合同方面的违约问题，就不能依靠相关政策、法律和法规来评判问题的对错，往往使双方的口头约定失效而无计可施。

二、产教融合财政政策层面

目前，我国未建立关于产教融合方面的专项资金，虽然我国发布了"科技型中小企业创新基金""火炬计划"等项目基金，但这些项目都是以企业为中心、以高校和科研部为技术支撑的，正是基于此，如何分配所获利益比例、如何利用研发费用，这些问题都导致了企业、高校和科研部门的各自目标值相差较大，想使得三者都满意的想法不复存在。有关职业院校产教融合的税收优惠政策有两个政策文件，分别为财税〔2006〕107 号和财税〔2007〕6 号两项文件，文件中指出，参与产教融合且和高等职业院校签订 3 年及以上合作协议的企业，用于教学和提高技能培训的经费或购置设备的资金，施行企业所得税税前扣除。该政策在一定程度上刺激了企业参与产教融合的热情，但该政策没有落实和细化的内容。然而，高校几乎没有关于产教融合政策。当企业在招收实习生而产生了生产成本和其他相关的费用时，没有文件给出相应的税收优惠，而通过减税或返还一部分费用，用以弥补企业参与产教融合产生的额外费用，这种想法是不能达到的，导致企业参与产教融合的动力略显不足。除了上述的两个政策，现行的《国家中长期科学和技术发展规划纲要（2006—2020）》中，参与产学研合作创新的一部分给予税收优惠政策，但针对性不强且内容较少，致使对产学研合作创新的激励不足。而政府对研究型高校的资金投入有了很大的变化，相对以前的资金投入情况，现在政府增大对科研项目的资金投入，正是基于此，激发了研究型高校申报科研项目的积极性。而相对于普通本科高校而言，国家投入学校的教育经费还远远不够，办学资金十分缺少，有些高校的负债问题更是在很长时间内才得以解决。从高校自身的层面来说，高校若能自身通过科研项目，给广大教师投入项目经费，也是一种解决高校研究经费不足的好方法。科技研究与开发经费（R&D）的支出与 R&D 占 GDP 的比值是衡量一个国家支持产教融合、增强科技竞争力的重要指标。我国 R&D 的投入经费逐年增加，而相对于 GDP 的快速增长是不够的，也已成为我国高校产教融合发展的重要障碍。过去 5 年里，我国 R&D 支出额逐步增大，R&D 占 GDP 的比值也逐渐增大，总体来说，投入总数虽然庞大，但投入强度不强，计划在 2010 年达到 2%。国家对产教融合缺少经费支持，在我国各级政府、企业、学校合作的过程中也缺乏资金的问题，缺乏对产教融合支持的专项拨款。缺少稳定的产教融合资金来源，现有"科技型中小企业创新基金""火炬计划"等项目基金都是基于企业为中心，高校的作用仅仅是提供技术支持。所以，企业、高校之间的利益难以平衡，原因是研究资金及开发所需成本的发放，二者之间的期望值有天壤之别，导致高校和研究机构对此类项目基金申报的热情不高，参与主体不能保证，使得产教融合发展比较迟缓。目前，我国缺乏具体的、有针对性的职业院校产教融合发展的财政支持政策，现有的财政支持政策对职业院校产教融合支持力度不足，相对分散。虽然当前的国家财政政策表明了支持产教融合发展的态度，然而并没有实际操作能力，导致了大量的职业院校虽然有与企业相互合作的愿望，但企业无法从中保障自己的利益，原国家经济贸易管理协会组织实施了"产学研联合开发工程"，该工程助推了我国产教融合创新的作用，可惜的是目前该工程已经停止，但很多地方仍然沿用产教融合创新的制度保障。地方政府在不断增加财政支持产教融合创新的教育费用。有关产教融合税收优惠政策，我国发布得较少，有效的鼓励措施是企业主动参与的动力。

三、产教融合组织保障层面

产教融合能否持续、深入开展，促进政府、高校、行业间良好沟通，构建专门的产教融合协调机构是核心。政府需要建立一个长效的组织保障，来对产教融合的各利益主体进行审批、监督。由于目前我国政府没有建立专门的协调机构，来负责高校产教融合方面的设计、审批、考核、监督、评价，所以项目本身缺乏内在动力，企业主管单位、行业部门、财政部门、劳动部门等部门也因利益分配的问题，得不到大力的支持，产教融合只有靠老关系和已有的信誉来支持，没有组织的协调作用，难以形成长效的组织保护机制。为了加强彼此间的协调，保障产教融合组织运行的有效性，应建立从中央到地方各级政府部门间、高校与企业行业间的多层次协调机构，明确赋予产教融合协调机构的职责和权限，加大产教融合的组织保障能力。产教融合实施较好的国家（地区）都有完善的组织保障来均衡各主体间的利益。各国（地区）均建立了产业合作管理协会，控制和监督企业和高等院校。

早在1962年，美国建立了合作教育管理协会，并于1963年建立了合作教育协会，全面负责协调企业、高校和学生三者之间的关系；韩国在文教部建立了产学合作科，完全掌管产教融合方面的工作。为了促进校企合作、产教融合的持续发展，中国台湾设立了6所区域产学合作中心，主管单位是教育行政部门，其职责是专门负责产教融合的合作事宜。良好的产教融合组织运行机构，能将有效解决各个过程中遇到的难题。

四、产教融合评价体系层面

产教融合和学校教学工作相同，若要保持持续健康发展，必须构建科学合理的评价体系。由于我们国家对产教融合的评价体系重视不够，截至现在，产教融合的评价体系还不是很完善。应用型本科高校需要在政府的指引下，与企业、高校、行业机构共同建立 360 评估系统，按照合作的效果来找出差距，总结教训，进而制定更合理的合作方案。政府、高校、社会以及合作中的各大主体应严格地对合作效果进行考察和评价。产教融合的内涵和外延要求培养人才的产教融合的水平、管理水平；同时，也要考虑到企业产生的利益、企业合作产生的成本、培养专业的专业技术人员的数量等。只有借助有效的、可操作性的评价体系，才能检验出产教融合的有效性以及正确性。产教融合评价体系不仅能直接体现为企业所培养的实践型人力资源能否达到企业的人才定位，还能体现为能否帮助企业获得最大的利益，更显现为能否为区域经济发展发挥最大的作用。

产教融合评价体系没有建立高校产教融合专家评估机构，其职责是在产教融合的项目中，关注各主体之间的进展和评估，对其应谨慎调查，谨防合作各方进行欺诈和欺骗。其次，没有建立高校产教融合的协商和仲裁制度，其任务是结合系统和管理手段，帮助解决高校与企业间合作中存在的矛盾，增加合作的稳固性。促进产教融合合作各方积极完善产教融合评价体系，鼓励生产，逐步开发以市场为导向的研发活动，项目验收的科技、科技奖励、职称评审结果的检验，应注意结果的创新、创意和技术水平，注重成果的适用性和社会主义市场经济产业化发展前景，产教融合合作的评价结果。

第二节　高校产教融合法规支持系统建立

我国在校企合作、产教融合等方面的相关法律和法规还不够完善，虽然国家已经开发出如《职业教育法》《社会力量办学条例》和其他法律和法规，但总的来说高校仍然得不到法律保护。1996 年颁布了《中华人民共和国职业教育法》，这只是一个由政府制定的规范职业教育的法律，并于 1991 年颁布了《国务院决定大力发展职业技术教育的决定》，于 2010 年颁布了《国家中长期教育改革和发展规划纲要》，包括职业教育产教融合的政策和法规大致超过 15 项，而针对高校产教融合方面几乎没有颁布的法律和法规。1999 年至今，我们国家进入全面发展大众教育阶段，地方本科院校的办学目标逐步建立培训服务地方经济和社会发展的技术型人才。产教融合已成为高校人才培养产教融合的水平的关键环节，然而，与校企合作、产教融合配套的政策文件仍然一片空白。职业院校需要某种支持时只能参考职业教育校企合作的法律和法规和政策。研究现有的政策、法律和法规，可以得出：大部分属于国家政策，法律和法规规定缺少；规定性较多，实际可操作性措施太少；教育部门文件较多，其他政府部门和合作企业的文件较少。国外校企合作的成功经验告诉我们，一套严谨的、可操作的法律和法规，是校企合作、产教融合的基本保障。

一、产教融合法规制定的必要性

完善的法律和法规对产教融合有序发展起到了重要的监督作用，使产教融合真正做到了有法可依、违法必究。国外许多国家都有一套完备的法律监督体系，对产教融合的各个方面实施全方位的监督，其中，比较典型的国家是德国和美国。德国对校企合作、产教融合的管理主要是通过立法的形式来监督，这种法律和法规体系比较完备，结构紧密，相互协调，对监督、经费、政策落实全方位保障。德国政府及其行业组织发挥了监督、评价和指导的作用，经多年的经验验证，该法律和法规对校企合作、产教融合发挥了重要作用。

德国政府规定，联邦和地方政府有权监督企业和高等院校，同时明确相应的行业组织有监督企业和高校的权力，工商业协会成为产教融合的主管部门。行业协会有权对产教融合机构和部门进行监管，对产教融合的发展有着特殊的作用。行业协会的职能是规范行业的生产和销售行为，保护其成员的生产和生活的利益。德国政府已成立了产业合作管理协会，可以控制并监督企业和高校。同时由行业协会制定统一的职业教育能力要求，为企业和高校建立了专门的管理组织，为合作顺利进行提供了保障作用。德国政府在《职业教育法》中通过立法形式限制了培训合同的地位。职业培训合同是建立产教融合的重要内容，在职业教育体系中，学生进入企业之前，需要进行职前训练，首先符合一定资质要求的企业签订了明确的培训合同和合同形式，合同需要根据法律的规定，将培训方法、目的、内容和时机等详细规定。德国职业教育校企合作的各个方面都有一套包括立法、司法、行政以及对社会的监督，使德国职业教育产教融合实现依法治教，违法必究，使得产教融合健康有序地发展。

美国产教融合的法规对政府、企业、高校给予严格的监督，对产教融合制度高度重视。美国早在1962年年初，就组成了国家级合作教育管理协会，该会由教育专家和知名企业家组成。20世纪九十年代，美国成立必要技能部长理事会，目的是监督学生是否掌握了在未来职业上所需的高效技能。在过去的每一次改革中，美国政府都率先启动法律程序，用法律手段来规范教育的改革与发展，大大促进了高效与企业之间的合作。每部教育法都对项目进行严格规定与管理，规定分配经费、使用经费、监督等。事务要按照一定的规则发展必须拥有强制的手段，必要时处以监督和处罚。日本的《产业教育振兴法》和《职业训练法》均有违法处罚措施的规定，违法者需要被起诉。国家想法和意愿和高等教育发展是产教融合法规的理念，时代背景和实际面临的问题是产教融合的根本。政府的客体是政策和立法，产教融合的法规强调各级政府的权力，建立一整套职业能力发展体系，从中央到地方，既有利于现有的法律和法规，又能宏观管理。经费保障是产教融合得以持续发展的重要因素，企业、高校需要源源不断的资金来得以继续合作。各级政府、高校、企业都应设立专项资金，并颁布税收优惠政策，来有效地保障校企合作、产教融合的发展。国外许多国家通过颁布一些产教融合的法规，来保障经费的来源。德国有关校企合作的法规规定职业教育所有费用均由国家给予承担，德国企业也将拥有培训过的员工作为企业生存和发展的先决条件，愿意承担在工厂培训的学生的所有费用。所以，在德国的高校和企业之间进行合作的经费是政府和企业共同承担的。

一是企业经济保障。企业提供经济支持是校企合作的重要保证。不是所有的企业都能得到培训经费，只有培训企业和企业培训中心才有。经费多少的差异取决于不同年限的培训、不同地区的经济发展水平以及不同规模的企业。企业可以获得100%的培训补助金的先决条件是培训的职业与发展的趋势，在正常情况下，企业获得的培训补助在50%～80%。

二是政府资金保障。德国《职业法》明确规定国民生产总值的1.1%和工资总收入的2.5%用于职业教育。当德国在"二战"后经济困难时，政府也将保障资金用于职业教育，并由议会授权监督；《劳动促进法》规定要为专业进修提供援助，并处理学习期间的收入、待遇等问题。

产教融合法规的制定是助推国家、地方颁布产教融合政策的有力途径，企业、高校之间能否保持深度合作依赖于一国法规的要求。产教融合法规可以使产教融合的政策更加具体、明确、可行，可以使产教融合中所需的人力、资金、设施及运行得到根本的保障。目前，我国有关产教融合的法规还没有建立起来，政策扶持力度有限，不能完全适应产教融合发展的实际要求，并且由于体制的问题，产教融合、校企合作的政策也难以落实。只有当产教融合法规逐渐完备起来，对政策、体制等层面加以保障，才是产教融合得以长远发展的根本。德国通过立法的形式，规定了参与产教融合的企业的责任和义务，并颁布了相应的要求，并助推了大量政策对进行产教融合的企业严格控制，一些不符合产教融合规定和标准的企业是禁止招聘学徒工人的，以确保产教融合的水平和达到的高度。为了调动企业合作的热情，政府给予企业一定的优惠措施，如规定产教融合的合作费用包括生产成本、税收减免等。同时，国家拨付专款，与州政府和工商联等部门共同设立跨企业培训中心。联邦政府为产教融合各个环节提供了一个明确的、统一的制度，以促进产教融合往更高层次的方向发展。以美国、德国等国家在校企合作的经验可得到，政府在制定产教融合法律和法规时是积极的，在监督、资金、政策法律方面发挥了较好的作用。由于政府的高度重视，产教融合法规的积极支持，学校在教学、科研、管理和社会服务方面开展校企合作，学生、老师、学校、政府等主体分别通过各自的方式、方法支持和参与校企合作，形成了良好的校企合作、产教融合的社会氛围。

二、推进产教融合法规制定的具体路径

近年来，虽然我国的中央和地方政府积极倡导"以服务为宗旨，以就业为导向"的教育发展思路，并颁布了一系列的政策，促进产教融合的深入发展，但国家颁布的立法较少，关于普通本科高校产教融合相关工作的解决方法缺乏相应的法律规范和相应标准。产教融合主要利用高校和企业或科研机构和企业的不同合作方式，展示各自的优势和实力，根据资源共享、互惠互利的原则，一边培养实践型人力资源，一边发展科学技术。教学型院校运用的"合作科教"方式，不能达到企业的要求。运用"合作科教"方式的目的是培养一批具备创新能力且高级技术的实践型人力资源。在资源可以共享的基础上，没有做到互惠互利，也没有国家的宏观政策和法律保障，一切美好的"合作科教"方式不会长久发展下去。我国现行的政策与国外政策不一致，我国通过减少职业教育税费来支持教育。当收取职业教育税费后，企业为国家、社会培养人才的责任和义务就荡然无存了，企业可接纳学生来进行实习培训，同时也可不接纳。假设我国改变这项政策，向国外学习，即不收取或少量收取教育附加费用，并作特殊规定，对于减免的教育附加费用的用途加以约束，企业为国家、社会培养实践型人才的责任和义务也就存在了。

产教融合在德国、美国、韩国、日本等国家得到了较好的应用，各个国家的法律和法规和政策均予以支持，鼓励企业积极参与产教融合，并及时规范关于产教融合中企业和高校的权利和义务，政府在政策、财政等方面都给予大力支持。如德国政府自1950年以来，相继颁布了《企业基本法》《高等学校总纲法》《劳动促进法》《青年劳动保护法》等10余项法律和法规，规定了产教融合中高校和企业各方的责任和义务。我国政府应该加快立法工作，早日实现产教融合的法治建设。

国家和政府应该加强宏观管理和指导，鼓励行业、用人单位和高校参与产教融合政策和法规的制定，比如制定有关鼓励行业、企业参与产教融合实践型人力资源培养和产教融合研究促进方面的法律和法规，利用法规法律来进一步限定政府、企业和行业在产教融合培养实践型人力资源的权利与义务，特别是对参与产教融合的行业、企业，对其参与培养实践型人力资源的性质和地位做出具体规定，为其提供政策和法规的保障。目前，我国的不同地区、不同层次的产教融合在不断地尝试和实践，这些实践将为建立标准化的产教融合提供了宝贵的经验和基础。

宁波市颁布了《宁波市校企合作促进条例》，其产教融合开展得很好，发挥了重要作用。该条例颁布的意义和范围明确了校企合作的运行规则；在市、地方政府建立了校企合作开发专项资金。该条例的颁布助推了其他省市制定产教融合法律和法规。产教融

合运行较好的国家，除了制定国家级法律和法规外，同时也制定省级和地方的具体的法律和法规。如加拿大的阿尔伯塔省制定了《学徒制与产业培训法》，规范了学徒制和产业界，加强了培训学徒工作。各级政府应充分利用当地的优势开发一个可行的和实用的产教融合法律和法规，更适应当地经济发展的实施细则，建立可行的产教融合标准，支持和引导普通本科高校产教融合的长期机制。我国政府对普通本科高校产教融合的专门法律和法规需要尽快制定并颁布，更深地明确产教融合中高校、企业和学生的权利、义务及互相的关系，维护双方的合法权益，限制产生机会主义的可能性，努力减少产教融合的成本。及时有效的法律和法规建设将有助于产教融合制度化教育建设和良性运行。

虽然我国先后共制定了关于产教融合的法产教融合法律和法规：《中华人民共和国教育法》《中华人民共和国高等教育法》等，但法规政策缺乏强制力，条款和规定相对零散。我国可以建立特殊的和专门的产教融合法律和法规的实施条款，以法律的形式来规范产教融合的良性运行，当事人的权利和义务明确规定了产教融合的权利和义务、管理模式、人才培养模式和经费的使用，以及相应的奖惩机制、政府部门的责任、法律责任等。

在法律的监督下，政府应该依据区域的实际发展现状，建立健全产教融合支持系统，通过建立产教融合各级教育管理协会进行加强指导和协调。一个现代企业人才培养工作的特点应是建立现代企业教育制度。制定职业等级标准辐射所有就业准入制度，改变现有的就业准入制度的现状，健全就业准入制度。各级政府应该加强对产教融合法律和法规的重视程度，加强监管，使我国普通本科高校产教融合的基本政策和法律保护得以正常运行。我国科学技术的进步、推进产教融合各方的真诚合作、加速科技成果转化的重要保障是依靠正确和有效的政策和法律和法规。目前，产教融合立法在我国仍处于起步时期，虽然引入了许多刺激和促进产教融合的法律和法规和政策，但缺乏配套的实施细则、良性制度保障和协调监督机制。政府应该尽快制定企业参与产教融合的税收优惠、允许企业捐赠教育资金的 30% ～ 50% 抵扣企业所得税等具体措施，使企业对高等教育投资的热情高涨。政府和行业需要共同制定实施细则，包括奖励、惩罚、企业承担的义务和责任。政府和行业共同制定有关政策，用以支持企业更深入地参与到产教融合中。

第三节 高校产教融合财税支持系统建立

我国产教融合发展的主要障碍是缺乏财税的支持。为了促进产教融合的顺利开展，我国各级政府除了设立专项资金之外，还应颁布税收减免政策，设立产教融合贷款及创新资金，建立风险投资机制等，从而促进产教融合的长久发展。目前，产教融发展较好的国家通常选择减少直接拨款比例，增加财税、金融方面的间接资金来支持产教融。其经济优惠政策包含税收减免政策和资金优惠政策。资金优惠政策的主要途径是建立风险投资基金、设立专项贷款制度、实行资金保障和发行股票、债券筹资等。税收减免政策主要包括减免新产品税和科学技术投资等。除此之外，加速生产资料折旧也是许多国家制造业通常采用的刺激企业投资创新发展的办法，其实质是提供无息贷款给企业，即利用减税的方式来回收成本，同时将节省的资金用于新的投资项目。德国基本法明确规定将从国内生产总值中拿出一部分，来保障产教融合资金的周转。澳大利亚政府参与融合，对接受学徒的公司提供资金援助，扩大了资金支持渠道，使企业生产和教育更好地融合。不仅国家将大力为企业筹措资金，企业也积极地提供资助。国外有些国家做出相关规定，企业要每年拿出一部分资金，然后再由政府统一发放。多渠道的资金来源使发达国家产教融合经费来源的保障能力增强。韩国的科技技术创新体系由政府、企业、高校、科研机构组成。韩国政府制定了大量的财政补贴和税收优惠政策，加快技术创新，并为了促进技术发展，逐渐扩大科研技术渠道。比如，允许将企业利润的20%作为研发投资，并且保证在前两年，可以将此资金作为损失处理。为提高资源利用的效率和科学技术的研究和开发率，改革政府的科学研究体系，把研究所从政府部门分离开来。为了加速工业技术创新的步伐，研究所逐步私有化，政府支持的项目资金逐渐减少。政府鼓励一些实力较强的企业建立自己的研究机构，对应交税款可以给予适当减免。

一、建立多渠道经费保障机制

为了促进普通本科院校生产、教学一体化，我国各级政府、大学、企业应当建立产教融合教育专项资金，促进有效的整合发展。首先，明确各级政府的责任和投资的比例，逐渐从设立的产教融合专项资金中支出。其次，建立一个稳定的金融投资增长机制，根据职业院校教学的实际需要增加财政投资比例，以确定发展目标与职业院校及其财政支出的一致性。各级政府在中国也可以建立产教融合政府教育奖励基金，鼓励多层次合作，奖励在企业、教育和个人中有突出表现的。目前，中国浙江、重庆和其他地方，由政府建立产教融合教育专项资金，支持和奖励实施产教融合较好的优秀用人单位和高校，保障了参与者的利益，并取得了令人瞩目的成绩。设立产教融合专项资金，是当今许多发达国家支持高校、企业互相合作的重要途径。如美国、英国、德国、澳大利亚等其他发达国家都把设立产教融合的专项资金作为长久发展的标志，并把其相关规定写到法律和法规中。如美国国会通过的《高等教育法》规定，拿出一部分资金来支持、鼓励产教融合的发展，将有关产教融合的教育资金作为单独的事务，重点管理。英国政府拨出125亿英镑，促进项目的发展，这一举动受到一致欢迎。在有限的政府开支条件下，我们的大学应积极倡导设立专项资金来支持产教融合的开展，用于建设人才培养基地，支持高校和企业共同研发课程，支持教师参与产教融合实践的项目。高校对资金进行筹备有以下几种途径：

第一，大学和地方政府之间开展合作项目，建立产教融合的生产和教育创新基金，参与项目生产和教育的高校教师和学生提供援助，包括实践基地基础设施支出、课题经费等；大学可以签合同，对象是企业和政府部门，从而获得横向课题研究经费。

第二，大学还可以吸收社会力量，获得各种私人、企业、团体的捐赠，如校友基金会，促进政府和社会力量的结合，形成一个强大的教育保护机制。资金是一个企业生产得以正常运行的关键因素。中国政府应鼓励企业建立产教融合专项资金，进而促进产教融合深层次的发展。企业设立特别基金的方式有：

一是对与企业合作的高校提供励志奖学金、产教融合专项基金；

二是对到企业有过实践培训的教师学生，提供相应的薪酬；

三是企业要按规定时间交付一定的资金，该资金用于企业培训，由政府统一发放。根据专业培训的时间、地区和规模的差异，一个企业可以取得相应的资金也是有所区别。良好的环境，是鼓励、引导企业大量投资、产教融合可持续发展的重要条件。国家有关部门应该成立一个产教融合专项贷款，专注于培养具有社会主义市场经济产业化发展前景的创新集成的项目。对那些周期较长、资金需求较大、企业扶持困难的高科技项目，提供必要的配套资金，还要建立相应的审查和监管机制。产教融合创新资金是用来促进重点扶持初创业阶段的中小企业与高校进行合作的。对于创业初期的中小企业来说，融资是非常困难的，创新资金的设立是被广泛需要的。产教融合创新资金是企业能够前进的动力，奠定了与高校合作的基础。中小企业专项资金主要采取财政拨款的方法，50% ～ 60% 是由中央财政支持的项目，其余部分由地方政府和企业提供。另一个重点是专项资金支持大型企业与高校开展合作。这主要针对大型企业虽然有一定的创新资源和能力，但往往缺乏合作创新的动力来支撑。大型企业的专项资金，可以通过免费或补贴贷款，加快高校与企业更高层次的合作。风险投资对互联网科技产业的发展具有十分重要的意义。风险投资主要依靠政府的财政支持对一些中小企业进行项目上的支持。我国政府对风险投资还缺乏一定的认识，支持产教融合风险投资方式几乎没有涉猎，所以，我国应大力开展风险投资的业务，避免给参与主体造成不必要的损失。各级财政应每年应拨出一部分专项资金作为产教融合科技风险基金和贴息资金，来保障企业的发展，风险储备基金允许从风险投资机构的投资总额中提取、使用。美国政府为了鼓励产教融合的产业投资，大力促进私人风险投资的发展，从实践的角度，为正式组织和运行风险投资，但借助优惠政策的方式来为风险资本投资提供法律保障，在短短 10 年里，就将风险企业的所得税率从 49% 降至 20%。具体作法是：风险投资额的 60% 免除征税，其余的 40% 缴纳 50% 的所得税。该措施的实施，使风险投资在 20 世纪 80 年代初，以每年 46% 的速度增长，由于风险投资的参与，促进产教融合科研成果转化的周期从原来的 20 年缩短到 10 年。进而激发了美国风险投资的高速和高质量发展，促进了美国经济的高速和高质量发展。我国应加快建立产教融合风险投资 360 评估系统，并建立一个可操作的、科学的、有效率的评价程序，最后，能够在某种层面上识别和控制风险。

二、构建全方位财税政策支持体系

产教融合的迅速发展，使财税政策支持体系的建立迫在眉睫。体系的内容具体如下：

第一，积极引导企业主动参与产教融合，政府需要建立一个全方位的财税政策支持体系。鼓励行业组织、企业建立高校的培训，参与企业实施减免土地税，本科院校办学经费税收也可减免，还可以进行部分救济，政府对参与产教融合发展的大、中、小企业都给予一定的财政补贴和支持。通过扩大的土地面积，企业享受税收优惠政策，学生在实习过程中因报酬出现的生产成本，享受职业教育税费抵扣待遇。

第二，高校教育基金应按职工收入的 1.5%～2.5% 提取，在政府的统一管理和分配后，纳入产教融合专项基金中，剩下的资金直接退款到高校。

第三，政府应该对企业税收政策进行顶层设计、宏观管理，弥补企业参与生产和教育的支出成本。

政府需要在企业的增值税、所得税和教育的附加费以及营业税等方面上给企业一定的税收优惠政策，把企业的积极性调动起来，让更多企业参与到产教融合中，培养出更多拥有高素质的技能人才。许多发达国家通过税收优惠，来促进政府和中小企业、高校建立合作关系，使企业、高校之间产生相互依赖和信任。如英国政府对投资每年超过 50000 镑、年营业额不到 2500 万镑的中小企业，使其享受减免 15% 的税收优惠待遇；与高等院校合作没有盈利的中小企业，可以提前申请税收抵免，相当于 24% 的研发资金重新返回到企业手中。

企业可以通过安排学生到企业参加实践、培养学生的实际操作能力，来得到教育税收减免，当然这是在企业与高校签订计划的前提下。许多发达国家均制定了相似的税收调剂政策，即规定各个企业使用应缴增值税额的 0.5%～2% 来帮助高校培养学生的实践动手能力，这是企业为国家、社会培养人才的责任和义务。假设企业不能履行这个责任，其应缴增值税额的 0.5%～2% 不但需要补交上去，而且还要接受一定的处罚。德国政府为了调动积极的企业参与到产教融合中，也给予公司一定的税收优惠政策。企业在培训学生时，必然产生基本的生产成本，对于这部分的教育费用和成本费用，税收全部减免。

与此同时，加拿大政府也通过退税政策鼓励用人单位与高校密切合作，以确保顺利进行。我国应尽快建立一个全方位的财税政策支持体系，鼓励企业与高校深层次的合作，减少产教融合各方的直接成本支出，为产教融合的顺利达成和正常运行提供基本的保障。

第四节　高校产教融合组织支持系统建立

《国家中长期教育改革和发展规划纲要（2010—2020）》指出，"建立健全政府主导、行业指导、企业参与的办学机制，制定促进校企合作办学法规，推进校企合作制度化"。高校、企业之间的发展当然也需要制度化及规范化。近几年，高校与企业间的互动掀起了高等教育发展的走向另一个阶段的狂潮，受到社会各方的关注。但由于目前产教融合体制不完善，缺乏有力措施来规划、布局，所以产教融合的效能还未发挥。只有通过建立产教融合的组织运行管理机构、健全产教融合制度保障，才能来解决政策制度不到位等实际问题。

一、建立产教融合组织运行管理机构

在企业与高校的合作过程中，会涉及许多职能部门，这些部门中出现利益争夺时，必须建立一个专门的产教融合协调机构，让其来解决各部门出现的难题，协调产教融合中出现的各种矛盾，从而保障政府、企业、高校的正常运行。

产教融合协调机构的主要功能如下：

（1）协调企业、高等院校等多个主体之间的利益，在资本投资、合作方式和产教融合创新的渠道上，提供具体的细节管理和协调，监督生产和实施项目。

（2）联合政府部门、高等院校，大力开展产教融合创新的相关理论研究和政策分析，制定实用和有效的政策措施，促进产教融合的顺利开展。

国外产教融合发展好的国家都成立了专门的产教融合协调机构，用来管理和沟通学校、企业和行业之间的工作。例如，德国的产业合作管理协会，监控和监管企业与高校的所有事务；韩国的产学合作科，全面掌控合作中的所有问题；美国早在20世纪60年代时就建立了美国合作教育协会，用来负责各主体之间的关系。

通过以上这些成功的案例可以知道，深入开展产教融合的关键则是由教育、财政、行业等部门统一联合建立产教融合决策与执行管理协会，共同为高校产教融合搭建平台，负责统一调度的工作；积极沟通政府、高校、企业之间的相关信息，负责高校、企业双方的沟通；寻找更多企业与高校合作；对产教融合的过程进行监察，必要时实施奖惩。

产教融合教育决策管理协会和产教融合教育执行管理协会构成及其任务如下：

第一，产教融合教育决策管理协会由政府牵头，构成部门分别是教育、财政、发展等部门，推进产教融合工作协调指导小组的作用，加强部门之间的统筹协调，形成政策合力，尽快发布促进产教融合的指导意见。产教融合教育决策管理协会是做决定的组织，其任务是研究高校产教融合发展形势，规划高校发展目标和内容，协调各主体间的利益关系，制定并落实政策，检查和推进教育工程的发展。在允许的情况下，企业、高校和第三方服务机构代表也可称为产教融合教育决策管理协会的成员。

第二，产教融合教育执行管理协会产教融合教育执行管理协会可由政府相关职能部门的成员和第三方服务组织构成。该管理协会是将产教融合教育管理协会的相关计划、目标、任务给予落实并实施，与各大高校、企业经理、行业经理和第三方中介组织的经理通过开会讨论、洽谈等形式确定可实施的项目、伙伴以及实现双赢的途径。

产教融合的有效发展是建立在组织保障的基础之上的，然而，在实际调查过程中发现，大多数职业院校目前还没有专门负责产教融合的协调机构，多数是代管，其产教融合行为很多处于自由、散漫的无组织、无人管理的混乱状态中。正是基于此，高校应逐渐建立专门的产教融合协调机构。由学校设计规划，组建"行、企、校"为一体的产教融合协调机构，以此为平台，以促进"行、企、校"合作主体间紧密衔接、深度合作。按照严格的标准和要求，可建立如下管理协会：

第一，教育规划和专业设置管理协会，其责任是把握行业的发展动态和国内外高校教育发展前景，从宏观方面指导高校的总体发展方向；提供行业标准、岗位能力目标，对主要设置、课程发展、教师队伍建设等进行研究；全面掌握高校、企业目前面临的问题。

第二，师资协调管理协会，基于企业、学校协调的前提下，建立校企人事工作轮换制度、互相聘用制度等；建构"请进来，走出去"的教员互动机制，形成一个稳定、共享、高产教融合的数据库。

第三，项目管理管理协会，管理所有事务过程中项目的合作，主要包括：一是项目的过程管理：包括发起、计划、规范安排；二是项目资源管理：其一，人力资源管理，包括合作对象的人数、责任、事务、管理费等；其二，资金管理，包括成本分布、年度利润分享、合作的预算和结算等；其三，材料设备资源，包括常用的合作办公设备、教学设备、培训设备的合理使用和适当的管理。

大多数企业设立组织机构是为了企业的经营，产教融合协调机构在企业中设立比较罕见，正因为如此，在某种意义上来说，其妨碍了高校与企业之间的联系和发展。企业应设立专门的产教融合组织管理机构，按照规章制度来承担其应尽的义务和责任，鼓励高校学生与教师到公司进行学习和进修，为各大高校提供训练场地、基本设施，规定特定人员，做好安全讲解；利用好高校的优秀人才资源，与高校进行产品研发与攻关，为企业未来发展打下坚实的基础；将企业的需求融入产教融合发展过程中，通过制定目标、联手培养优秀人才，并提供基础设备支持等途径，与高校联手，共同培养满足经济发展的必要人才。产教融合协调机构不仅能为企业节省人员招聘费用、缩短职工工作时间、降低职工流失的风险，同时，为企业带来巨大的利益诉求。

二、健全产教融合制度保障

政府应该建立专门的产教融合监督检查机构，让相关部门对产教融合项目及其实施情况进行监管和评估。同时，监督检查机构应努力构建顺畅、监管有力的产教融合监督检查工作体系以及长久的监管工作机制，加快监督检查工作的制度化。除此之外，监督检查机构还应不断完善监督检查方式、方法，将有力的监督检查工作落实到产教融合的各个环节中，以助推产教融合监督检查工作的科学化。政府还应建立产教融合的评估体系，制定科学的评价标准，建立严格的评估过程，对产教融合进行全方位、多层次的评估。评估内容不仅是监督是否符合国家的法律、法规，是否对当地区域经济产生影响，还要评估高校所在的政府在产教融合中发挥的作用如何。以评估系统为基础，逐步建立激励机制，鼓励企业积极参与，激发他们的热情，对取得良好成果的企业施以多方面的奖励。如在人才培养、技术研发创新、企业综合实力评价等方面。目前，大多数高校向企业寻求合作仅仅是为了生存和发展，能够随着市场的发展趋势谋一席之地。企业、高校、行业间需要拓宽渠道，进行形式多样的、全方位的深度合作，逐步推进产教融合的深层次发展，积极研讨有效的产教融合模式，如技术研发、岗位承包等，从而稳定长期持续的关系，促进产教融合在人才培养中发挥最大的功能。传统产教融合存在一定的弊端，我国政府、"行、企、校"应敢于创新、转变已有观念，研究更多适合于我国国情社会发展的、有效的、多层次的高校产教融合模式，对企业的合法权益加以保护，鼓励企业积极介入，调动其参与热情。产教融合的创新机制需要企业、高校、政府、行业多方面一起完成。政府应该做好规划、统筹角色，全面创造一个良好创新氛围，创造平等合作、多方共赢、全面提升的氛围，来保障高校产教融合有序地发展。

政府必须做好各部门之间的宏观管理，协调并沟通好各职能部门之间的利益关系，政府的支持和鼓励是高校产教融合发展的重要的保障。政府直接对政府是产教融合过程中最直接的宏观管理者与决策者。政府应将各部门的任务、行动统一规划，积极开展产教融合，制定相应的法律和法规、制度，为产教融合提供良好的环境及资金支持；确定各主体在产教融合中的权利及义务，规范产教融合行为，为高校产教融合的长远发展提供基础。促进政府宏观管理应从以下两方面实施：

第一，完善政策、法律和法规体系。高校产教融合发展需要有政策、法律和法规及资金的支撑，只有具备完善的产教融合支持系统、多元化的产教融合模式，其才能持续、健康地发展。

第二，采取各种措施，指引产教融合各主体开展联合创新。采取各种手段和措施，积极开展产教融合，各主体通过创新联盟、产学研相结合等各种形式开展联合创新，将产教融合创新与市场创新、技术创新等有机相结合，从而有效提高产教融合创新的总体水准。

第三，完善高校内部调控机制加强改革，扩大高等教育的自主权。高校可以根据需要调整组织管理体系、专业设置，并决定办学模式和管理体系，以实现产教融合的自我调节。高校建立和完善弹性学制，显现学习的时间尺度、学习过程的实用性以及学习内容和学习方式的选择性。大学要加强自我内部改革，努力建立教师愿意开展科技服务和技术服务的气氛，使其愿意为企业和社会带来新的服务技术。新形势下，应该以有效整合生产活动和教育教学的资源，实现校企合作、产教融合的有利发展。学院和大学应该建立在互利共赢的基础上，建立产教融合长久的发展制度和方式，充分发挥高校的专业技术长处、教育教学的资源长处等，结合企业、行业的需求，积极提供支持和保障，包括人才、科技、教育培训等。根据高校与企业的现实状况，开展多种方式的合作，努力探索建立一个稳定的、长期的人才培养模式，培养满足社会和企业的需求。

第四，完善企业内部调控机制，加强现代企业治理机制，明确责任关系，通过规章制度来规范产教融合合作活动，形成长久的发展制度。企业应当建立产教融合的内在需求机制，提高对产教融合的认识，因为产教融合对国家、社会发展的意义重大。企业应积极主动地参与产教融合活动，采取有效措施来推进产教融合快速地发展。

第五，建立风险预警体系。因为缺乏制度约束与保障，公司承担风险与压力，合作的风险性贯穿于产教融合的全过程，然而，高校自身并不具备实力把资金转化产品。正因为如此，公司对大多数成果的转化不想承担过多风险，只想承担少部分风险。企业希望国家通过有关政策规定或介入风险投资机构、金融投资机构的方式，去跟企业共同承担风险。所以学校和企业应在政府、行业的指导下建立风险预警体系，从而最大限度地减少产教融合的风险损失，以提升产教融合发展的效益。产教融合中的参与主体——企业、高校都可以在不给对方造成巨大损失的前提下，退出合作。

第五节　高校产教融合综合评价支持系统建立

建立完善的高校产教融合 360 评估系统是双方深度合作的要求，产教融合 360 评估系统主要对产教融合的合作项目、形式、合作效果等进行评价。在产教融合过程中，高校经常出现争夺政府资助或优惠政策项目的情况，浪费国家资源。为此，政府必须建立一套科学、标准化的支持职业院校产教融合项目管理体系，制定科学的生产合作体系，制定评价标准，使评价工作具有科学性、制度性、规范性、标准性，并逐步完善产教融合合作项目、工程监理、开支审查、过程监督和验收审查，并且一定要积极严格地执行。

一、产教融合 360 评估系统的设计原则

产教融合不仅直接反映普通本科大学培养应用人才的产教融合的水平，同样，也可以反映用人的标准和企业的规范性，还可以反映企业的生产能力和技术含量。及时访问结果，收集反馈信息，将有助于促进普通本科大学校企深度合作的发展，促进高校之间的合作互补，使高校与企业间达到合作、相助。职业院校应在国家的指导下，与行业协会、合作企业共同建立一个 360 评估系统，在合作效果评价的基础上，得出经验，寻找差别，确定更有效的训练计划。职业院校在科学性和系统性评价的基础之上，遵循以下原则：

第一，操作性原则。产教融合的评价是一个直观的感觉，必须简洁，容易实施。评价者表达出一些特殊的感情，还应该审查设置特点，最重要的是让评价者把产教融合中的优点和缺点用最简洁的词语描述出来，使评价指标体系更加具有科学性和精准性。可操作性的评价包括两个方面：一是指标的建立应清晰、易懂、简化适中，以便于数据的采集，数据的计算应该是遵循标准化流程；二是评价体系和指标计算的相应方法应该简单、科学、便于操作，为了确保评估结果的准确性、可信性，使用科学的方法。

第二，全面性原则。事务总是互相联系的，从某一角度片面地处理问题只能显示出现象，不能揭露其本质。对产教融合的评价应从组织、管理、培养条件、教学过程和培训效果等角度进行。

第三，目标性原则。因为参加评估的人身份未知，它有一个不确定的视角，不确定评估方式，这就导致将列表变成包括领导评估、同行评估、学生评估等许多评估模型。

第四，指导性原则。产教融合可以反映现有评价体系，用高校与企业合作的精神来指导课程的理论学习和实践学习。

二、产教融合 360 评估系统的构建

从高校方面考虑，在高校投入方面，主要考虑高校投入科技人员，主要考查高校投入产教融合科技人员占高校科技人员的比重；高校投入实验仪器，主要考查高校投入产教融合实验仪器占高校试验仪器的比重；高校为企业吸入科研成果，主要考查高校提供给企业的科研成果数量占高校科研成果的比重；高校在合作运行过程中，考虑师资队伍，

主要考查应用技术型本科高校兼职教师的比例以及具备现场工作能力与技术开发双师型教师的比例；合作课程设置，主要考查实践课程占总学时的比例、工学结合方式授课的课程占总数的比例；协调组织，主要考查是否设立企业专家工作室、专家建设指导管理协会，以及其成员校外企业或行业协会所占的比例；育人资源共享，主要考查育人资源共享程度；高校在合作效益方面，主要考虑毕业生的就业能力；毕业生就业能力，主要考查毕业生就业率、对口率、起薪水平；合作发表论文，主要考查合作发表的论文量；合作发表专著，主要考查合作出版的专著数量。

从企业方面考虑，在签订技术转让合同方面，主要考查合作签订技术转让合同的数量；企业投入资金，主要考查企业投入的资金量；企业投入设备，主要考查企业投入的设备量；企业建设就业前实践的专门基地，主要考查企业建立就业前实践的专门基地能否满足要求；企业投入研发人员，主要考查企业投入研发人员占企业研发总人员的比重；合作中技术开发与应用，主要考查合作中技术开发与应用的程度；教学设施利用，主要考查教学设施的利用率；合作项目，主要考查合作项目的数量；协调组织，主要考查高校专家工作室；合作中知识产权，主要考查合作中知识产权的授权数；对区域经济发展的贡献，主要考查毕业生占当年区域新增人力资源的比例；合作中产生的利润，主要考查合作中产生的利润值；合作产生高技术产品，主要考查合作产生高技术产品的数量；为企业培养专业技术人员，主要考查为企业培养现场专业技术人员的数量；为企业培养专业技术人员，主要考查为企业培养专业技术人员的数量。

在产教融合 360 评估系统总体设计上，拟对参与主体进行分类，从高校、企业两个主体方面进行综合评价。高校评价、企业评价作为总体评价指标体系的 2 个一级指标，然后将 2 个一级指标分解为 6 个二级指标，在此基础上，对 6 个二级指标分解为 25 个三级指标。对这些指标进行选取和设计时，既要考虑合作的两个主体——高校、企业，也要考虑合作的三个方面——投入、过程、效益，使评价指标体系能较好地反映产教融合运行的实效性，以便于后续研究者参考。根据产教融合综合评价指标体系设计原则，初步设计出产教融合综合评价指标体系，高校是产教融合中培养实践型人力资源的主体，在产教融合的过程中具有举足轻重的地位和作用，所以将高校的权重设为 0.5。从高校角度构建评价指标，主要为"高校投入""合作过程""合作效益" 3 个二级指标和 10 个三级指标。企业是产教融合中培养实践型人力资源的主要合作对象，也是决定实践型人力资源培养的关键合作对象和输出对象，所以将企业的权重设为 0.5。从企业角度构建评价指标，主要为"企业投入""合作过程""合作效益" 3 个二级指标和 15 个三级指标。

高校产教融合是适应社会的发展需求、是教育教学的资源与社会目标协调发展的必经之路。在本研究中，笔者通过对产教融合法律和法规保障、经费保障、组织保障及360评估系统的研究，认为产教融合要想从根本上得到发展，政府必须把以上四大层面的问题进行解决：建立一套适应产教融合发展的规范的、成熟的法律和法规政策，来明确参与主体的权利、义务，监督、约束各参与主体的行为；拓宽产教融合经费的筹措渠道，加大企业税收优惠政策，完善产教融合风险投资机制，使高校、企业能积极参与到合作中；建立完善的产教融合组织运行管理机构、产教融合制度保障来规划和完善现有的体制，充分发挥他们的效能，解决实际问题；建立合理的产教融合360评估系统，对合作中涉及的资金、项目、组织结构、合作效果等进行评价，建立一套科学性、权威性、标准性的支持高校产教融合发展的管理体系。

从国家层面上，对高校产教融合支持系统进行研究和设计在国内尚属首例。研究至此，深切地感悟到中国高校产教融合是一个庞大而复杂的问题，要从宏观层面上把握高校产教融合支持系统的研究，还需要更多的实践和理论。研究提出了一些原创性的观点，但由于可借鉴、参考的相关文献有限，在学理层面上不够深入，在方法层面上不够成熟，在应用层面上不够具体，留下了一些今后需要改进的内容。例如：一是调查的范围不广。调查对象是当地的几所高校，没有选取更多的高校，结果没有说服力，不能作为推广的代表；二是调查的对象不够全面。由于负责产教融合的相关责任人事务繁多，在跟企业互相联系时，因各种公务延误，参加调查的企业寥寥无几，得到的数据有片面性；三是访谈提纲不够成熟。受笔者的理论水平和研究水平的局限，有些问题思考不够完整、成熟，不具有科学性。除此之外，在访谈过程中，因为经验较少，笔者会被访谈者带动，有些问题不能得到及时反馈和解答。

综上所述，本研究仅对高校产教融合支持系统这个具有重大理论意义和实践意义的研究命题进行了初步的研究，今后，还将继续研究并完善。

第八章 产教融合视域下高职教学管理创新

第一节 产教融合与高职院校管理创新的重点和难点

挑战往往与机遇同在。高职院校在发展过程中必须对自身的优势和劣势进行分析，对外部环境中的机遇和挑战进行准确判断，从而帮助自身正确认识在发展过程中所处的环境和地位，做出最适合自己进一步发展的战略选择。高职院校与经济社会发展紧密相连，在经济社会转型中起着"技术源、人才源、信息源"的重要作用。因此，高职院校必须探索发展规律，创新发展方式，突破传统的办学模式，走创新型发展之路，才能更好地解决产教融合与高职院校管理创新的重点、难点问题。

一、产教融合视域下高职院校创新的重点

（一）产教融合视域下高职院校教学质量的提升

产教融合视域下高职院校教学质量的提升是高职院校创新教学的重点问题。提升、改善实践教学条件是产教融合中提升教学质量的重要保证，职业教育的特点是以就业为导向，职业教育必须适应和服从社会和行业发展的需要。高端技能型人才的培养不是靠理论就可以堆出来的，必须在模拟的工作场景结合真实的工作场景中反复实践才能实现。可见，没有实践教学条件的改善，产教融合与提高教学质量自然就会成为"无米之炊"。我们积极应对高职教育发展需求，加强校内实训基地硬件建设，建成以职场环境为标准、门类齐全、设施完备、功能完善的现代化实训中心。配备先进、高仿真的信息化教学设备，为训练学生专业技能、培养学生临床思维和综合素质创造了系统、科学的保障条件。尽管如此，由于各类医学专业实践对象是"人"，具有特殊性，校内实训基地即使功能再强大也不能替代临床真实情境，所以只有早临床、多临床、反复临床才能真正夯实学生的职业能力基础。然而，由于没有政府层面的政策激励和制度保障，寻求校院合作的瓶颈至今未能从根本上打破，在推进院校合作过程中，校方仍处于"剃头挑子一头热"的尴尬境地，校外实训基地的建设有待进一步完善。

（二）高层次、高水平的师资队伍的建设

高层次、高水平的师资队伍建设是产教融合中提升教学质量的关键因素。高职教育要推进产教深度融合，着实提高教学质量，就必须积极探索高层次"双师型"教师培养模式。制定公平合理的激励制度是加快"双师型"教师成长的关键。据调查，目前绝大多数职业院校都制定了一些激励措施，但是制定针对"双师型"教师的专门化的激励制度的职业院校不多。即使有效果也不明显，存在许多问题：制度激励柔性不足，按需激励亟待确立；制度激励不当，精神激励不够；过分考虑结果激励、忽视过程激励；等等。激励措施的不科学、不合理制约着教师向"双师型"教师成长发展的积极性，不利于"双师型"教师的建设。因此，改变传统的激励机制，建立一套针对"双师型"教师的专门的激励制度迫在眉睫。在完善"双师型"教师激励制度中，应把握以下几点。首先，必须明确激励导向。"双师型"教师是不同于普通教师的特殊群体，在激励机制的建设中必须明确"双师型"教师的"成就认同"和"身份认定"，为教师向"双师型"教师发展指明方向。其次，激励制度一经确立，就应保证该制度能稳定、严格和长期地执行下去。在"双师型"教师这一目标的指导下，保证制度的执行力度，并根据发展需要适时地完善和修正激励制度，真正实现激励制度的正确导向作用。在激励制度的具体实施方面，可采用以下有效的手段。第一，物质激励与精神激励的结合。物质激励作为最基础、最直接、最有效的方式，在满足教师基本需求方面是最有效的。但当教师需求不断提升时，这种物质激励的效用也会逐步降低，这时应给予一定的精神激励，如对"双师型"教师的评优树先、晋升、培训等方面的照顾倾斜。第二，短期激励与长期激励的结合。短期类型的激励能够直接起作用，却不能为教师持续、长久的职业生涯发展注入活力。因此，对教师进行短期激励的同时，需要配合使用长期类型的激励措施。第三，以人为本。激励政策应有层次性与针对性，满足不同教师的不同需求，采用效用最大化的激励方式为主、其他激励方式为辅的综合激励方案，做到以人为本的差异化管理。

考核评价是对教师工作现实或潜在价值的判断。对于"双师型"教师的培养培训是建设"双师型"教师的源泉，而高效、公正的教师评价则是"双师型"教师建设的永恒动力。"双师型"教师的建设，基点在于培养，能否可持续发展则取决于对教师的评价。职业教育强调的是理论与实践的结合，突出能力培养这一核心。普通教育则着重于理论的系统性、学术性。对"双师型"教师的评价沿袭普通教育评价则有失偏颇。对"双师型"教师的评价必须从职业教育的实际情况出发，突出教师的实践能力，体现技术性和应用性。然而，当前对"双师型"教师的评价暴露出严重的问题：对"双师型"教师的评价过于笼统、简单，并常常沿袭传统的考核方式方法。这种评价大多为奖惩性评价，是一

种以奖惩为目的的评价制度。这种评价存在诸多弊端，亟待形成发展性评价，即以"双师型"教师的发展为目的的教师评价制度。在"双师型"教师的评价中，最核心的是依据"双师型"教师的特点建立相应的评价指标体系。考评的重点应涉及专业性、技术性的实践操作能力方面，淡化教师的学术科研标准，具体的评价指标体系应突破"德、能、勤、绩"的传统科研水平考核指标，鼓励教师开展与职业技术教育密切联系的科研，以科研促教。但并不是人人搞科研、个个搞课题，并且不以教师发表论文的数量、质量作为其科研水平的依据。除此之外，"双师型"教师的评价指标在保持相对稳定性的同时，要体现动态性。引导"双师型"教师定期或不定期地参加各种技能鉴定考试，推动教师对所取得证书进行"年审"或"升级换代"，使教师各方面素质能够满足社会发展需求。建立绩效管理的评价标准。对"双师型"教师的考核参照其职务和岗位职责，结合其在该岗位的培养结果和所做贡献来综合评价，以教师绩效评价结果作为教师晋升、加薪、培训等方面的有效凭证。"双师型"教师的评价应实现多种方式结合、定性与定量结合、多评价主体结合，注重评价结果的及时反馈，建立完善、合理的"双师型"教师发展性评价体系。总之，"双师型"教师的评价实施应贯彻"全面性、评价主体性、过程性和效益"方针，使评价结果既是"双师型"教师建设的终点，也是"双师型"教师建设的起点。

企业生产一线除了具有最新的技术、工艺、设备外，还具有丰富的实践案例，这些都是理论的来源，也能够有效检验理论，是提升教师专业技能最好的场所和课堂。教师到企业挂职锻炼也得到了国家、政府的重视和认可。各职业院校大部分教师都直接来源于普通学校，缺乏社会经验和专业实践经历。另外，还有一部分教师有一定的专业技能，却与企业需要的技术相脱离，这也是产教融合下高职院校的创新重点所在。当前由于学校、企业教师观念上的差别，相关机制的不完善、管理方面欠缺等原因，企业不愿接受教师实习，教师实习流于形式。为了打破教师下企业的"瓶颈"，提高其实效性，学校必须坚持一定的原则，即教师到企业实习锻炼，原则上要为企业带来一定的收益。比如，教师可以为其提供员工培训或帮助企业解决技术难题，而企业则应主动为教师提供用于教学和技术提升方面的支持。可遵循以下的思路：选择什么样的企业→挂什么职务→实际做什么工作→教师将收获什么→如何检验教师所学。从教师专业技能、实践教学、信息技术应用和教学研究等多方面，通过外派进修、下临床实践、邀请行业专家评价校内实践教学等多途径加强教师教学能力提升的培训，努力培养、造就一批"教练型"教学名师和专业带头人。但高职院校乃至全国很多高职院校教师队伍建设亟待解决的现实问题仍有很多：其一，校内专任教师与行业兼职教师、理论授课教师与实践指导教师等师资结构有待完善，绝大部分专业课教师没有行业工作经历；其二，还没有真正建立起专任教师行业实践锻炼机制、行业兼职教师教学激励机制，使专任教师行业锻炼流于形式，行业兼职教师参与教学与管理的深度不够；其三，专任教师数量不足，同时，行业兼职教师，特别是在本行业和领域内享有较高声誉的专家型教师缺乏；其四，虽注重建设校内优秀的教学团队，但其社会影响力远远不足。这些都会直接影响教学质量的提升，严重制约"产教融合"这一新举措真正意义上的实践发展。

（三）创新教学评价反馈机制

1. 开放、灵活的教学评价

反馈是教学质量诊断和预警的重要依据。教学评价是依据教学目标对教学过程及结果进行价值判断的过程。教学评价不仅能及时展示学生的学习成果，反馈学生达成学习目标的情况和存在的问题，还可检验教师教学的效果，为教师的教学决策服务，是教学质量诊断和预警的重要依据。但是，传统教学评价模式已不能适应微课、慕课等新的信息化教学模式。没有行业参与的、孤立的、封闭性的教学质量监控体系也难以适应"工学结合、产教融合"人才培养模式下高等职业教育开放性的要求。因此，校内教学质量评价体系亟待改革与完善，形成与新视角下人才培养模式、信息化教学模式相配套、开放、可持续发展的运行标准与管理制度，促进高职教育人才培养质量的不断提高。总之，今天的高职教育仍处在时代发展的风口浪尖之上，在无限的机遇当中也存在很大的挑战。我们正如逆水行船，不进则退；又如在发展的快车道上，停止不前也是一种倒退。在这样的形势下，唯有总结经验，摸索新路，不断深化教学改革、提高教学质量，才能促进理论与实践融合、教学与科研服务互动、学校与行业双赢，切实提高高职人才培养的效率与效益。

2. 创新理论基础

高职教育实践教学存在校内、校外之分，由此带来了校内、校外实践教学管理之分。在产教融合高职教育实践教学理念指导下，不仅要在实践教学管理理念上创新，也要从理论基础微观层面上进行创新，构建实践教学管理体制机制。在依据协同创新理论构建实践教学管理机制基础上，本书主要依据活动理论、职业能力发展阶段理论对构建校内实践教学管理体制机制的理论指导作用进行分析。活动理论更好地解释了企业生产经营活动与学校实践教学活动的异同点，并可以给出产教融合的微观"融合点"；职业能力模型理论为不同课程类型实践教学管理的差异性奠定了理论基础。产教融合实践教学的目的就是企业和学校合作培养可以直接上岗的职业人。对于校内实践教学而言，应尽量依据合作企业生产、经营活动管理规则制度进行组织教学，即基于工作过程进行行动导向实践教学；学习的结果不是理论知识，而是企业生产、经营产出结果需要的实践性知识。

（四）新时代高职院校创新发展

高职教学管理作为一种特殊的教育管理形式，有其固有的规律和特点。结合高职院校的特点，旨在克服其在发展中的突出问题，我们提出新时期高职院校的创新发展应具有如下特点。

1. 内涵发展

创新发展是我国经济社会发展对职业院校提出的新要求，尤其是随着我国新型工业化、信息化、城镇化、国际化发展进程的加快，现代制造业和战略性新兴产业蓬勃发展，传统产业也在加速技术改造的步伐，社会工作岗位的科技含量不断提高，对相应产业和技术领域的应用型专门人才的整体需求更加紧迫，高端技能型、高级技术型和工程型人才逐步成为社会劳动力竞争的主体。在这种情况下，传统的以封闭管理、外延为主的办学模式不再符合创新发展的要求，急需以办学、教学和人才培养规律为指导，满足产业企业发展需要，培养复合型、高水平、高技术的专门人才，履行时代赋予的历史性任务。

2. 协同发展

不少高职院校发挥自主能动性，积极贯彻国家推动高职创新发展的政策要求，结合学校实际，推动创新发展实践，为进一步丰富高职院校创新发展规律提供了实践经验。典型高职院校创新发展的基本做法、经验体现了高职院校创新发展的基本规律，如高职院校办学与经济社会发展趋势相适应，走创新发展之路；通过多元化办学，走开放办学之路，高度重视学生的教育模式和实践能力培养，尊重学生成长规律；大力加强师资队伍建设，体现"以人为本"的办学原则。

3. 特色发展

当前，对高职院校办学规律的探索还处于初级阶段，创新发展的实践需要广大高职院校继续进行深入全面的探索。高职院校有了系统的职教规律作为指导，就可以从顶层设计的高度指导整个教育教学过程，确立全局性、结构性、跨界性战略思维，提高人才培养的针对性、灵活性和开放性，进而以产业需求为依据，明晰专业人才培养目标，通过不断改革创新的实践探索，密切联系区域新兴产业的发展形势，整合资源，转变专业内涵或专业培养方向，形成优势突出、特色鲜明的专业结构体系，及时培养适应经济社会发展需要的新型高端技能型人才。通过创新高职教育模式，努力实现"办出个性、办出特色、办出品德"，大力促进高职教育的办学品牌化，提高经济贡献度和社会吸引力。

4. 融合发展

就高职院校而言，要把区域内与高职院校开设专业相关的行业的需求，以多样的方式和多种手段体现在具体的教学活动中，可以是传统的高职院校和地方企业深度合作的订单式培养，也可以是共同建立合作平台，学校和企业共享信息等。融合和产学研结合中的"结合"的主要区别表现在以下两个方面：一是广度和深度的不同。融合与结合相比，程度更深、范围更广，或者说融合是程度更深、范围更广的结合。二是过程的互动程度不同。"融合"更加突出高职院校和地方经济的相互促进，而"结合"则是一个相对静态的过程，突显的是职业院校为地方经济提供服务，适应区域经济的发展。此外，要把学会认知、学会做事、学会做人与学会相处四个方面作为教育的支撑，将高职教育与人文素质教育融合在一起，进而贯穿高职院校的整个教育进程中，以帮助学生实现终身可持续学习。

5. 开放发展

新时期高职教育的开放发展体现在以下三个方面。首先，高职教育体系内部发展的开放性。比如，在院校各层级间进行贯通一体化培养，高职类院校可以从中职类院校毕业生中招贤纳士，高职院校毕业生可进入相关应用技术类高等院校等。其次，高职教育与普通教育之间相互开放，可以通过学分互认与开展课程的方式进行升学与转学，确立双向互动沟通的媒介。最后，高职教育与人力资源市场之间互相开放，实现高职院校优秀毕业生在教育领域与相应职业领域的互通转换。

6. 可持续发展

高职教育的可持续发展是可持续发展原理在教育领域的创造性运用。它既保持了教育本身的发展活力，又为社会经济整体培养并提供了具备可持续发展能力的人才，是社会的智力保障。随着社会的日益发展，人们对高职教育的需求也越来越迫切。高职教育要实现可持续发展，就必须以科学发展观为指导，坚持以学生为落脚点，以就业为导向，以传授学生职业技能为目的，实现学生和社会全面发展的全新教育模式，同时要优化其教育管理体制。当前，高职教育的管理体制是制约其可持续发展的重要因素。要改变这种现状，首先就要深化管理体制的改革，只有有了科学的管理体制，才能走好可持续发展道路。

7. 协调发展

它主要指的是高职教育与其他教育类型协调发展。新时期，在高等教育系统下，高职教育与继续教育、普通教育等各类各级教育相互协调、共同发展，形成了高职教育与各类各级教育互通有无、全日制教育与非全日制教育齐头并进、学历与非学历教育沟通衔接、公办院校与私立院校协同发展的职业教育格局。

二、产教融合视域下高职院校创新的难点

从目前的发展情况来看，高职院校也存在较多的内部发展劣势，这也就是产教融合视域下高职院校创新的难点所在。

（一）内涵发展水平一般，浮躁功利的"发展观"较突出

当前，高职院校内涵发展水平亟待提高，职业教育还不能完全适应经济社会发展的需要，结构不尽合理，质量有待提高，办学条件薄弱，体制机制不畅。近些年，国家教育行政学院对来自29个省、市、自治区的120余名高职院校校长的调查显示，尽管我国大部分高等职业院校的发展重心已经从规模扩张转入质量提升和引领作用阶段，但我国高职教育的发展水平尚不容乐观。调查表明，77.3%的校长认为目前我国高职教育发展水平一般，18.7%的校长认为较低，还存在制约高职教育发展的瓶颈问题。经过多年的努力，高职教育内涵发展虽有改善，但仍是高职院校发展中最为紧迫的任务之一。与创新发展形成鲜明反差的是浮躁功利的发展观还比较突出。我国职业教育总体上经历了30多年的发展，但高职院校普遍是21世纪前后由中专院校升格而来的，仅经过10多年的快速扩张，具备了数量上的规模优势。这种快速的膨胀和规模化发展导致了高职院校思维上的功利化倾向和短期行为滋生甚至是大跃进，纷纷向往着在未来不长的时期内建设成为世界一流的高职院校。

高职院校的管理能力不适应内涵发展要求。随着国家对职业教育的逐步重视，投入力度的逐步加大，各种社会资源的不断丰富，特别是进入内涵发展阶段，高职院校迫切需要提高综合管理能力，提高学校领导的战略规划和顶层设计水平，充分利用各类政策资源设计管理制度，避免管理的随意性和主观性。高职院校要不断提高管理的规范化程度、领导水平和管理能力，以适应内涵发展的客观要求。

（二）发展质量与特色亟待提升，文化影响力与吸引力不高

高职院校发展的质量和特色主要体现在其办学层次和人才培养的高等性、职业性等方面。高职教育要实现培养高素质技能型人才的培养目标，首先要凸显出高等性，从一定程度上讲，高等性是高职教育目标定位的基准；其次，职业性是高职教育目标定位的内涵，也是高职教育的本质特征。同时，具有较高的技术技能水平应该成为高职毕业生的一个重要特征。但目前受办学历史、办学理念、办学条件以及师资严重不足等方面的制约，高等职业教育还存在高等性不突出、职业性不鲜明、技术能力不过硬、教育本质被忽视等问题。这些问题的存在严重制约了高职院校的生存和发展。同时，由于高职院

校历史积淀不够，育人文化亟待生成，文化育人乏力，

再加上社会传统观念的影响等，高职院校的影响力和吸引力不高，面临生源危机和生存发展等困境。

（三）专业结构不适应市场需求，人才培养方式特色不明显

专业是高职院校人才培养的基本载体，是高职院校连接社会的纽带。当前，突出的问题是高职院校的专业结构不适应市场需求。在经济发展"新常态"下，国民经济的发展以结构调整和创新为主，高职院校也应适时调整自己的专业结构，跟上国家的经济结构调整步伐；对于有过剩产能的行业（如钢铁、水泥等），国家要压缩这些行业的产能，在这些行业工作的人员就要重新就业，原来为这些行业培养人才的学校的学生就业肯定就有问题，所以为这些行业提供人才的高职院校也要极力调整专业结构，以适应经济结构的调整。但出于对自身利益的考虑，或受到原来的惯性思维的影响，再加上专业结构的调整本来就是很麻烦的事，部分高职院校未采取实际的行动，有的虽然也在调整结构，但效果不是太理想。这为学校长期的发展埋下了隐患。对接区域产业发展是高职院校专业建设的基本要求。当前，高职院校专业设置并不能很好地适应地方经济社会发展，专业设置与区域产业发展的匹配度不高，许多高职院校确定和形成的特色专业、优势专业与区域经济社会发展需求的适应性严重失衡，对区域产业发展的支持与服务乏力。高职院校应采取差异化的发展战略，挖掘有利于自身发展的空间，提高专业与区域支柱产业的匹配度。有些高职院校在专业设置方面脱离了学校实际，忽视了学校自身办学资源的比较优势和文化特点，追求短期办学效益，盲目设置所谓的市场热点专业，迎合考生和市场的需求，这不仅造成大量社会资本和人力资本的浪费，还弱化了原有优势专业的建设，导致原有优势专业社会影响力和认可度降低，非常不利于高职院校符合自身特点的长期特色化发展。同时，高职院校的人才培养方式尚未完全形成自有特色，在一定程度上还存在与本科院校人才培养方式雷同，培养通用型、基础型人才，而不是趋向于职业教育培养技能型、实用型人才等问题，淡化了高职院校的办学特色。产教融合、校企合作是高职院校办学的必然要求。在长期的办学过程中，虽然高职院校坚持产教融合、校企合作的办学理念，拥有一批相对稳定的合作企业，开发、建设了一批校企合作项目，为人才培养提供了一定的支持，但是校企合作的质量不高、深度不够，并且与区域产业和企业对接仍有待完善。

（四）师资队伍结构不尽合理，总体实力有待提高

高职院校教师不仅要有扎实的理论知识，还要具备丰富的实践能力；在教学实践中不仅要知道"为什么"，更要知道"怎么做"。当前，高职院校教师的总体数量已基本

满足教学工作的需要，但师资队伍结构不尽合理、质量不高，高层次人才缺乏，科学研究和技术服务水平较低，师资的总体实力不强，尤其是"双师型"教师数量偏少、质量还有待提高。

（五）资源劣势弱化了产教融合动力

首先，高职院校的办学经费有限，多数未能得到政府的专项资金支持，导致高职院校失去了进行产教融合的动力。同样，企业由于没有获得政府在校企合作方面的资金支持与政策激励，缺乏产教融合的积极性。其次，与普通高等院校相比，高职院校的学科门类较少，科研实力较弱，因此争取省市以上级别的科研经费相对较少，无法与大型企业深入进行产教融合。再次，"双师型"教师数量严重不足，师资力量薄弱。究其原因，高职院校教师的社会地位和福利待遇与普通高等院校相差较大，很难吸引高水平教育人才，且高职院校普遍存在实习实训设备不足、实训基地匮乏、实践条件较差等问题，不利于培养实践型人才。最后，制度缺陷弱化了产教融合动力。在人事制度方面，高职院校教师编制紧张，导致在引进行业企业技术人才方面存在很大困难。

在人事聘任制度方面，高职院校学生多、教师少，教师教学压力大是长期以来高职院校教师面临的困境。同时，职业教育的特性要求高职院校教师既能教授专业理论知识，又能指导实践操作，对教师要求较高，"双师型"教师队伍缺乏。高职院校亟须引进企业的技术能手与社会能工巧匠，使之在扩充师资队伍数量的同时提升师资队伍质量，从而保证人才培养的质量。然而，高职院校的教师编制紧张，在人才引进、职称评定等方面缺乏自主权，导致院校在引进行业企业技术人才方面存在很大困难。校企之间以技术人才为纽带的交流被制度阻隔，制约了教育界与产业界的深度融合。在考核评价制度方面，高职院校存在评价方式简单化、过分统一化、评价指标功利化等问题，过于看重论文与科研项目的数量，忽视了对教师教学能力提升的要求，特别对工程专业教师的考核评价没有体现实践性、工程性。此外，办学制度僵化也在一定程度上阻碍了产教融合的深度发展。虽然以工学结合、校企合作为主导的办学模式在我国实施已久，但由于体制机制障碍，行业企业的主体地位并未完全落实，学校、企业以及学生三者之间的合作关系难以突破，"两张皮"问题仍然突出。

（六）基于产教融合的高职教学质量保障体系中的创新难点

政府对高职教育的人才培养目标很明确，但有些高职院校在教育教学过程中不能很好把握。例如，某些院校直接模仿本科学校的人才培养模式和办学方式，不考虑高职院校以就业为导向的办学特色，无视校企合作的办学需求，将人才培养方案设置得偏理论化，不突出实践课程设置，对学生实践能力要求不高。这种人才培养方案导致部分高职院校在教学质量保障模式上本科化，教学质量保障规划设计不符合产教融合背景下高职院校实际办学水平，也不能满足高职院校实践教学环节质量保障的需求。

教学质量监控与评价范围有待扩大，对教学全过程进行监控和评价是高职院校教学质量保障体系最重要的环节，也是对整个教学过程进行有效管理的重要手段。随着校企合作的不断加深，高职院校应该积极吸纳行业企业参与教学质量管理工作，将就业水平、企业满意度纳入衡量人才培养质量的核心指标，充分调动行业企业在教学质量监控与评价管理方面的积极性，将教学质量保障体系的实施范围扩展到校外的教学活动中，真正做到教学全过程参与监控与评价。

第二节　产教融合视域下高职院校机制创新

一、产教融合视域下高职院校管理机制创新

为了保证高职教育校内实践教学管理的顺利实施，在进行实践教学管理理念创新的同时，必须对其管理机制和运行机制进行相应的创新，这样才能将新的理念贯彻实施。

开展实践教学管理需要设置相应的管理部门，这个部门一般也就是高职院校的教务处。目前，各高职院校教育处都设置了理论教学科和实践教学科两个主要部门，前者负责理论教学管理，后者负责校内外实践教学管理。从理实一体化教学要求来看，这就造成了管理上的理论教学与实践教学相分离。另外，没有按照职业能力发展阶段理论设置教学管理，这也不利于教学管理人员专业化发展。另外，负责教育创新的研究部门都是独立于教务处的高等教育研究室或科研处，这样从运行机构上也不利于科研人员的教学管理创新理念用于实践教学管理。对于二级学院或系而言，理论教学与实践教学管理基本上由教学秘书一人承担，由于工作繁忙，教学秘书也没有充分的自我提升时间和空间，不利于自身的专业发展。为此，需要对目前的管理机制进行创新，以适应新时代对高职教育实践教学产教融合模式的新要求。为了更好地构建符合高职教育教学规律和体现产教融合理念的高职院校实践教学管理机制，我们建议将管理机制机构转变为运行机构。在新的运行机构中，原来负责课程实施的教学科转变为与学生职业能力阶段培养相对应的服务部门，这样可以使教学管理人员更加明确自己所负责的课程教学具体是培养学生哪种职业能力。开展产教融合专业课程开发，从管理机构上与校外实践教学进行了无缝对接。为了使学生职业能力动态性地对接企业和社会发展的需要，新增设创新协调咨询科，该部门的设置解决了科研处或高职教育研究室与教务处相隔离、创新信息不畅通的问题。该部门的职能就是将科研处或高职教育研究室所取得的教育研究成果直接与教务

处对接。由教务处组织人员论证，并组织各教学科对课程内容进行调整。调整结果由二级学院或系的教学秘书组织相关教师落实实施。

二、产教融合视域下高职院校运行机制创新

机制被广泛定义为某一系统内部因素之间相互联系和相互作用的方式，是系统内部的一种隐形存在，是系统运作协调的外在表现下内部运行规则的总和。校企合作创新这个系统从形成到发展，都是系统内外的各个驱动因素以及这些因素之间相互作用的结果，也就是校企合作创新的动力机制。产教融合创新动力机制具体是指通过存在于校企合作创新系统外部环境的政策、市场和科学技术因素以及系统内部的创新战略、资源等动力因素，促进高校和企业主体建立合作创新关系，并进一步推动关系发展的运作方式。

从构建出的校企合作创新机制模型可以清晰地看出各个动力因素之间是相互联系相互作用的。在校企合作创新系统内部，经济利益是最根本最直接的驱动力。正是由于主体对经济利益的追逐，在很大程度上影响企业或者高校决策层对主体发展战略的制定，因此经济利益驱动因素积极促进主体决策层制定创新战略。主体高层的创新战略影响着主体的发展方向，把创新提升到战略层面势必会提高全员创新积极性，刺激更多的创新行为产生，人的创新能力也会得到一种良性提升，在整个过程中主体的创新资源和技术知识积累都会得以改善。主体要达到获利的目的，就不得不权衡利益与风险之间的辩证关系，高利润伴随着高风险是经济生活中最基本的规律；在校企合作创新系统外部也存在政府政策、市场以及科学技术三类主要的动力因素，这些因素也不是孤立的存在，它们或是直接或是间接地与内部动力因素作用相互联系。

政府政策中体现着国家经济发展规划，任何经济组织的行为都不能与国家的发展相违背，因此政府政策在很大程度上决定着主体的战略规划；市场是主体能够获取经济利益的场所，其中满足市场需求是经济利益的实现途径，市场竞争的存在使主体要时刻保持警惕，在规划主体发展过程中要充分考虑竞争对手的行为；社会科学技术的持续进步是主体获取技术积累的保证，国家科技水平高，主体学习机会也会增多，技术积累起来也会更快。总之，内部动力因素与外部动力因素相互作用、相互联系，共同积极推动着校企合作创新关系的建立与发展。为了保证上述实践教学管理创新体制顺利运行，需要制定科学合理的运行机制，应从如下四个方面细化动力机制运行细节问题。

（一）多方参与

传统的高职教育校内实践教学管理参与人员主要是教务处教学管理人员和二级学院或系的教学秘书，而任课教师也只是根据授课计划实施实践教学。根据 ISO9000 质量管

理体系要求，教学管理应实现学校全员参与、提高教学质量。这就要求任课教师在自觉遵循学校教学管理规章制度基础上，勇于发现教学管理中的不足之处，向学校提出改进建议。引企入校的企业人员更要根据企业生产、经营特点，特别是产品或服务流程对学校实践教学管理过程提出建议。

（二）多措并举

在建立校内实践教学管理体系时，要完善行业企业、学生、社会组织等利益相关方和学校共同参与校内实践教学管理制度文件建设，使实践教学管理在满足实践教学规律前提下，将企业的先进管理理念引入实践教学管理中，从制度上实现产教融合。

（三）多层模式

每个职业能力发展阶段特点不同，对应的教学科要根据该阶段的职业能力特点制定自己部门的服务管理标准。这就需要教务管理人员不仅是教务管理者，也是职业教育理论知情者。只有这样，才能从管理人员素质上做到服务到位。

（四）保障措施

1. 观念转变

传统的教学改革仅仅是学校领导和任课教师的事情，其课程改革成果仍按照原来的教学管理模式进行，这就可能造成管理上堵塞了改革的进展或影响了参与改革教师的积极性。为了从管理上促进实践教学改革，教学管理人员应从理念上进行转变，对于职业教育、工学结合、行动导向、校企合作等产教融合内涵要有所理解，将这些涉及高职教育教学质量的本质内容融入实践教学管理中，在具体管理活动中支撑校内实践教学，使其更符合产教融合的要求。

2. 完善的制度体系

实践教学管理活动离不开制度建设，但仅仅强调实践教学管理制度完善是远远不够的。高职院校必须在整体制度建设上，体现实践教学的重要性，为实践教学管理制度顺利实施提供环境平台。国务院印发的《国家职业教育改革实施方案》和国家发展改革委等6部委联合印发的《国家产教融合建设试点实施方案》的颁布实施为高职院校提升人才培养质量提供了契机，高职院校要充分利用这一契机，提升自身的校内实践教学管理水平，避免在新的一轮人才质量竞争中落伍。

三、基于学生生源市场的供求机制创新

考虑生源市场即需要充分考虑高职院校学生的来源，生源市场是高职教育产教融

合运行机制中不可或缺的重要组成部分。随着普通高校数量的增多、普通高校学生的扩招以及计划生育实施以来适龄学生人数的减少，高职院校生源市场竞争日益加剧。同时，越来越多的民办和公办高职院校对外公开招生信息，拓宽招生渠道，保证了学生和家长对高职院校专业设置、教学质量等的知情权，学生在择校时有了更多的自主性和可选择性，加剧了各高职院校间激烈的生源争夺战。由于学生和家长将高职院校毕业生就业质量作为择校的重要参考因素之一，就业率高的高职院校在招生竞争中毋庸置疑拥有更多的优势。因此，提高就业率成为诸多高职院校的主要办学目标之一，就业率甚至成为高职院校办学成败的标准和生命线，影响着各高职院校的竞争、生存和发展。为此，高职院校需要通过产教融合，面向生源市场，积极开展形式多样的学历与非学历教育，提高高职院校就业率和就业质量，提高高职院校毕业生就业竞争力，提高高职院校综合竞争力。

供给与需求间的相互协调与平衡会影响高职院校的招生规模和学费水平，高职院校要根据用工需求情况，借助动态人才供求机制动态调整人才培养目标、方向和规模等，提高高职院校人才培养的适应性。因此，浙江省高职院校在产教融合过程中，需要充分重视劳动力市场需求及变化情况，准确了解市场用工需求信息，以此指导高职院校的办学定位、办学规模、专业设置、教学模式及课程体系等，提高高职院校竞争力。基于市场需求预测构建供求机制的要求，高职教育产教融合动态人才供求机制构建的目标之一是实现准确预测未来市场的需求情况，提高自身的人才培养与市场需求的契合度。浙江省产业经济发展和更新迅速，且高职教育人才培养具有较长的周期性，因此要求高职院校对市场未来人才需求情况有一个较准确的预测，并以此为依据设置和调整人才培养的方向、目标、规格等，而与市场需求适应与否也决定了高职教育人才培养是否有效。因此，高职教育如何对市场人才需求情况进行准确的分析和预测至关重要。

相较于普通高等教育对资源的需求状况，高职教育的发展对人力、财力、物力等方面有更高的要求。但现有高职教育资源投入难以满足高职院校的实际需求。基于劳动力市场构建供求机制的需求，教育资源出现了供不应求现象，高职院校办学质量和水平难以提高。为此，高职院校需在提升自身人才培养质量的基础上，积极主动争取得到政府及相关部门的重视，获得政府在制度及资源投资方面的支持。同时，高职院校需要全面优化学生生源、办学质量、学生就业率等，提高学校声誉和吸引力。高职院校一方面要争取得到银行的低息贷款、社会的专项资金支持及社会民间机构的投资等，另一方面还要吸引更多资金雄厚的行业企业、行业协会等通过资金投入、设备投入、人才投入等多种形式参与高职教育产教融合，以此形成高职院校的良好发展态势，实现生源质量的提高、办学效益的提高、学生就业率的提高、学校信誉的提高、投入资金的增长这一良性循环。影响高职院校办学的因素不仅有市场需求和市场竞争，还有政治、法律、文化、历史传统等多种非竞争因素。高职教育人才培养主要定位于培养适应劳动力市场及企业发展需求的人才，适应性是高职教育人才培养的主要特性之一。但作为特殊产品的人不具备普通产品所具有的灵敏性和精确性，其需求价格与供给价格难以用简单的标准进行评判。行业企业对人这一特殊人力资本的期望更高，随着产业经济的发展，企业不仅要求人力资本具备普通的生产和再生产能力，更注重人力资本具备创造和开发能力。然而，产业经济发展迅速，对人才技能需求变化快，高职院校对人才的培养不仅要考虑与当前劳动力市场需求的契合，还要为未来产业发展做必要储备。这些因素均会影响政府、行业企业、行业协会、银行等多方主体对高职院校资源投入的稳定性，不利于高职教育产教融合持续、稳健地发展。

以企业为辅助构建资源调控机制。在高职教育产教融合资源调控机制的构建过程中，应充分发挥"产""教"主体之一的行业企业的力量，协助政府部门发挥其宏观主导作用。首先，行业企业应协助政府，协同高职院校、行业协会，拓宽高职教育产教融合资金来源渠道。行业企业作为经济主体，对资金来源和投资有更丰富的实践经验和更科学的认识，行业企业协助作用的发挥有利于解决高职教育产教融合资金来源问题。其次，行业企业应协助政府，协同高职院校、行业协会，统筹规划高职教育产教融合运行中资源的使用和管理，借鉴企业资金运转模式，丰富产教融合中资源的使用和管理办法，协助政府出台相关管理条例办法，实现资源的高效利用。最后，行业企业应协助政府，协同高职院校、行业协会以及社会机构和团体，建立多渠道高职教育产教融合经费筹措机制。以合作企业为代表，以经费投入等方式参与产教融合，同时激发其他企业开展高职教育产教融合的积极性，实现多主体参与办学、参与教育投资。

以市场为导向构建资源调控机制。人才培养与劳动力市场用工需求间关系的实质是高职院校人才培养与劳动力市场需求间的供求关系。市场经济的核心是利用价值规律及供求关系以获取经济效益。高职教育产教融合运行机制的行为主体包括政府、高职院校、行业企业、学校学生以及其他需要技术服务的用人单位，同时涉及包括学生生源市场、劳动力市场及技术市场在内的三个主要市场。在高职教育产教融合运行中，各主体、各市场间关系错综复杂，且各主体间利益需求不尽相同，各市场间资源供求关系不平衡。因此，要实现高职院校与市场需求间的平衡，就要做到高职院校资源与市场资源的平衡。这就需要构建以市场需求为导向的资源调节机制，有效处理行业企业与高职院校间利益冲突和矛盾。一方面，根据市场发展现状，调整高职教育产教融合运行中现有资源的配置。

高职教育产教融合的发展需要根据现有劳动力市场对某类人才的需求程度，增加或减少人才培养的规模和数量，并随之适当增加或减少该类人才培养的资源投入。另一方面，根据市场未来需求情况，调整高职教育产教融合运行中资源的配置。高职教育产教融合需根据未来企业将产生的人才需求情况，新增或取消某些专业的人才培养，并随之增加新增专业所需硬软件设备及资金的投入，逐步减少或转移被取消专业的硬软件设备和资金投入，提高资源的经济效益和利用率，提高高职院校办学质量。

第三节 产教融合视域下高职院校模式创新

"深化产教融合、加强校企合作"不应该只是一句口号，广大高职院校和行业企业应该正确深入认识产教融合，并将其科学有效地进行运用，以实现高职院校、行业企业的共同发展、共同进步，这才是政府大力倡导产教融合、校企合作的初衷。面对人工智能技术的发展，职业院校要提早布局，适应未来产教融合发展的新趋势。随着人工智能技术的发展，人类社会即将进入一个以智能命名的新社会，而制造业则是智能技术发挥其作用的主战场，职业院校要改变固有的围绕企业现实需求设置专业的思维模式，提前布局人工智能领域技能人才培养，主动研究人工智能领域技能人才的技能需求点、培养关键点、师资配备、产教融合、就业服务等方面问题。这就需要我们从产教融合视域下高职院校模式创新开始研究。

一、产教融合视域下高职院校人才培养模式创新

（一）招生模式上的创新

优化选择考试招生方式。一个地区的高职院校建立之初的目的就是培养服务于地区经济发展要求的人才。在这样的目的驱动下，招生问题就显得格外重要，一个地区的经济不只是依靠一种产业带动发展的，它有多种多样的产业，为了符合多产业不同的需求，高职院校在招生方式上就要发生改变，不再是一种简单的、单一的模式，而是多需求、多元化招生模式，这样的招生模式可为考生提供更多的机会，也可为高职院校的发展提供必然因素。区域内的高职院校应该紧密联系在一起，建立良好共生的招生模式。教育主管部门方面，在安排高职院校招生方式时，要根据不同类型的高职院校建立不同的招生制度，对于高职院校来说，更应该注重对专业职业技能的考查，对不同层级的高职院校考试难易程度要有变化，尤其在国家重点培养专业上，招考制度要更加严格，不同层级适度调整难易程度。高职院校主管部门方面，要充分考虑最有利于学生与学校共同发展的招生模式，让不同类型、不同层级的高职院校在满足充分优质生源的情况下，也能

保证学生的输出精良。这就要求高职院校招生主管部门在不同专业的招生模式上做出调整，如采取中职院校专业对口培养的招生模式。

（二）课程模式上的创新

高职院校的人才培养方案不能仅由学校设定，这样的培养方案缺乏科学完整性。由政府、企业和学校三方共同设置的培养方案可以更好地解决学校培养方案过于理论化的问题，设置新的培养方案时考虑政府的指导方向与企业人才的需求，可打造适于区域经济发展的新型技术人才。不同专业的学生采取不同的培养方案。在政府指导下，学校和企业可以根据实际需要设置理论与实践相结合的课程，让学生真正走入社会工作岗位，锻炼学生未来在就业岗位中的实操能力与竞争力，使学生在理论的学习中掌握技能的运用。

普通高职院校的课程设置缺乏实践性，大多只有理论的堆积，缺少真正实践的机会，这样培养出来的学生在走入工作岗位的时候缺少竞争力，对需要大量动手的实操岗位不能尽快地融入和适应。所以，产教融合的学校应该在课程设置方面紧跟三方合作的培养目标，根据企业的发展需求，设置相应的实训课程。高职院校应该联合企业，在教授理论知识后，充分结合市场需求，根据不同专业匹配更好的专业课，以提高学生的实操水平。

（三）管理模式上的创新

高职院校的教学环境是与实践紧密相关的，政府应当出台相关法律政策作为学生实践环节顺利进行的保障，明确学校和企业在学生实践期间的权责。校内实践场所，如实验室和培训研讨室等，都需要设立严格的规章制度，以保证学生在实践中的安全。在学生进入企业实践期间，教师就应该专门召开动员大会和安全会议，在学生进入企业实践时，并在不影响学生实践的同时时刻监管学生，以防发生突发事故。对于实训基地的管理，高职院校的实践教学训练场所是培养高技能人才的重要基地，好的实践训练场所，对高职院校来说是必不可少的，没有教学训练场所就没有好的实践学习机会。

（四）考核评价模式上的创新

1. 建立和完善高职教育考核制度

高职院校要建立和完善其教育考核制度，必须将社会需求、办学条件、办学质量、就业质量、社会服务等作为主要评估内容。推进高职教育教学评估与评价模式的改革，转变学生评价机制，坚持以能力导向，突出学生学习和实践过程的评估考核。建立和完善学校、企业、行业组织、研究机构和其他社会组织参与的第三方评估体系，对不同层次、不同类型的教学工作进行评估。

2.建立"双证书"的考核评价体系

"双证书"一般出现在职业技术的领域，它包括两种必需的证件，一种是高职院校的毕业证书，一种是相关专业的职业从事资格证。"双证书"是从事职业技术岗位人员在求职时必备的两个证书，也是用人单位必查的证件，很多用人单位根据应聘者的学历及证书确定工资待遇。高职院校的毕业生必须实行毕业考查和职业资格考查这两种制度，保证高职院校的学生在毕业时取得两证。职业资格证书是技术岗位的上岗条件之一，若不取得相关证书就会被企业拒之门外，就像教师资格证，若没有教师资格证，毕业生就不能走上教师岗位，这是对学生和学校的负责制度。拥有职业资格证的人员持证应聘，凭证上岗，这不仅是对学生操作实践的证明，也是对企业用人的安全保障。

（五）就业环节的创新

建立用人单位岗前培训模式。在校学生无论平时的成绩多么优秀，在正式进入岗位前都要进行入职准备，也就是说要进行岗前培训。培训的形式也多种多样，可以采用师徒制，就是企业技术岗经验丰富的员工帮助新员工；也可以采取大班授课制，就是集中培训同一批新员工。大班培训的形式相比一对一的师徒制来说具有操作方便、培训时间较短等特点，但是需要注意人数安排，否则不能达到很好的效果。最好是几种方式相结合，在规定时间内进行考核，让新入职的员工能够尽快地适应新环境。对于这些新职员，企业要注重对他们实操的培养，毕竟在学校和进入岗位独立进行实操存在本质上的差别，学生需要的是尽快把学到的理论知识转换为实际的操作能力。所以，岗前培训的内容一定要充分、具体、清晰。企业不仅需要在毕业生进入企业之后上岗之前进行产前培训，也需要在此之前选派优秀的人员进入高职院校的课堂，为学生进行学校和工作衔接的培训。培训方式可以选择科技与人的结合，用高科技的手段进行实操演示，再配合企业选拔的技术人员进行演示，这样的方式便于学生理解，对学生的实操训练有比较好的作用。

二、产教融合视域下校企共建模式创新

高职院校必须引导企业对学生进行深度接触，了解学生的潜能和闪光点。基于此，高职院校可以采用多元化的教学模式和人才培养方案，同时在进行人才培养方案的创设过程中应当具备一定的灵活性和弹性。

运用行政干预，实现校企共建。从一定意义上来讲，要实现产教融合，企业必须承担相应的社会责任和教育义务。在这个过程中，部分企业为了追求自身的经济效益，并不愿意花费太多的时间和精力参与高职院校对人才的培养过程。基于此，行政干预的方式能够有效调动企业的积极性，直接将产教融合纳入企业发展的重要方针，同时将产教

融合作为行业准入标准，通过这样的方式鼓励企业参与人才培养。

找到企业与院校合作的有效切入点。要实现产教融合的高效率运转，高职院校及企业应当充分考虑自身的资源条件及发展优势：学校拥有大量的人力资源，而企业则是以低成本盈利为主；高职院校需要良好的真实的企业环境作为人才培养基地，而企业可以为其提供相应的平台和机会；高职院校中的管理专业教师通常具有扎实的理论基础，企业中的优秀骨干员工则具有极强的实践操作能力，两者能够相互培训，实现高度融合。基于此，要开展产教融合，首先应当基于双方的综合利益，实现发展目标的一致性。加强课程项目实施，创建校企融合制度管理专业不仅要对产教融合的模式进行有效改革，还应对课程内容进行有效的创新。

三、新时代高职院校模式创新的发展趋向

新时代，高职院校需要破冰而出，实现自我创新发展，这样才能顺利应对新的机遇与挑战。新时代高职院校的模式创新发展应从以下几方面进行。

（一）由外延化教育类型向内在化教育类型转变

现阶段，我国正由人才大国转向人才强国，高职院校的转型发展也应随之变化，从固有的重视数量与规模等外在元素的外延化教育类型，转变为重视提升自身教育质量的内在化教育类型。通过转变教育观念、教育思想、管理模式来实现自我的内在升华，进而提高教育教学质量、强化教学核心力量、优化教学结构、提升教学效益。

（二）由封闭化教育类型向开放化教育类型转变

高职院校建校前期基本上是模仿本科院校的教学模式，教育活动的范围比较窄，是以自我为中心的封闭型发展模式。新时期，高职院校教育体系逐步健全，需从过去的封闭型发展向开放型发展转变。首先，高职教育固有的"跨界"性注定其在新时期需要推行校企合作，实现高职院校与企业共同获益、共同发展。其次，在新时期的职业教育系统中，职业教育体系内部各层次之间、各职业院校之间需要共赢合作、携手共进；职业教育与普通教育、人力资源市场之间也必须开放沟通、协调发展。最后，高职院校还需要与国外同行进行合作互动，汲取优质的国际高职教育资源，开辟走向国际的路径，提升自身的国际影响力。

当前，各高职院校都注重由内部发展向内外部协同发展转变，通过外部发展提升内部发展质量。在国家示范高职院校建设期间，国际合作多限于师资培训。如今，走出国门开展国际合作、培养具有国际视野的人才，成为高职院校新的发展趋势。

四、新时代高职院校模式创新的发展策略

高职院校要编制既有科学性、前瞻性，又有针对性、可行性的发展规划，就必须把握以下三个原则：传承和创新并重的原则；定性与定量相结合的原则；立足当前、着眼未来的原则。在编制规划时，要立足当前，这是学校发展的基础，学校发展目标的确定都是建立在当前已有基础之上的。当前的已有基础既包括外部形势及对发展高职教育的要求，也包括学校自身发展的现实状况及学校自身对发展高职教育的独特需要。如果高职院校的发展仅仅停留于此，而缺少对未来的思考，那么发展必然是不可持续的。立足当前和着眼未来，这两者是辩证统一的。

第一，要认真学习、贯彻、落实党和国家关于高职教育的方针政策；第二，要及时掌握省、市两级政府有关高职教育的具体政策和实施方案；第三，要认真梳理和分析学校现有的办学基础。学校在编制发展规划时，只有审慎研究这些基础、前提和依据，才能制定出着眼未来的规划，否则学校的发展就会失去原动力。

随着经济社会发展的转型升级，现阶段我国高等职业教育已经从规模扩张过渡到内涵建设提升的新阶段，产教融合实现了教育链、产业链、人才链和创新链的有机融合，为高等职业教育有效响应经济社会发展模式转型升级提供了现实保障。

第四节 基于工学结合的高职教学管理创新

一、工学结合

工学结合是一种学校与企业分工协作的教学组织形式和管理制度，主要是学校负责传授理论知识，企业主管实践教学和技能培训，理论与实践紧密结合，学校和企业密切合作。工学结合作为一种学习、工作有机结合的新型教育模式，能够保证学生在学习过程中打好知识基础，进一步提升他们的学习积极性，增强他们的综合实践自信心，可让学生带着丰富的知识经验，对未来的岗位工作充满期待，进入岗位实习后有效展示自身才能，合理运用专业技能，从而发挥最大的人才优势，在专业知识的学以致用中真正突破自我。有效构建工学结合人才培养模式，促使技工院校、各大企业共同努力：学校方面根据学生的实际发展需求，为其提供岗位实践的选择机会；各大企业则提供更多的岗位工作，明确未来的发展方向，使大量学生为企业的现代化建设做出贡献。企业提供的实训环境越好，技工院校学生岗位实践的积极性越高，企业、学校相互合作，并且保持合作关系，在此基础上加强教育教学的创新管理意义重大。在各种因素的干扰影响下，技工院校教育管理工作比较忽视学生的岗位实训需求，未能给予高职院校学生岗位工作

的机会，使他们学到专业知识后无法学以致用，导致学生实践积极性明显下降，错失了最佳的成才机会。企业内部改革、竞争发展需要大量的优秀人才，但高职院校无法保证人才质量，极大地制约了企业现代化建设；许多学生无法胜任岗位工作，也因此承受着巨大的心理压力。工学结合人才培养模式推广应用后，就很好地解决了这一问题，同时改善了技工院校教育管理的现状，真正为现代企业的内部建设、创新发展、市场竞争等提供了充足的人才力量。大多数学生熟练掌握专业技能，具有良好的适应能力，在不同岗位上"发光发热"，顺利成为企业未来发展的中坚力量。我国工学结合教学模式兴起于 20 世纪 80 年代，是在借鉴和发展德国"双元制"模式的基础上逐渐形成的。

工学结合具有以下几大优势：其一，学校充分利用自身的人才和科研优势，同企业合作进行技术创新和产品研发，推动应用研究，为高新技术产业化做贡献；其二，学生除了理论学习外，还在企业中获得了实际的生产技术和工作体验，从而在未来工作中具有较强的适应性和竞争力；其三，学校与企业构建良好的合作关系，双方优势互补，相互促进，有效利用学校和企业资源，实现人才培养目标；其四，学生全程参与技术研发和应用过程，全面提升自身综合素质。工学结合在职业教育教学中的不足表现在以下两个方面：第一，企业在实际生产活动中急需操作熟练和技艺高超的高素质技术技能人才，而学生操作技能普遍较弱，难以受到企业欢迎。因此，企业参与工学结合教学方式的积极性不高。第二，学校与企业合作关系不稳定，缺乏深层次交流，"工学结合"各项制度不健全，学生参与实践的各项权利缺乏保障。

工学结合教学组织形式将教学场所一分为二，讲授理论的学校教室基本按照传统的教室设置，讲台、黑板、多媒体设备、学生座位、张贴板及存放贵重物品的柜子等都是教室常见的基本配置；实践教学和技能培训在企业内进行，基本是按照真实生产场景布置，教学场所大多设有与专业技术实践教学有关的操作设备、工作台、仪器和材料等。

在工学结合教学活动中，讲授理论的学校教师的教学活动和正常教学活动基本一致。传授实践技能的企业专家教学活动主要目标是培养学生的实践操作能力，限于工作场所的特殊性，实践教学任务不能以课堂教学的形式完成，但可以转变为教师结合工作任务给学生设计一些作业，或者引导学生总结工作过程中的一些基本知识，促使学生真正实现"学做合一"，主要包括以下几个途径：第一，企业专家在学生工作之余开展专题讲座，内容包括工作实践技能与工作安全两个方面；第二，企业专家组织学生定期讨论，与学生分享交流工作体会与个人感受，增加学生学习信息量；第三，企业专家与学生共同参与生产活动，调动学生学习积极性，提升学生的综合能力。总之，企业要想办法利用一切机会为学生开展各种形式的教育活动，科学合理地安排工作和学习时间，全面提升学生的综合职业能力。

学生经过一段时间的学习和训练后，已经基本具备可以参加工学结合教学活动的能力。在日常教学中，学校教师和企业专家共同承担学生的培养责任，学生不仅要在学校学习基础理论，还要深入企业参与生产实践。理论与实践相互结合极大地提升了学生的综合能力，从而开拓学生的创新思维。实行工学结合后，学生可以在技能学习中全面了解自己未来的工作环境，明确自己未来的工作任务，探寻自身在未来工作中缺乏的知识和技能。如此，学生有机会充分地了解自我和审视自我，从而对自己未来的职业规划有一个更加清晰的认识。此外，工学结合教学组织形式让学生在真实的工作环境中进行学习，学生时常要面对各种现实工作问题，原有的实训车间模拟工作环境状态不复存在。理论学习和实践操作交替进行，持续变化状态频繁，这就要求学生在学习中提高自我管理意识和能力，自觉养成良好的学习习惯。

工学结合教学组织形式中的师生互动包括学校教师和学生的互动以及企业专家和学生的互动。在学校中，学生大部分时间都集中在专业班学习，师生之间沟通交流频繁。学生遇到学习和生活中的困难时喜欢向教师诉说，教师也往往根据自己的人生阅历与学生共同商量解决办法。良好的交互关系可以让教师了解学生的心理变化，从而在教学中做到因材施教。在企业中，授课专家拥有高超的技能和娴熟的工艺，但普遍缺乏对教育学和心理学系统知识的学习，因此在平时的教学和生活中，企业专家普遍缺乏日常教学交流技巧和方法。实行工学结合教学组织形式之前，学生往往只能利用学校模拟的实训场所和设备，享受学校教师提供的教学资源。实行工学结合教学组织形式之后，打破了原有的静态实训环境，全校学生进入企业参加真实生产活动，让企业的教学资源得到了充分利用。例如，某高职学院汽修专业的学生原来只能利用学校的几辆教学车进行检查和维修，虽然汽车是真实的，但故障大多是预先设定，学生按照书本上的要求，按部就班进行操作，就能基本解除故障。学生希望尝试一些新的挑战，可是学校设备有限，同时也难以承担高额的汽车损毁费用，现在工学结合教学形式解决了这个难题，学生在维修车间可以见识各种各样的汽车故障和维修操作。

目前，高职院校开展工学结合教学活动中存在的问题如下：教学管理理念不够开放；教学管理机制不够灵活；师资队伍建设不够完善；质量监控和教学评价体系不够健全；实训基地建设企业参与度不高。下面就这几个方面进行详细阐述。

就教学管理理念不够开放而言，目前传统的教学管理是高职院校内部管理的主要形式，在学校各项管理工作中占有重要地位。工学结合要求学校秉持开放办学、合作共赢的理念，树立多元的教学意识；教师队伍要多源聘任，教学内容要多种形式，教学场地要多地授课，教学评价要多样途径。然而，目前很多高职院校的办学理念还不够开放，没有做到完全面向市场设置专业、面向岗位设计课程、面向岗位设计技能，从而使工学结合教学管理体制无法有效构建。这种现象在我国高职院校中较为普遍，造成这种现象的原因在于陈旧的教育教学观念和办学理念的影响。

就教学管理机制不够灵活而言，多数高职院校在制订教学计划和人才培养方案时，主要根据培养规格和专业特点，结合本校师资力量和教学条件来设置课程体系、安排教学进度，这种方式具有相对稳定性，但不能及时根据产业结构调整来转变人才培养方案，不能依据企业用人需求状况灵活调整教学组织时间，不能按照工作过程的实际需要合理调整教学内容和教学方法。

就师资队伍建设不够完善而言，一方面，高职院校多数专任教师教学和科研任务较为繁重，很难有机会长时间深入生产一线挂职锻炼；另一方面，部分企业不愿意接受教师参加顶岗生产实践，造成高职院校"双师型"教师所占比例不高。校企互聘互用型人事制度没有真正建立起来，校外兼职教师聘任渠道不畅，聘任时间不长，聘任薪酬不高，导致校外兼职教师数量严重不足。

就质量监控和教学评价体系不够健全而言，目前部分高职院校还没有建立起工学结合的教学评价体系，在课程结束需对学生进行考核时，教师多以卷面分数作为教学评价的依据，一般无平时成绩，直接给出总评成绩。关于考核的内容，也限于所授教材和教师课堂所授内容，对于实践能力的考核则常不列于考核项目。这种考核评价体系不能将理论教学和实践操作有效结合，不利于教学管理功能的发挥，也不利于工学结合的有效开展。教学评价也忽视了社会、行业专家的参与，对教学监控与评价过程中反馈的信息缺乏多角度的质量评价；企业为主、学校为辅的综合信息反馈系统有待进一步完善，尤其是集学生、家长、行业专家、用人单位、政府部门和新闻媒体于一体的社会综合信息反馈系统亟待健全。

就实训基地建设企业参与度不高而言，在政府的资金投入和政策支持下，多数高职院校已建成模拟仿真的、能够满足专业实践教学需要的实习实训基地，但并没有相关制度能保证企业参与校内外实训基地建设的积极性，在实际的教学过程中，各种实训场地、仪器设备、人员师资和服务平台等不能实现校企共享，造成了资源的浪费，也削弱了高校的社会服务功能。

二、工学结合模式下高职教学管理创新

（一）工学结合模式下高职教学管理的理念创新

政府、企业、学校以及学生不仅是工学结合的有效参与者，也是理念创新的实践者。

政府的支持是工学结合实施过程中的重要保障，能够为政策措施的制定提供人力与物力支持，充分调动企业在学校人才培养过程中的主动性和积极性，确保工学结合措施能够有效实施。学校是工学结合的有利组织者，需要充分认识工学结合本身的意义所在，主动满足企业的要求，从课程设置、教学计划以及教学内容等多个方面进行调整与改革，有效提升人才培养的质量。企业是工学结合的重要承担者，需要秉承可持续发展的思路，在保证自身利益的基础上承担足够的社会责任，及早地介入高职院校人才培养工作中，在服务社会的基础上构建人才资料库。作为工学结合实际对象的学生，需要明确就业观，与社会和职业进行有效的对接，加强职业道德和职业理念，强化自身职业技能，从而实现从学生到工人的角色转变。职业学校的领导要转变思想、更新观念，要带领全体教职工认真学习有关职业教育的政策和文件，深刻领会职业教育的培养目标和工学结合人才培养模式的内涵，将不同来源的教师凝聚起来，共同树立职业教育的新理念，形成独具特色的办学机制和人才培养模式；根据企业和社会发展对人才的需要，对学校的专业设置、培养计划、课程建设、教学内容、教学手段和实践环节进行调整和改革，通过校企合作、工学结合的方式来提高教育质量，提升办学质量。

（二）工学结合模式下高职教学管理的制度创新

作为工学结合可以顺利实施的保障，制度在高职教学管理过程中发挥着极为重要的作用。首先，要保证学生熟悉企业的相关制度。学校不仅要开展遵守工作纪律、商业秘密以及合作共事的普通职业道德教育工作，还要分专业地组织学生学习企业的日常管理、操作规程以及考核评价等相关制度，帮助学生在学校学习的阶段就可以全面了解企业制度。其次，强化学校和企业制度衔接工作。学校要借鉴企业实际的经验，在日常的实习、实验以及规章制度制定过程中，要求学生严格按照企业相关要求操作，促使学生在工作的时候养成负责、认真与严谨的态度。通过模拟这种真实环境，能够有效地降低高职学生到企业以后所出现的不适应感。最后，完善相关的制度体系。学校需要对传统的管理模式进行创新，充分考虑企业在实际经营过程中的规律性，有效保护企业的经济利益，邀请企业参与学校教学计划、管理制度以及实施方案的制定，使企业与学校可以实现共赢。与此同时，企业需要兼顾人才培养要求和学校教学要求，做到取长补短。

（三）工学结合模式下高职教学管理的组织创新

首先，高职院校要成立相应的管理机构，让更多的企业人员参与其中，负责工学结合教学模式的实施和评估，签订相应的合作协议，规定实施的具体方案、双方责任以及培养目标等内容，落实校企的责任与权利，不仅要明确分工，还要加强彼此的合作。其次，提高学生管理工作中企业的参与度。企业指定专门的人员来负责管理工学结合的学生，学校聘请有技术、有经验的企业职工作为学生导师，主要传授学生相关的技能。再次，学校要保持与企业的联系，构建定期情况通报和会晤的制度，及时掌握学生实践动态，强化对学生的综合指导，还要采用跟进式的管理形式，由学校选派专业的人员进驻到企业当中，强化学生日常的管理工作，指导学生正确地处理在工作、学习以及生活当中遇到的问题。最后，强化双师型队伍建设。高职院校需要从企业当中选拔优秀的专业技术型人才，兼任管理人员与教师，选派当前人员到企业当中进行挂职锻炼，构建一支数量充足、结构合理、素质相对较高，以及具备学校和企业双重管理经验的队伍。

（四）工学结合模式下高职教学管理的方法创新

学校要掌握工学结合的具体规律，积极探索能够满足学生实际需要的管理方法。首先，做好职业规划设计，使学生在入学的时候就可以确定未来的岗位走向以及岗位对技能的需要，从而有效地解除思想疑虑，主动学习实践技能与理论知识。其次，强化日常教育培训工作，从实践技能和思想道德两个方面展开，帮助学生尽快掌握在企业当中的生存发展技巧。尤其是在工学结合模式实施之前，需要有针对性地进行一次系统化的培训工作，使学生能够从技能和思想等方面做好准备工作。再次，强化企业的文化教育。在校园内部设立仿真的企业环境，能够宣传企业的价值理念，使学生可以及早感悟企业文化氛围，为以后更好地适应企业工作环境打下扎实的基础。最后，重视过程考核。学校和企业要共同制定考核的具体办法，将企业的考核工作作为主要内容，学校的考核作为辅助性的内容，综合考评学生工学结合期间的实际表现。学校可以将考核成绩作为学生实习成绩，企业则可以将其作为今后招工的实际参考，将考核的结果与就业相联系。

以上分别从高职教学管理的理念创新、制度创新、组织创新、管理方法创新四个方面讲述了高职教学管理创新的主要方式，通过这些方式可为高职院校培养人才，为企业增添新的活力，为社会增加新动力，为社会主义现代化建设做贡献。总之，探索出一条适合我国高职院校教学管理的创新道路是一个漫长的过程，需要在掌握相关技能后结合我国国情做出尝试，在不断尝试的过程中可能会遇到挫折、障碍，但始终是朝着正确的方向在前进。成功有效的产教融合视域下高职教学管理模式的形成必将经过不断的尝试、总结与完善，但任何尝试都需要学校、企业、社会全方位地积极参与，最终都是为了推动我国高职院校教学管理的发展，促进国家经济建设，共筑祖国美好未来。

参考文献

[1] 陈聂著．现代职业教育产教融合理论与实践研究［M］．吉林出版集团股份有限公司，2023.03.

[2] 马青，沈灿钢编．产教融合促进专业建设和教学改革的研究与实践［M］．天津：天津科学技术出版社，2023.06.

[3] 李慧，邱健，李莹著．产教融合背景下创新创业人才的培养研究［M］．北京：现代出版社，2023.05.

[4] 吴义专．新时代高职院校产教融合研究与实践［M］．北京：中国纺织出版社，2023.08.

[5] 李华，李辉著．深化产教融合对策及案例研究［M］．燕山大学出版社，2022.11.

[6] 秦凤梅．职业教育产教融合质量评价探索［M］．重庆：重庆大学出版社，2021.09.

[7] 黄佳著．产教融合一体化育人策略与实践［M］．中国原子能出版社，2021.07.

[8] 徐兰著．工业 4.0 背景下职业教育人才培养模式创新研究 基于产教融合理念［M］．长春：东北师范大学出版社，2022.12.

[9] 曾三军主编；王永祥，范琳副主编．高职院校产教融合研究与实践［M］．广州：暨南大学出版社，2022.10.

[10] 赵熹．高职院校产教融合的研究与实践［M］．西安：西北大学出版社，2022.08.

[11] 阎卫东，吕文浩，王延臣等．地方高校产教融合高质量发展探索与实践［M］．北京：中国建筑工业出版社，2022.07.

[12] 李建奇．产教融合应用型人才培养研究与实践［M］．长沙：中南大学出版社，2022.08.

[13] 施桂红．应用型本科高校产教融合的研究与实践［M］．北京：化学工业出版社，2022.02.

[14] 罗勇作. 新时代高校产教融合人才培养模式研究 [M]. 成都：西南财经大学出版社，2022.10.

[15] 王云雷著. 产教融合 [M]. 北京：团结出版社，2020.06.

[16] 杨春林著. 产教融合背景下高校"双师双能型"师资队伍建设的探索与实践 [M]. 北京：北京工业大学出版社，2021.04.

[17] 周凤华作. 产教融合型企业建设培育与认证制度研究 [M]. 北京：高等教育出版社，2021.12.

[18] 徐健，周士浙作. 智能＋背景下的产教融合模式建设水平提升研究 [M]. 沈阳：辽宁大学出版社，2020.09.

[19] 黄立著. 产教融合背景下高职院校"双师型"教师团队建设研究 [M]. 长春：吉林人民出版社，2020.09.

[20] 胡拥军主编. 产教融合 [M]. 长沙：中南大学出版社，2019.08.

[21] 童兴无著. 高职院校产教融合研究 [M]. 北京：北京工业大学出版社，2019.10.

[22] 陆敏，乔刚主编. 产教融合 新实践 新成果 [M]. 上海：上海科学普及出版社，2019.12.

[23] 辛望旦主编. 新时代职业教育产教融合的实践探索 [M]. 中国原子能出版社，2019.11.

[24] 张蕾，陈宇. 产教融合背景下创新创业人才的培养研究 [M]. 北京：中国纺织出版社，2019.07.

[25] 张群，徐玮玮著. 基于产教融合的应用型本科院校实训实验体系构建 [M]. 天津：天津科学技术出版社，2019.01.

[26] 唐小艳著. 利益相关者视角下高职院校产教融合机制研究 [M]. 成都：西南财经大学出版社，2019.08.

[27] 王钰著. 高职院校产教融合体系建设 [M]. 长春：吉林大学出版社，2019.01.

[28] 杨秀英，兰小云等编著. 国际视野下的职业院校专业教师培养研究与实践 [M]. 上海：上海交通大学出版社，2018.12.